Adam Merschbacher

Die hohe Kunst des Schafkopfspiels

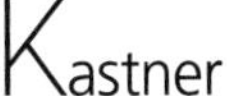

Impressum

Autor und Herausgeber:
Adam Merschbacher

Verlag, Layout und Druck:
KASTNER AG – das medienhaus
Schloßhof 2–6, 85283 Wolnzach
www.kastner.de

1. Auflage 2018

ISBN 978-3-945296-61-5

Inhalt

Vorwort

Schafkopf genießt in Bayern, aber auch in vielen Staaten Amerikas hohes Ansehen und zählt traditionell zu den typischen Freizeitbeschäftigungen, die neben den spielerischen Aspekten seit über 200 Jahren unsere Kultur beeinflussen.

Während man die Grundregeln dieses Kartenspiels an einem Tag lernen und verstehen kann, müssen doch viele Jahre vergehen, ehe der Spieler ein Niveau erreicht, das die höchsten Stufen des Schafkopfspiels miteinbezieht.

Dieses Buch erhebt nicht den Anspruch, dass jeder, der es liest, zwangsläufig dieses Ziel erreichen muss. Es zeigt aber einen Weg auf, wie man an dieses Ziel gelangen kann.

Neben den geschichtlichen Beschreibungen des Kartenspiels kann man deutlich erkennen, dass auch das Schafkopfspiel einem ständigen Wandel unterzogen war und ist – und es deshalb auch kein absolutes Richtig oder Falsch gibt. Solange man bei seinen Spielzügen einen Plan verfolgt, auch wenn dieser sich im Nachhinein als Fehleinschätzung herausstellen sollte, war es richtig, denn man hat etwas dazugelernt.
Schafkopfspieler duzen sich und machen keinen Unterschied zwischen

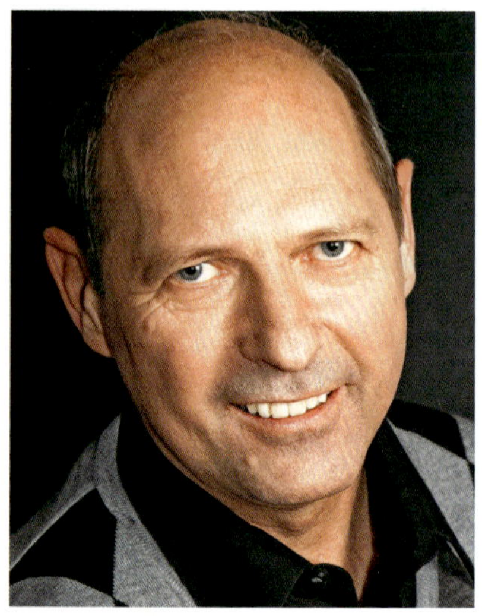

Mann und Frau. Wenn von „ihm“ die Rede ist, dann ist „der Schafkopfspieler“ möglicherweise auch eine Frau. Die Bezeichnung Wählerinnen und Wähler oder Genossinnen und Genossen, wie sie in der Politik gebräuchlich sind, würden sich saublöd anhören, denn korrekt müsste es dann Schafkopfspielerinnen und Schafkopfspieler heißen.

Im Laufe der letzten 35 Jahre habe ich so viele interessante Menschen kennenlernen dürfen, dass ich mich an dieser Stelle auch dafür herzlich bedanken möchte. Darunter waren Politiker, Schauspieler, einfache Handwerker, Rentner, Sportler und Menschen aus allen sozialen und intellektuellen

Schichten. Leider sind einige von ihnen mittlerweile verstorben, die aber in meinem Leben eine wichtige Rolle spielten.

Bedauerlicherweise hat das Schafkopfen noch keine ähnliche Akzeptanz und Struktur wie Skat oder Doppelkopf erreicht. Aber das macht nichts. Der Freude am Spiel tut das keinen Abbruch.

Dieses Schafkopfbuch soll Spieler zu einem bewussten und taktisch überlegten Spiel führen und Hintergründe erläutern, die so manchem das Schafkopfen einfach näherbringen sollen.

Neulingen kann es die Angst vor grantelnden und unangenehmen Mitspielern nehmen, da auch diese irgendwann einmal ihr erstes Spiel gemacht haben.

Viel Spaß beim Lesen – und vielleicht treffen wir uns ja einmal beim Schafkopfen!

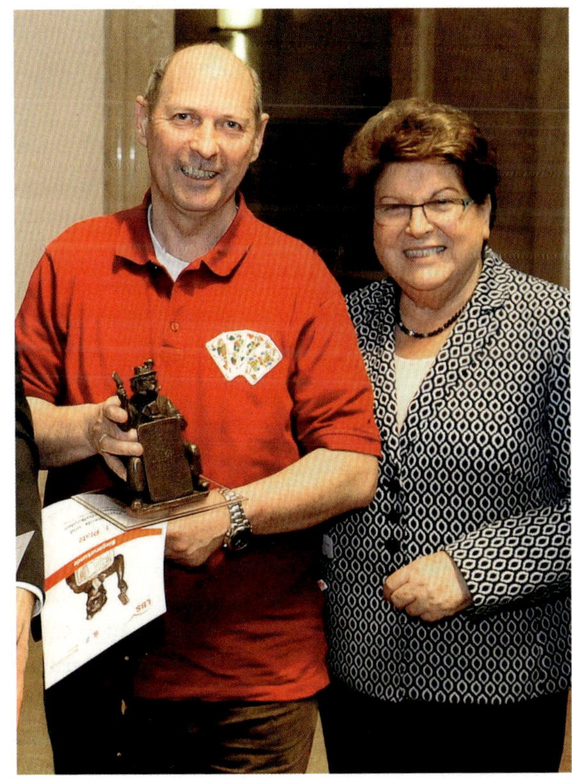

Grußwort von Dr. Markus Söder, MdL

Ministerpräsident des Freistaates Bayern

Schafkopfen ist das bayerische Spiel schlechthin. In ihm verkörpert sich vieles, was unsere Heimat so besonders macht.

Schon im „Bayerischen Blatt" spiegelt sich die bayerische Eigenständigkeit wider. Das Schafkopfspiel ist aber auch ein echtes Symbol bayerischer Gemütlichkeit. Was gibt es Schöneres, als abends im Wirtshaus in geselliger Schafkopfrunde Zeit mit Freunden zu verbringen?

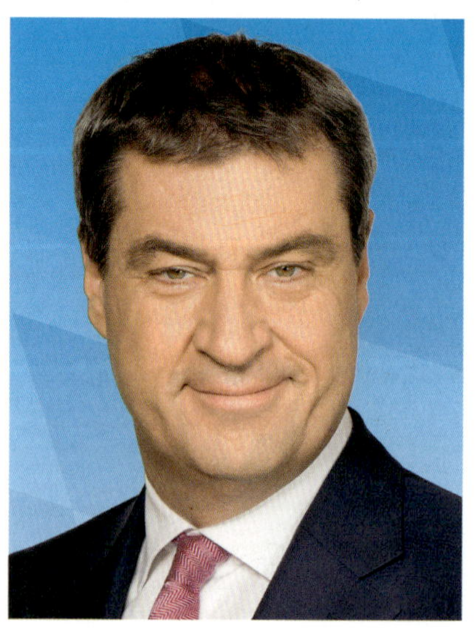

Beim Schafkopfen kann nur erfolgreich sein, wer typische Eigenschaften mitbringt, die man uns Bayern oft nachsagt: Gute Spieler wissen, was sie können, ohne es immer gleich zeigen zu müssen. Aber sie scheuen sich auch nicht, Kontra zu geben, wenn sie die besseren Argumente auf ihrer Seite haben. Wenn die Karten dagegen nicht so gut stehen, verzagen sie nicht, sondern holen im Zusammenspiel das Beste heraus. Und immer kommt es auf jene Gewitztheit an, um die uns andere schon oft beneidet haben.

Möge dieses Buch dazu beitragen, das Schafkopfspiel als bayerisches Kulturgut lebendig zu halten und viele neue Spieler für dieses wunderbare Spiel zu begeistern.

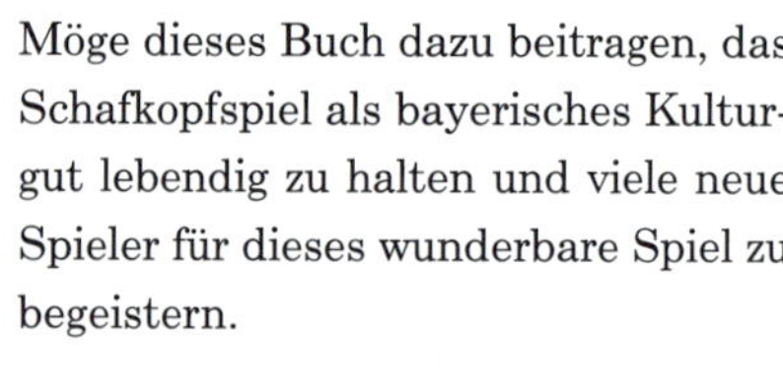

Kleines Geleitwort von Barbara Stamm, MdL

Präsidentin des Bayerischen Landtags

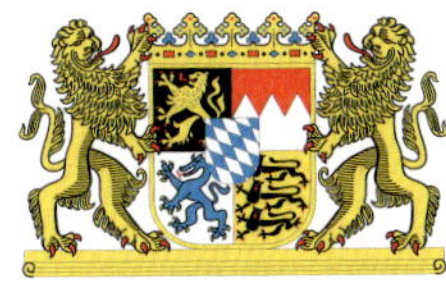

„Beim Spiel kann man einen Menschen in einer Stunde besser kennenlernen als im Gespräch in einem Jahr."

Was der griechische Philosoph Platon schon vor rund zweieinhalb Jahrtausenden festgestellt hat, wird jeder Schafkopfspieler uneingeschränkt bestätigen können. Unausweichlich offenbaren sich bei diesem traditionsreichen bayerischen Kartenspiel alle charakterlichen und geistigen Stärken und Schwächen der Mitspielerinnen und Mitspieler. Wenn man auf lange Sicht erfolgreich sein will, bedarf es eines großen taktischen Geschicks und einer enormen Gedächtnisleistung. In gewisser Weise ist das Schafkopfen ein spielerisches Abbild des alltäglichen Miteinanders der Menschen. Das macht sicher auch seine Faszination aus und ist einer der Gründe dafür, dass es niemals langweilig wird. Es gibt kaum eine Beschäftigung, bei der man so leicht die Zeit vergisst.

Im Bayerischen Landtag wird das Schafkopfen seit rund einem Jahrzehnt in ganz besonderer Weise gepflegt: Alljährlich findet das sogenannte Parlaments- und Medien-Schafkopfen statt, zu dem aktive und ehemalige Parlamentarierinnen und Parlamentarier, viele Persönlichkeiten aus der Kommunalpolitik sowie Vertreter der Medien und der Wirtschaft ins Maxi-

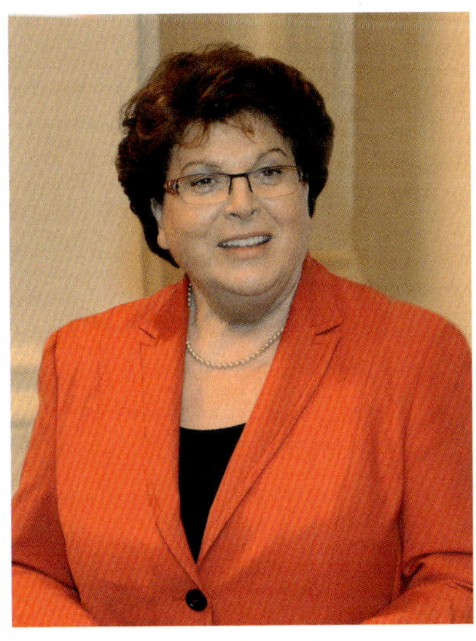

Medien und der Wirtschaft ins Maximilianeum kommen, um gemeinsam für einen guten Zweck zu spielen. Die Übernahme der Schirmherrschaft für diese Veranstaltung und natürlich meine persönliche Teilnahme ist mir jedes Mal wieder eine ganz besondere Freude: Denn an diesem Abend trifft sich Alt und Jung, um gemeinsam beim Kartenspielen einen gemütlichen Abend zu verbringen. Es kommt zu interessanten Begegnungen, Fraktionsgrenzen spielen in diesen Stunden keine Rolle. Das Schafkopfen verbindet auch die Menschen in der bayerischen Volksvertretung in wunderbarer Weise und bietet darüber hinaus die Möglichkeit Gutes zu tun. Der Erlös des Turniers kommt jedes Jahr der Benefizaktion Sternstunden des Bayerischen Rundfunks zugute.

Ein herzliches Vergelt's Gott sage ich allen, die bei der Entstehung der vorliegenden Publikation mitgewirkt haben, denn sie leistet einen großartigen Beitrag zur Pflege und Bewahrung unserer bayerischen Lebensart. Neben langjährigen Schafkopffreundinnen und -freunden wird dieses Buch sicher auch so manchem Neuling viel Freude bringen! Ich wünsche allen Leserinnen und Lesern viel Vergnügen bei der Lektüre und interessante Einblicke in „Die hohe Kunst des Schafkopfspiels".

Barbara Stamm

Schafkopf Schnellkurs „Reiner Schafkopf“

Schafkopf spielt man zu viert. Man sitzt sich gegenüber, wobei die Partner in jedem Spiel wechseln.

Es gibt insgesamt 32 Karten, die komplett verdeckt vom ersten Spieler im Uhrzeigersinn 2 x 4erweise ausgegeben werden. Im nächsten Spiel ist der links daneben Sitzende an der Reihe.

Das Kartenpäckchen enthält 4 x 6er, die nicht benötigt werden. Außer bei Turnieren kann man die Karten auf verschiedene Arten durchmischen und den Hintermann abheben lassen. Weder der Geber noch der Abheber dürfen die restlichen Karten im Stapel anschauen.

Es gibt das Rufspiel (auch „Sauspiel“ genannt), das Solo und den Wenz. Beim Rufspiel sucht ein Spieler seinen wechselnden Partner, indem er oder sie eine Sau ruft. Der Spieler nach dem Geber hat das Vorrecht, einen Partner zu suchen. Eine Sau kann man nur suchen, wenn man sie nicht selbst hat und mindestens eine Karte in der Farbe besitzt. Ober und Unter sind Trümpfe und zählen nicht dazu. Hat der berechtigte Ansager nicht mindestens 4 – 5 Trümpfe und ist eine Farbe frei, so sagt man „weiter“ und der nächste Spieler im Uhrzeigersinn erhält das Ansagerecht. Hat nun der Nächste die obige Trumpfanzahl, sagt er „ich spiele“. Die Nachfolgenden sagen entweder „weiter“, sofern sie kein Solo oder keinen Wenz haben, oder ebenfalls „ich spiele“.

Beim Schafkopf muss Farbe zugegeben werden und es besteht auch eine Trumpfzugabepflicht! Wird also eine Farbe angespielt und man hat diese Farbe, so muss man eine Karte in dieser Farbe zugeben. Hat man diese Farbe nicht, kann man mit einem Trumpf stechen oder jede andere Farbkarte abspatzen. Wird ein Trumpf angespielt, muss auch Trumpf zugegeben werden. Hat man keinen Trumpf oder nicht mehr, kann man eine beliebige Karte zugeben. Ein Stich besteht aus 4 Karten. Derjenige mit der höchsten Farbkarte oder mit dem höchsten Trumpf hat den Stich übernommen und legt ihn verdeckt vor sich hin. Er ist nun der nächste, der rauskommt. Insgesamt setzt sich ein Spiel aus 8 Stichen zusammen.

Die Farbkarten haben folgende Reihenfolge: Sau, Zehner, König, Neuner, Achter und Siebener.

Die gerufene Sau muss zugegeben werden, außer man hat noch mindestens 4 Karten der gleichen Farbe auf der Hand; dann darf man unter der Sau ausspielen, die man bis zu dem Zeitpunkt nicht ausspielen oder zugeben darf, zu dem sie noch nicht gesucht wurde.

In diesem Spiel sind Ober, Unter, und die Farbe Herz Trumpf. Die Wertigkeit erfolgt in der Reihenfolge wie von links aus abgebildet. Der Eichel-Ober (der Alte) ist der höchste Trumpf und sticht jede andere Trumpfkarte. Dagegen kann die Herz-Acht nur die Herz-Sieben innerhalb der Trümpfe überstechen. Jede Trumpfkarte sticht jede andere Farbkarte, also Eichel, Gras und Schellen (außer Ober und Unter).

Insgesamt gibt es 14 Trümpfe. Unabhängig davon, ob Trumpf oder nicht und egal in welcher Farbe, sind den Karten Augen (Punkte) zugeordnet.

Insgesamt sind 120 Augen im Spiel. Gewonnen hat die Spielerpartnerschaft mit 61 Augen, ist mit 31 Augen Schneiderfrei und mit 0 Augen Schwarz. Die Nichtspieler haben mit 60 Augen gewonnen, sind mit 30 Augen Schneiderfrei und mit 0 Augen Schwarz.

Nun zu einer Besonderheit beim Schafkopf, die sehr viele Anfänger verwirrt: Es gibt 2 parallele Wertigkeiten. Obwohl der Eichel-Ober der höchste Trumpf ist und alle anderen Karten sticht, zählt er nur schlappe 3 Augen.

Das Solo

Es ist die Krönung des Schafkopfspiels: das Solo. Nun spielt der Solist alleine gegen die drei anderen. Hat ein Mitspieler bereits ein Rufspiel angemeldet, so wird ein Solo mit den Worten „ich spiele auch" angekündigt. Spielt der davor Sitzende nicht selbst ein Solo, das diesem natürlich vorgehen würde, so gibt man die Ansageberechtigung mit den Worten „ist recht" weiter.

Beim Solo zählen nur die Ober und Unter und eine Farbe als Trumpf, die nicht Herz sein muss. Alle Solos sind farblich gleichwertig. Wollen mehrere Spieler ein Solo spielen, entscheidet allein – wie auch beim Rufspiel – die Tischreihenfolge. Der Solospieler muss durch die Ansage seines Solos

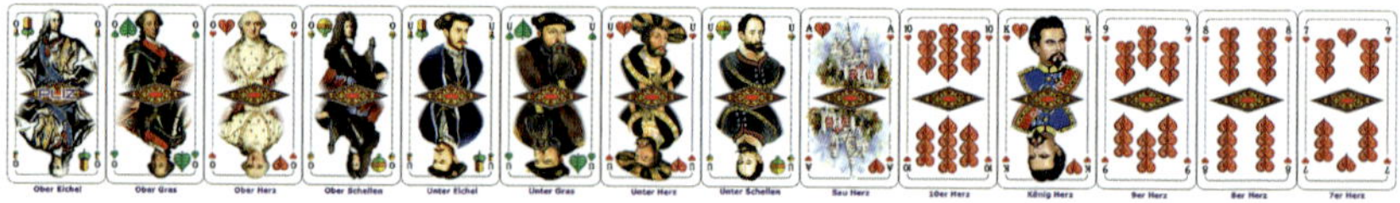

Eichel	Augen	Gras	Augen	Herz	Augen	Schellen	Augen
A	11	A	11	A	11	A	11
10	10	10	10	10	10	10	10
K	4	K	4	K	4	K	4
O	3	O	3	O	3	O	3
U	2	U	2	U	2	U	2
9	0	9	0	9	0	9	0
8	0	8	0	8	0	8	0
7	0	7	0	7	0	7	0

klarstellen, welche Farbe bei diesem Spiel Trumpf ist (z.B. Gras-Solo).

Der Wenz

Der Wenz ist ebenfalls ein Solo, da man allein gegen alle anderen spielt. Beim Wenz gibt es nur vier Trümpfe – das sind die Unter. Die Ober werden entsprechend ihrer Punktewertigkeit zwischen König und Neuner eingeordnet.

Es ist daher wichtig, möglichst viele Säue zu haben. Der Wenzspieler meldet seinen Wenz wie jeder Solospieler, sobald er an der Reihe ist, mit den Worten „ich spiele auch" an. Hätte der andere Solospieler ein Solo, so sagt er „aber keinen" und erklärt damit sein Vorrecht, da in der Reihenfolge das Solo dem Wenz vorgeht.

Sonstiges

Alle weiteren Regeln wie „Laufende", „Tout", „Geldeinsatz" oder „Spritzn" können im Regelwerk nachgelesen werden. Deren Behandlung würde diesen Schnellkurs verzerren, da hier nur ein Überblick darüber verschafft werden soll, worum es beim Schafkopfen geht – und dass dieses Spiel von wirklich jedem erlernt werden kann.

Geschichtliches

Die Heimat des Schafkopfspiels ist heute Bayern, wenn es auch nicht das Ursprungsland dieses herrlichen Spieles ist.

Die Entstehung dürfte auf die Zeit zwischen 1780 und 1790 zurückzuführen sein. Zu dieser Zeit kannte man in Nord- und Ostdeutschland den Deutschen Schafkopf. Ziemlich zeitgleich entwickelte sich der Wendische Schafkopf, der vorwiegend im Erzgebirge und Thüringen beheimatet war.

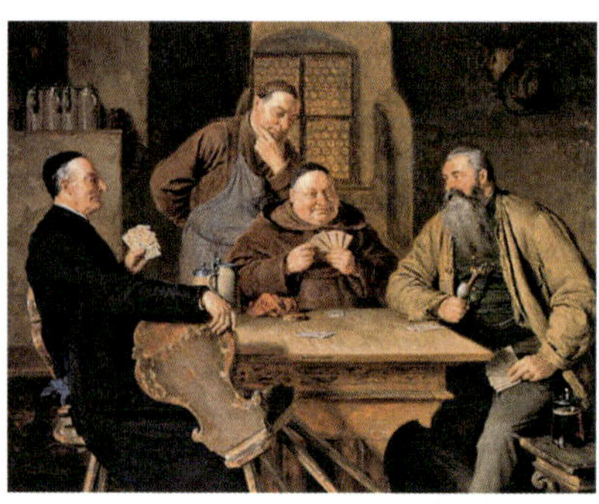

Im Internet findet sich eine Ursprungsgeschichte, die das Schafkopfspiel auf ein Alter von über 500 Jahren datiert und die richtige Schreibweise als „Schaffkopf" (mit Doppel-f) angibt – Informationen, die mehr als fragwürdig sind.

Auch die Überlegung, dass das Spiel deshalb Schafkopf heißen würde, weil zur Zeit der Namensgebung der Gewinner einer Schafkopfrunde als Siegesprämie einen abgeschnittenen Schafskopf mit nach Hause nehmen durfte, scheint nicht sehr einleuchtend zu sein. Den Namen des Spiels auf die Schäffler zurückzuführen, deren Beruf die Fassbinderei war und die in München ab 1517 die Pestepidemie betanzten (Schäfflertanz), ist genauso zweifelhaft.

Natürlich gibt es seit dieser Zeit Spielkarten – diese aber für ganz andere Spiele und schon gar nicht für das einfache Volk. Da halte ich mich also lieber an die belegbaren Fakten.

Eine Ersterwähnung findet sich in einem sächsischen Bußgeldkatalog aus dem Jahre 1782, der erlaubtes und verbotenes Glücksspiel zum Inhalt hat.

Aber auch der Deutsche Schafkopf, wie er dort erwähnt wurde, war vielerorts mit den Namen Conversations-Spiel, Societäts-Spiel oder Denunciations-Spiel gebräuchlich. Das erste Buch mit verschiedenen Spielregeln stammt von Paul Hammer und wurde in den Jahren 1803 – 1813 verfasst.

Das alles hatte aber nichts mit dem Schafkopfspiel gemeinsam, wie wir es heute kennen, und ist deshalb völlig nebensächlich.

Paul Hammer, der Schafkopf mit doppel-a schrieb, lieferte auch gleich eine Erklärung über die Namensgebung dazu: *„Schaafkopf wird es allen Vermuthen nach darum genannt, weil man an verschiedenen Orten anstatt der Striche oder Zahlen die gewonnenen Spiele durch Zusammensetzung einer Figur, welcher man Augen, Ohren, Nase, Zunge und Hörner gab, bezeichnete.*

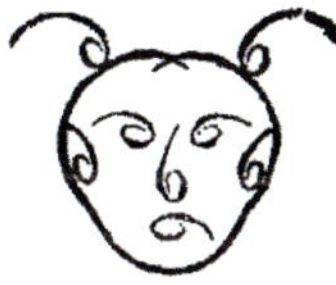

Zu einem vollständigen Kopf gehören nämlich 9 Striche oder so viel gewonnene Spiele; bis man 9 Striche machen kann. Will man nun statt der Striche eine Figur bilden, so macht die Peripherie der Figur den ersten, die beiden Ohren den zweiten und dritten; die beiden Augen, den vierten und fünften; die beiden Hörner, den sechsten und siebenten; die Nase, den achten, und die Zunge den neunten Strich aus."

Dagegen vertrat Professor Hellmut Rosenfeld († 1993), der ehemalige Leiter der Bayerischen Staatsbibliothek, die Meinung, dass diese Theorie falsch sei, da es nach seiner Meinung keinen Sinn ergibt einen Schafskopf zu kritzeln, den ohnehin kein Mensch als solchen erkennt. Dagegen bestätigte mir Gerd Matthes, renommierter Spielkartensammler aus Altenburg, dass sich auf alten Kneipentischen (etwa 1900 - 1925) durchaus solche Kreidezeichnungen von Schafköpfen fanden.

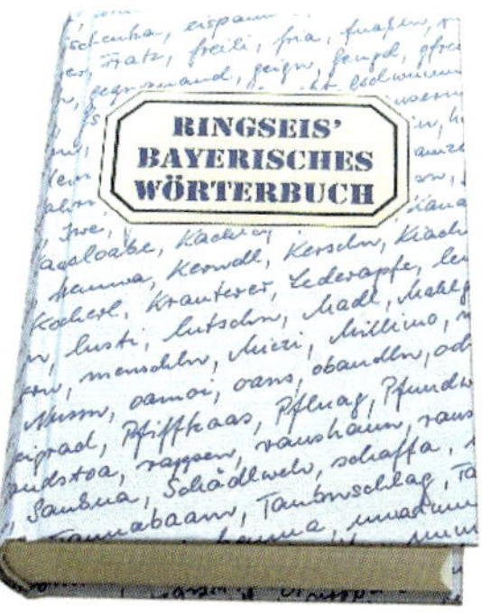

Franz Ringseis vertritt in seinem *„Ringseis' Bayerisches Wörterbuch"* zwar die Meinung, dass es „Schaffkofen" heißen müsste, da dies die einzig richtige Schreibweise sei, *„weil Kartenköpfe ausgeschafft werden"*, liefert aber keinen Quellbeweis dafür. Hier erliegt Ringseis einer offensichtlichen Verwechslung: Er bezieht sich auf das Kartenspiel Watten, bei dem im Gegensatz zum Schafkopf tatsächlich ausgeschafft wird. Selbst der Bayerische Sprachforscher Johann Andreas Schmeller (1785 - 1852) schreibt in seinem vierbändigen „Bayerischen Wörterbuch" das Wort „Schafkopf" mit nur einem „f".

L. von Alvensleben schrieb 1855 in seiner „Encyclopädie der Spiele“: *„Den Namen Schaafkopf erhielt es nach einer Hypothese, die wir indeß nicht vertreten wollen, davon, dass man häufig den Gebrauch hat, die Striche, welche zu Beendigung einer Partie erforderlich sind, nicht wie bei anderen Spielen üblich ist, grade nebeneinander anzuschreiben, – sondern in allerhand phantastischen Figuren, wie denn das Spiel überhaupt mehr der Unterhaltung als des Gewinnes wegen, und meistens nur zu gemeinschaftlicher Bezahlung des consumierten Bieres, gespielt wird. Da mag denn ein Witzkopf wohl den Strichen, welche den Verlust der Gegner bezeichneten, die Gestalt eines Kopfes mit zwei Hörnern gegeben, und dieser Witz so viel Beifall gefunden haben, dass er allgemeinere Verbreitung fand; wenigstens ist es allgemein üblich, die gewonnenen Partien Kopf zu nennen, und sie nicht durch einen Strich, sondern durch eine kopfähnliche Figur zu bezeichnen.*

Die Zahl der Striche, die zu einem Kopfe gehören, hängt von der Verabredung ab; gewöhnlich machen 8 Striche einen Kopf, in einigen Gegenden jedoch auch 9.“

Man spielte also um Köpfe, meist drei. Das einfache Ansagespiel (Rufspiel) brachte, wenn gewonnen, einen Strich; Schneider zwei Striche und Schwarz drei Striche. Wurde das angesagte Spiel verloren, so durften die Gegner zwei Striche und bei Schwarz vier Striche für sich verzeichnen. Hatten beide Parteien 60 Augen, so wurde nicht geschrieben und die Entscheidung auf das nächste Spiel vertagt.

In der „Encyclopädie der Spiele“ steht dazu: *„Kömmt nun dieselbe Partei, welche das vorige Spiel angesagt hatte, wieder an's Melden, und gewinnt das Spiel einfach, so schreibt sie 2, und doppelt 3 Striche; verliert sie es aber, so schreiben die Gegner einfach 4 und doppelt 6 Striche. Sagt aber im zweiten Spiele die andere Partei den Trumpf an, und verliert es: so schreibt die erste 3 Striche, wenn's einfach, und 5 Striche, wenn's doppelt verloren geht. Macht eine Partei in einem Spiele alle Stiche, dann gewinnt sie einen ganzen Kopf extra und die Striche von beiden Seiten bleiben stehen.“*

Zum besseren Verständnis sei noch erwähnt, dass die Partien vorher ausgelost wurden und, entsprechend der Vereinbarung, viele Spiele lang zusammenspielten. Gewonnen hatte die Partei, die von drei möglichen Köpfen zwei gewinnt.

Sehr wahrscheinlich ist, dass sich etwa zur gleichen Zeit verschiedene Kartenspiele unter dem gleichen Namen parallel entwickelten, wie Skat oder Doppelkopf. Aber auch der Bayerische Schafkopf, so wie er heute gespielt wird, hat sich erst entwickelt. So werden bis heute in Schwaben, Franken oder der Oberpfalz unterschiedliche Varianten gespielt.

In Bayern wurde der süddeutsche Schafkopf erstmals in dem Amberger Regelbüchlein 1895 des Obsis-Verlages erklärt. Die dort vorzufindenden Regeln haben schon sehr viel mit den heute verbreiteten Schafkopfregeln gemeinsam. Im allgemeinen Sprachgebrauch ist auch nur von Schafkopf die Rede.

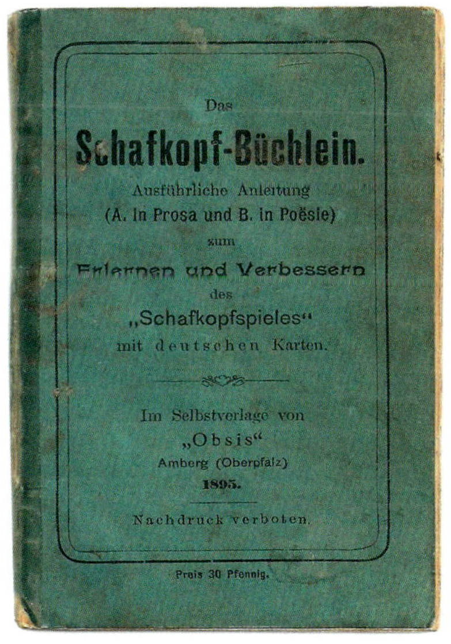

Das
Schafkopf-Büchlein.
Ausführliche Anleitung
(A. In Prosa und B. in Poësie)
zum
Erlernen und Verbessern
des
„Schafkopfspieles“
mit deutschen Karten.

Im Selbstverlage von
„Obsis“
Amberg (Oberpfalz)
1895.

Nachdruck verboten.

Preis 30 Pfennig.

Meine persönliche Theorie ist, dass die Herstellung von Spielkarten vor Einführung der industriellen Fertigung, also vor 1830, für das gewöhnliche Volk unerschwinglich war. Somit hat die Spielkartenherstellung zwar bestanden, da das Spielkartenzeichnen ein eigener Beruf war, erreichte aber niemals die Ausmaße von heute. Kartenmacher gab es bereits etwa 100 Jahre vorher und sie sind auch weitgehend namentlich bekannt, da sie von der Spielkartensteuer erfasst wurden; deren Kapazitäten wurden aber durch die Fabrikherstellung um ein Vielfaches übertroffen und schnell verbreitet.

Der Duden erklärt den Begriff „Schafkopf“ mit der Bedeutung „einfältiger Mensch“ (salopp abwertend), Dummkopf“ (auch als Schimpfwort) und benennt als Synonyme „Depp, Dummkopf, Narr, Närrin, Simpel, Tölpel“.

Im Ergebnis lässt sich festhalten, dass sich das Schafkopfspiel im Laufe seiner Geschichte so stark entwickelt und verändert hat, dass es nicht einen Erfinder, sondern hundert Entwickler dazu gibt.

Die Geschichte des Schafkopfs ist noch lange nicht zu Ende erforscht. Es tauchen immer wieder neue Erkenntnisse auf. Und damit müssen wir es leider vorerst bewenden lassen.

Die Spielkarten

Die erste gesicherte Erwähnung der Spielkarte findet sich im 1376 nach florentinischer Zeitrechnung (tatsächlich 1377) verkündeten „Florentiner-Erlass“. Es existieren keine Karten mehr aus dieser Zeit, daher wissen wir auch nicht, wie diese Karten ausgesehen haben. Aus einer Handschrift des Bruders Johannes von 1377, die sich im Britischen Museum befindet, geht eine Beschreibung hervor, nach der es sich bei dem Spiel um ein Vierersystem gehandelt haben soll, wobei jedes System einen König und zwei Marschälle enthielt. Hinzu kamen Zahlenkarten von Eins bis Zehn.

Genauer gesagt soll die Spielkarte um 1376 durch einen Sarazenen namens Hayl von Arabien nach Italien eingeführt worden sein, was zu einer umgehenden Verdammung durch den Klerus führte, der die Karten als „Teufels Gebetbuch“ gebrandmarkt hatte.

Die erste Kartenbestellung stammt vom Herzog Wenzeslaus von Brabant, der 1379 von seinem Hofmaler Ingel van der Noet ein Kartenspiel herstellen ließ. Spielkarten waren zu dieser Zeit keine Massenware und sicherlich nicht für das gemeine Volk gedacht. Im Jahre 1415 bezahlte Filippo Maria Visconti, Herzog von Mailand, 1500 Goldtaler für ein Kartenspiel.

Das Kartenspiel selbst kam über den Orient zu uns, aus einer Weiterentwicklung des Schach- und Würfelspiels. Während das Schachspiel zu den geistig anspruchsvolleren Betätigungen zählte, war das Würfeln reine Glückssache. Das Kartenspiel stellte den goldenen Mittelweg dar; es war anspruchsvoll, unterhaltsam und doch von Fortuna bestimmt.

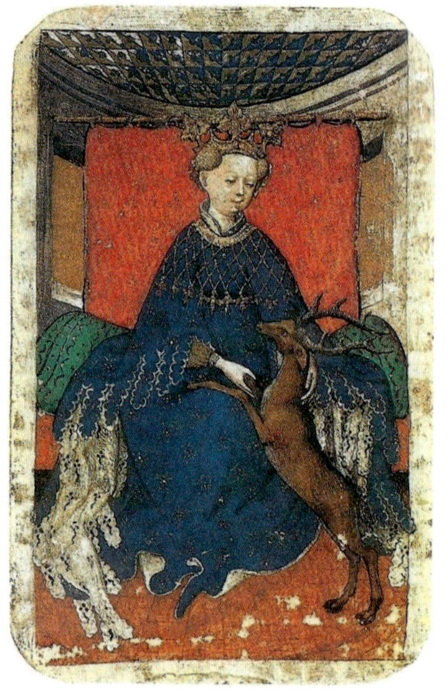

Die Kartenspiele lassen sich in drei Kategorien einteilen:

1. Stichspiele: Hierzu zählten Spiele wie L'Hombre, Solo, Whist und Bridge. Man nennt diese Spiele auch *reine Stichspiele*. Eine Stufe weiter finden wir die *komplexen Stichspiele* in Form von Schafkopf, Skat, Doppelkopf, Tarock, Jass und Klaverjas.

2. Ablegespiele: Durch Bildung von Sequenzen (Nain jaune, Pope Joan) werden die Karten abgelegt oder es werden fortlaufende Karten in einer Spielwertigkeit (Rommè und Canasta) angelegt.

3. Glücks- oder Wettspiele (Hasardspiele): Dabei wird auf bestimmte Karten (Landsknecht, Bassette), auf eine bestimmte Zahlenkombination (Black Jack, Baccara) oder auf Kartenkombinationen (Poker, Primera, Poch) gesetzt.

Gemalte Spielkarten

Eine kleine Geschichte der Spielkarten
von Detlef Hoffmann
Mit farbigen Abbildungen
insel taschenbuch

Bis etwa 1600 waren ausschließlich Glücksspiele verbreitet. Anfang des 17. Jahrhunderts gab es in Frankreich die ersten Veränderungen. 1631 erscheint die erste gedruckte Spielregel; England hatte 1651 die erste gedruckte Regel. Gleichzeitig finden sich Belege für viele neue Kartenspiele, die dadurch entstanden sind, wie L'Hombre, Piquet, Reversis und Whist. Das war die Geburt der Stichspiele.

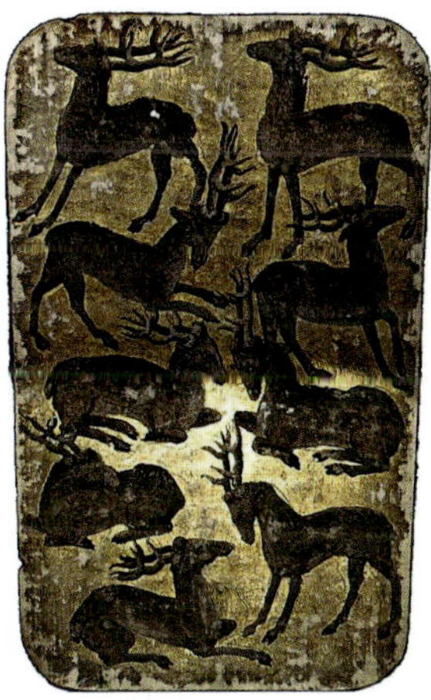

Die ersten und ältesten erhaltenen Spielkarten waren überdurchschnittlich groß, weshalb man nicht viele gleichzeitig in der Hand halten konnte. Die Karten wurden in aufwändiger Art mit der Hand gemalt. Etwa 4000 Kartenmacher sind namentlich bekannt. Als erster namentlich erwähnter Kartenmacher in Deutschland ging Henseln von Wissenburg 1392 in die Geschichte ein. Das älteste erhaltene deutsche Kartenspiel (Stuttgarter Kartenspiel) wird auf 1427 bis 1431 datiert.

Für die Spielkartenherstellung kannte man die Holzschnitt-Technik, die bereits um 1450 im südwestdeutschen Raum entstanden ist (Hofämterspiel), und die aus dem Ende des 15. Jahrhunderts bekannte Kupferstich-Technik.

Den wirklichen Durchbruch erreichten Kartenspiele allerdings erst mit dem Zeitpunkt, zu dem die Karte durch eine geschickte Vervielfältigung für Handwerker, Bürger und Landsknechte erschwinglicher wurde. Um 1798 wurde die Lithographie (Steindruck von Alois Senefelder, 1771 - 1834) entdeckt, die zu einem sehr wichtigen Spielkartenherstellungsverfahren wurde. Von etwa 1850 bis 1870 wurde die Steindruck-Schnellpresse zur Herstellung eingesetzt. Ab 1920 setzte sich in Deutschland der Vierfarben-Offsetdruck zur Spielkartenherstellung durch, der bis heute verwendet wird.

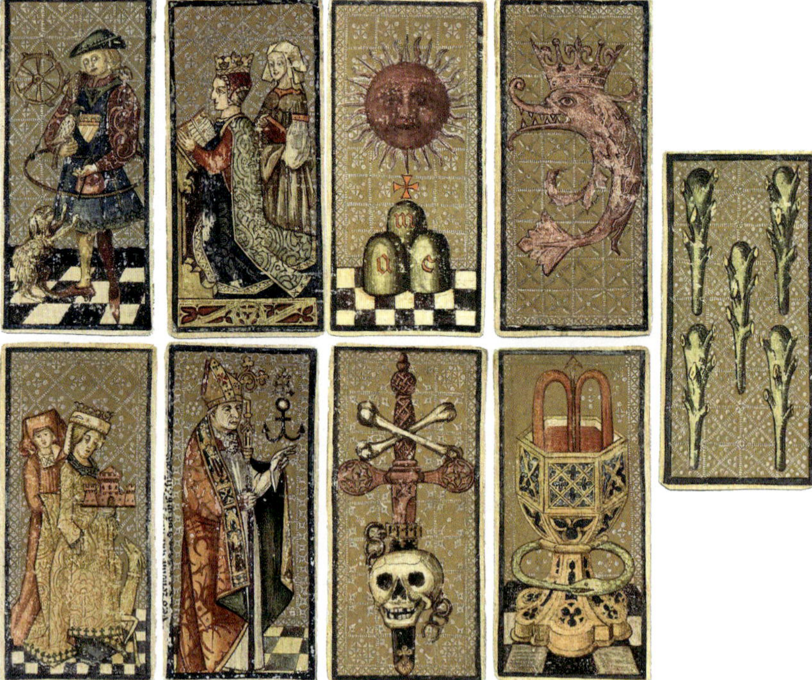

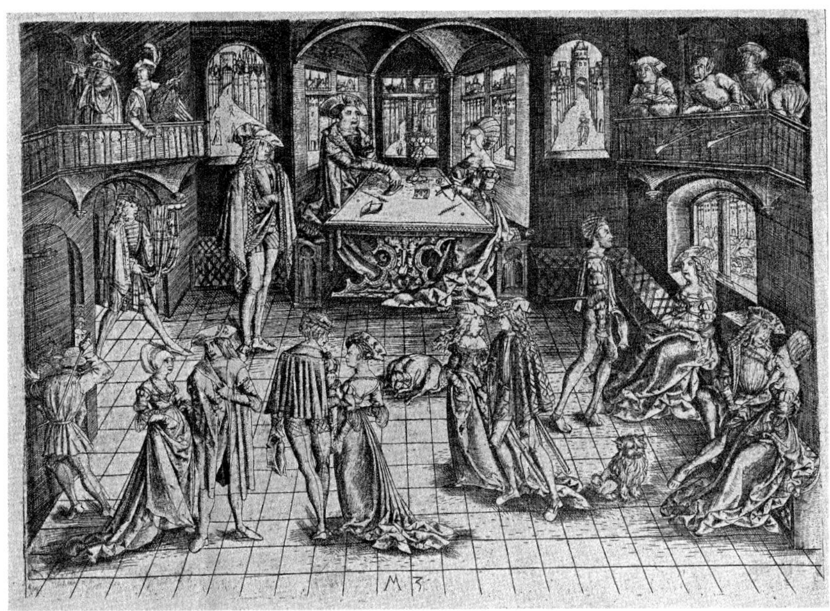

Die ersten bedruckten Spielkarten-Rückseiten finden sich bereits im 16. Jahrhundert. Dadurch wurde es sehr schwer, Karten zu erkennen oder zu zinken.

Spielkarten unterlagen seit 1701 in Deutschland der Spielkartensteuer. Dazu wurde auf bestimmten Karten ein Stempel aufgebracht. Am 1. Januar 1981 wurde die Spielkartensteuer in Deutschland als Bagatellsteuer abgeschafft.

Französische Kartenspiele bestehen aus 52 Karten, unterteilt in 4 Serien (Farben) mit je 13 Karten pro Serie. Durch unterschiedliche Spielregeln erhielten die Karten ihren Wert zugesprochen. Eine Serie entsprach einer Farbe und verkörperte ein Symbol (Keule, Schwert, Becher, Münze).

Die Keule (bastoni) stand ursprünglich für Bambusstab, wurde stets grün oder braun gemalt und fand bei den Arabern als Stock Verwendung, mit dem man Hiebe auf die Fußsohlen von Delinquenten ausführte.

Das Schwert (spade) wurde blau gemalt und symbolisierte einen Fürsten als Vorkämpfer (verm. d. Islam).

Der Becher (coppe) oder Pokal stand für Gastfreundschaft. Die Farbe Rot bedeutete „von Herzen".

Die Münzen (denari) standen für den arabischen Golddinar, der etwa bis 1346 in Ägypten hergestellt wurde und das Zeichen für Freigiebigkeit und die Macht des Fürsten war. Seine Farbe war Gold.

Zu Beginn des 15. Jahrhunderts entstanden in Frankreich die französischen Farbzeichen, die nur noch die Farben Rot und Schwarz kannten. Aus der Keule wurde das schwarze Kreuz (oftmals als Kleeblatt dargestellt). Aus dem Schwert wurde das schwarze Pik. Aus dem Becher wurde das rote Herz und aus der Münze das rote Karo.

In Deutschland erfand man ein eigenes Farbsystem. Die Keule wurde zur Eichel, die als Zeichen für den Nährstand, die Ritterschaft und den Wehrstand stand. Aus dem Schwert wurde das Laub (Gras), sinnbildlich für den Bauernstand. Aus dem Becher entstand das Herz, das die Untadelige Geistlichkeit symbolisierte; eine Versöhnungsgeste an den Klerus. Aus der

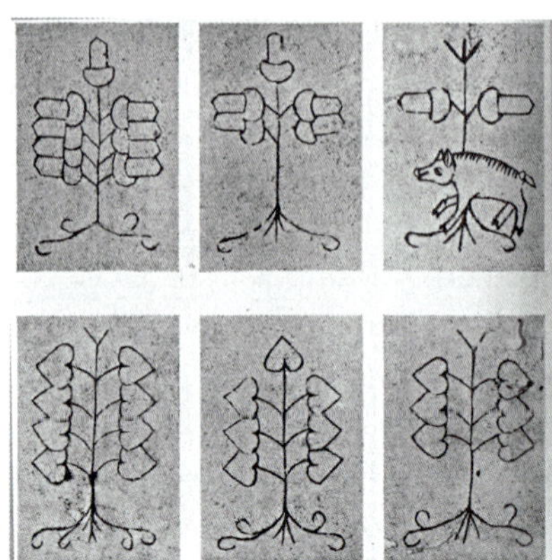

Münze wurde Schellen, was so viel wie Bürgerstand, Handwerk und Handel bedeutete.

Etwa 1807 entstand das Bayerische Kartenbild. Dieses von Joseph Fetscher in München entworfene Kartenbild hat sich bis etwa 1950 mit wenigen Abweichungen als einfigurige oder einköpfige Karte behauptet. Daraus wurde dann das Doppelbild in seiner heutigen Form entwickelt.

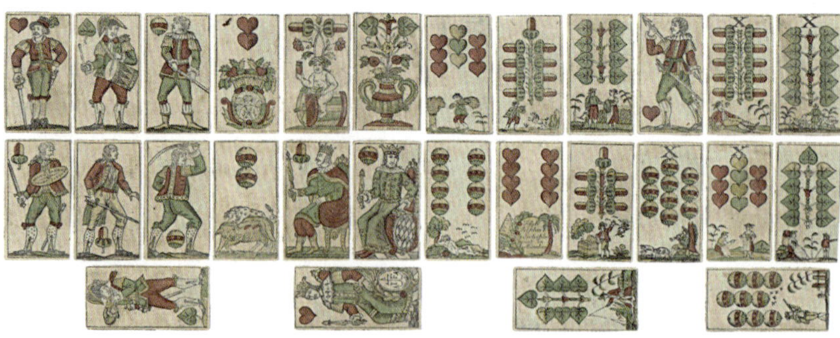

Mitte des 19. Jahrhunderts hatte sich das „Bayerische Kartenbild“ als Standardspiel durchgesetzt und wurde sehr schnell von den anderen Kartenfabrikanten - wie Cajetan Göbl, Xaver Schmid, Joseph Frey aus München und den Kartenmachern in der Provinz - übernommen.

Das Bayerische Kartenbild unterscheidet den „Münchner Typ“ (Münchener Typ) und den „Stralsunder Typ“. Der „Stralsunder Typ“ zeigt die Ober, Unter und Könige mit Phantasiekleidungen, den Gras-Ober mit Dreispitz und den Grün-König mit einem Nackenschutz. Dagegen ist der „Münchner Typ“ schlichter, realistischer und weniger verspielt.

Für das Schafkopfen sollte der „Münchner Typ“ bevorzugt werden. Es darf an dieser Stelle aber nicht unbeachtet bleiben, dass es auch noch den „Augsburger Typ“ und den „Nürnberger Typ“ gibt.

In Bayern sind uns folgende Spielkartenhersteller bekannt:

- ARNOLD, A.
  Neuburg a.d. Donau, ca. 1860
- BACHER, Irenäus
  Ulm, 1800 - 1820
- BACKOFEN, Johann Ernst
  Nürnberg, nach 1813 - 2. Hälfte 19. Jhdt.
- BURONIA
  Kaufbeuren, ca. 1932
- EBERHARD, Johann
  Nürnberg, 1792/1806
- FETSCHER, Joseph (I. der Ältere)
  München, ca. 1810
- FETSCHER, Joseph
  München, 1821 - 1861
- FETSCHER, Joseph (II. der Jüngere)
  München, ca. 1850
- FREY, Joseph
  München, ca. 1870
- GÖBL, Andreas Benedict
  München, 1750 - 1832
- GÖBL, Cajetan
  München, 1801 - 1844
- GÖBL, Cajetan (II. Der Jüngere)
  München, ca. 1865
- HÄUSSLER, Gustav
  Nürnberg, ca. 1860
- HASENAUER, Adolf
  München, ca. 1885

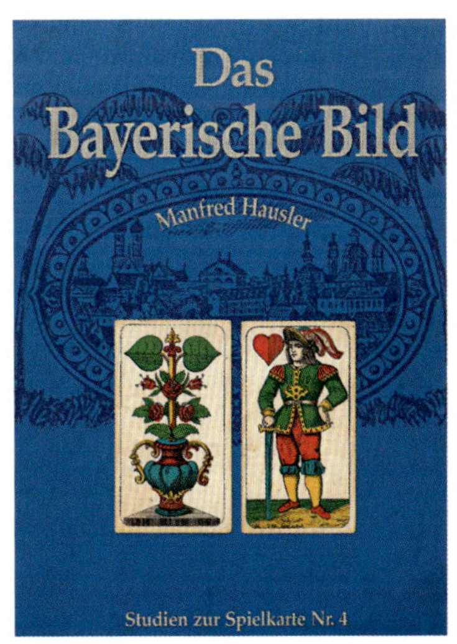

- HASLINGER, Johann Michael
  Straubing, Mitte 19. Jhdt.
- JEGEL, Johann Conrad
  Nürnberg, 1850 – 1900
- LOSCH, Joseph
  Amberg, 1792 – 1799
- REUTER, Christoph Heinrich
  Nürnberg, ca. 1865
- REUTER, Ludwig
  Nürnberg, ca. 1880
- SCHARFF, Walter
  München, 1923 – 1938
- SCHMID, Franz-Xaver
  München, 1860 – 1997, danach ASS
- VALTER, Johann
  Regensburg, ca. 1825
- WAGNER, J.A.
  Bamberg, ca. 1860

Der bekannteste Spielkartenhersteller unserer Zeit ist die japanische Firma NINTENDO. Die Spielkarte von heute ist in erster Linie Werbeträger auf den Karten-Rückseiten. In Deutschland gibt es heute nur noch zwei Spielkarten-Hersteller: Zum einen die Firma Spielkartenfabrik Altenburg (ASS), die heute zum weltweit größten Spielkartenkonzern Carta Mundi mit Hauptsitz in Belgien gehört, und zum anderen die Nürnberger Spielkarten-Verlag GmbH in Zirndorf. Wer sich mit dem Thema Spielkarten intensiver beschäftigen möchte, dem steht eine große Anzahl an Büchern zur Verfügung. Hier eine kleine Auswahl:

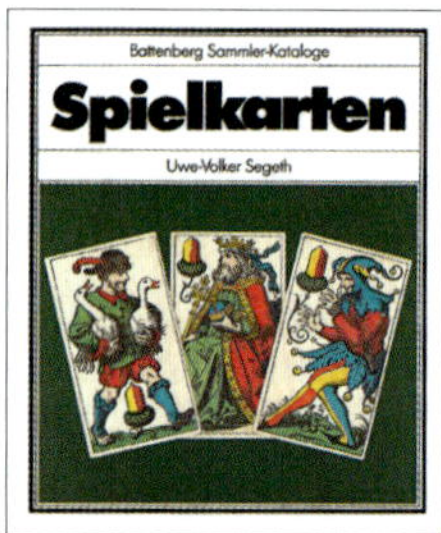

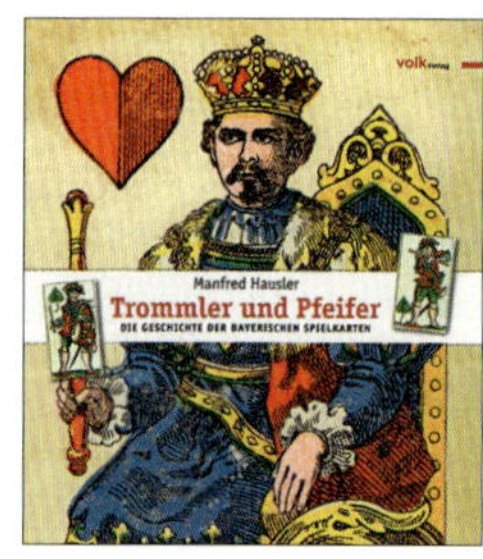

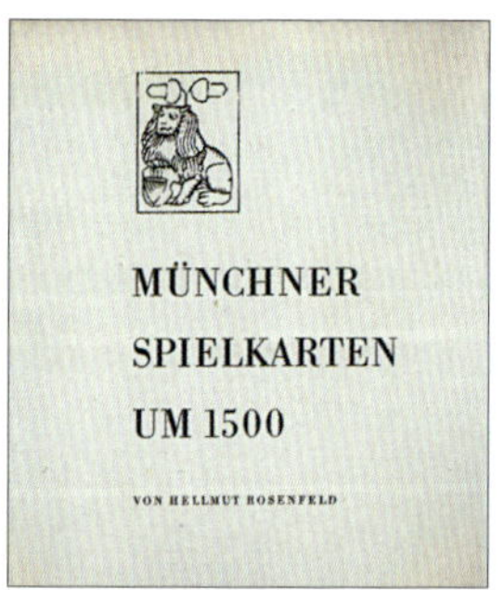

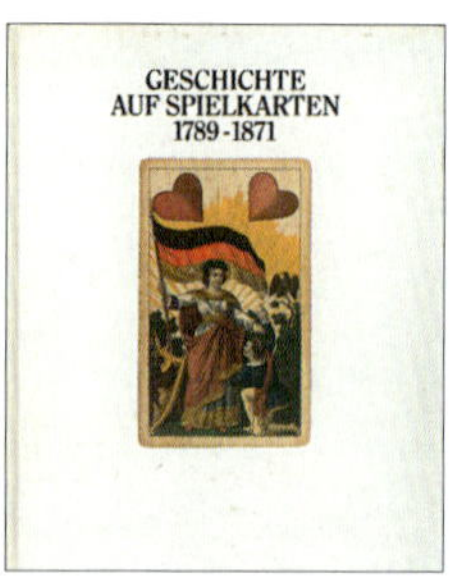

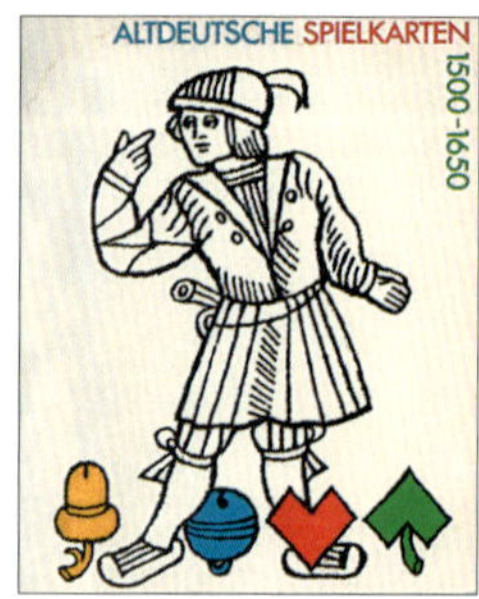

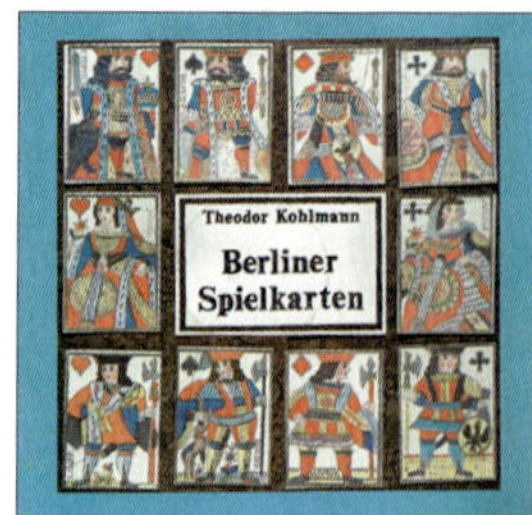

Entgegen früherer Zeiten sind die Kartenbilder heute sehr unterschiedlich. Ein Kartenspiel ist je nach Qualität in Schafkopf-Shops zwischen 1 und 5 Euro erhältlich. 2005 hat die LBS ein witziges Kartenspiel von Dieter Hanitsch zeichnen lassen.

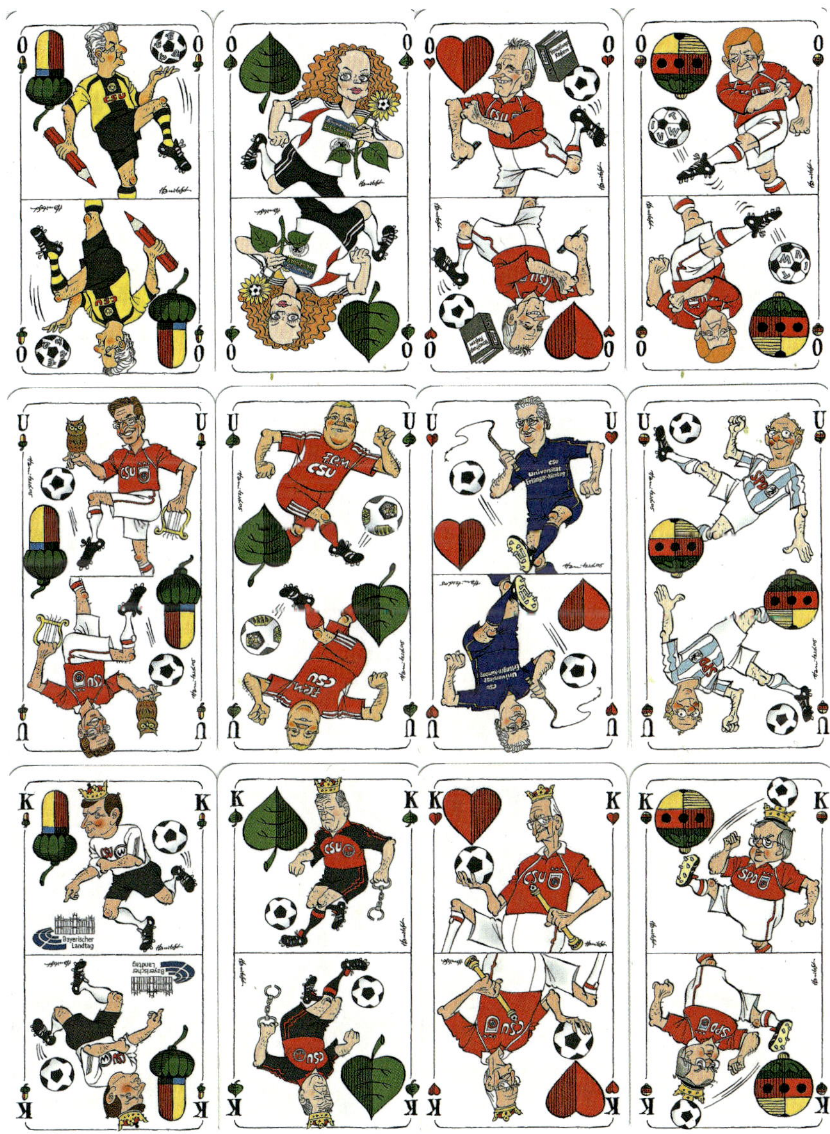

Feldmochinger Kartenbild

In Bayern befinden sich die meisten Schafkopfspieler weltweit. Schätzungen sprechen von mehr als 2 Millionen mehr oder weniger leidenschaftlichen Schafkopfern. An zweiter Stelle kommt aber gleich die USA.

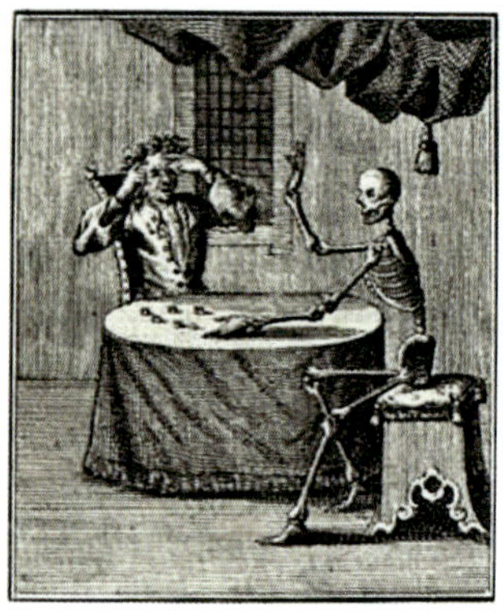

Dieses Spiel steht für die Bayerische Lebenskultur und eine tiefe Heimatverbundenheit, sowie geistige Aktivität bis ins hohe Alter.

Gespielt wird jedoch in den letzten Jahren zunehmend mit Spielkarten, die sich in ihrer Erscheinung immer mehr vom traditionellen „Münchner Kartenbild" oder dem „Altbayerischen Bild" entfernen. Die Ober und Könige wirken ausgesprochen feminin und haben so absolut gar nichts mehr mit dem stolzen Bayernland gemein.

Im Jahre 2011 jährte sich der Todestag unseres Königs Ludwig II. zum 125. Mal, ein Datum, das gleichzeitig zum Geburtstag des neuen „Feldmochinger Kartenbildes" wurde.

Während um 1800 über 4000 Kartenmaler tätig waren, gibt es diesen ausgestorbenen Beruf heute nur noch in Form vereinzelt verstreuter Künstler. Zum Anlass des 125. Todestages von König Ludwig II. ließ ich vom Riedenburger Maler Günther Schlagbauer die Vorlagen für die Spielkarten, die dann als „Feldmochinger Kartenbild"

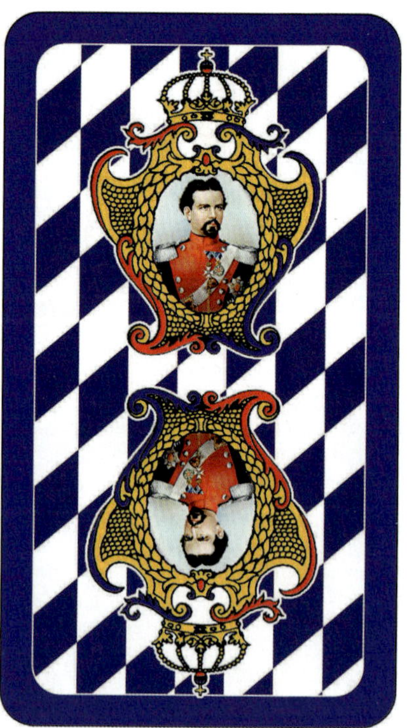

Rückseite Feldmochinger Kartenbild

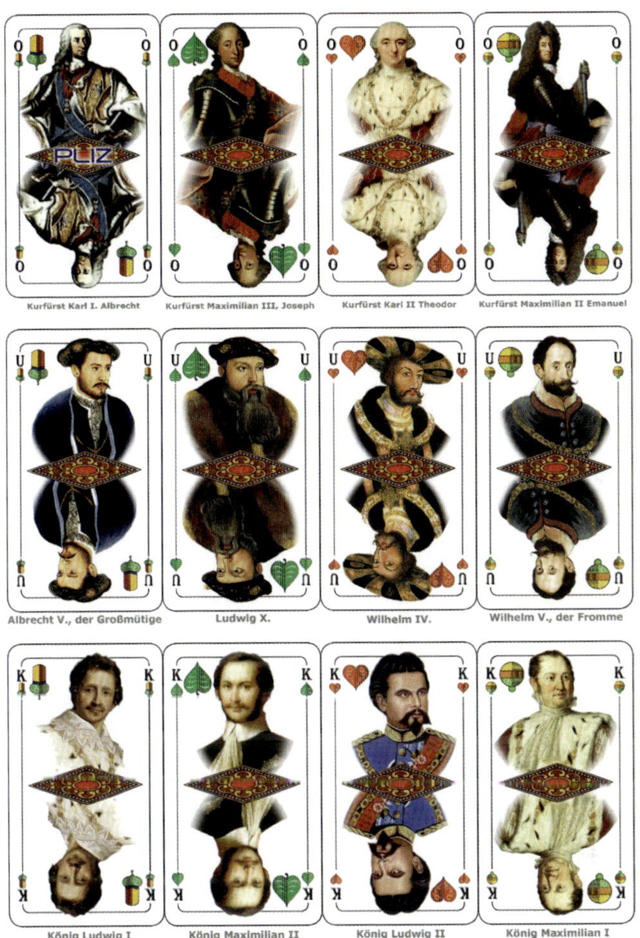

bezeichnet wurden, zeichnen und drucken. Die Ober sind die Bayerischen Kurfürsten, die Unter die Bayerischen Herzöge und die Könige die Bayerischen Könige, sowie die Säue König Ludwigs Schlösser.

Diese Spielkarten werden inzwischen von einigen Turnierveranstaltern verwendet und begründen in ihrer überragenden Qualität und Schönheit ein alternatives Kartenbild.

In der Bayerischen Staatsbibliothek München befindet sich ein ungeschnittener Holzschnittbogen mit den Bild- und den Bannerkarten für zwei Spiele deutscher Farbe. Auf der Mittelleiste steht „Jörg Schwemer“, die Karten stammen aus München, um 1520.

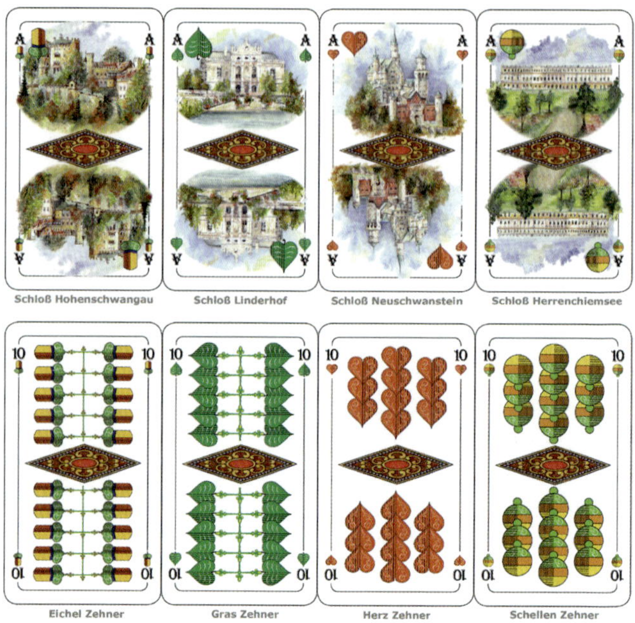

Würde man diese Karten heute verwenden, wäre Kartenpanschern, Betrügern und Hasardeuren Tür und Tor geöffnet, da die Karten in kürzester Zeit markiert wären (bewusst oder unbewusst).

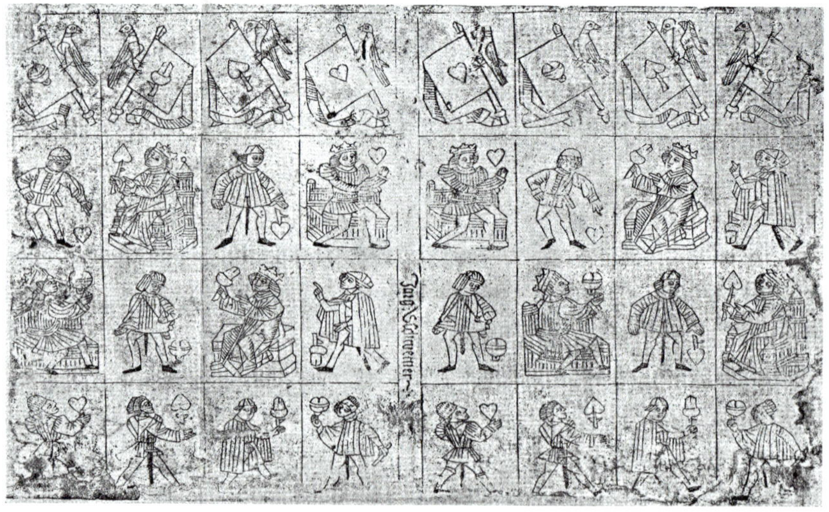

Glück oder Strategie

Schafkopf gehört zu den Geschicklichkeitsspielen. Die Abgrenzung zum Glücksspiel ist in der Rechtsprechung wie folgt definiert:

„Das Wesen des Glücksspiels besteht darin, dass die Entscheidung über Gewinn und Verlust nach den Regeln und Bedingungen nicht wesentlich von den Fähigkeiten, den Kenntnissen und der Aufmerksamkeit der Spieler abhängt, sondern allein oder hauptsächlich vom Zufall. Maßgebend für die Beurteilung sind dabei die Spielverhältnisse, unter denen das Spiel eröffnet ist und gewöhnlich betrieben wird, also die Fähigkeiten und Erfahrungen des Durchschnittsspielers. Den Maßstab hierfür bildet das Publikum für das das Spiel eröffnet ist, nicht der geubter oder besonders geübte Teilnehmer. Entscheidend ist somit, ob die Entscheidung über Gewinn oder Verlust allein oder hauptsächlich vom Zufall abhängt."

Etwa Mitte des 15. Jahrhunderts entwickelten sich neben Glücks- und Hasardspielen die Verstandes- und Geschicklichkeitsspiele. Die ersten Verbote für Kartenspiele finden sich 1377 im „Florentiner Erlass", zeitgleich mit einer Kartenspielallegorie des Dominikanermönches Johannes von Rheinfelden. 1378 wurde das Kartenspiel in Regensburg verboten.

Während die Herrscher und Adeligen dem Kartenspiel unverhohlen frönten, wollte die Obrigkeit das gesamte Spiel zum Wohle und Schutz der Untertanen öffentlich verbieten. Die Strafen waren sehr hart. Im Reichsabschied von 1431 ist zu lesen: *„So soll nieman in den heren* (die zum Hussitenkrieg aufgebotenen Truppen) *spilen: wer das dete, dem sol man ein hand abhouwen".* Diese Strafaktion wurde 1486 von dem Reichsabschied, bezogen auf die zum Türkenzug angeworbenen Söldner, übertroffen: *„Item so soll nymand in den heren spilen, wer das dete, dem sol man das haupt abhawen."*

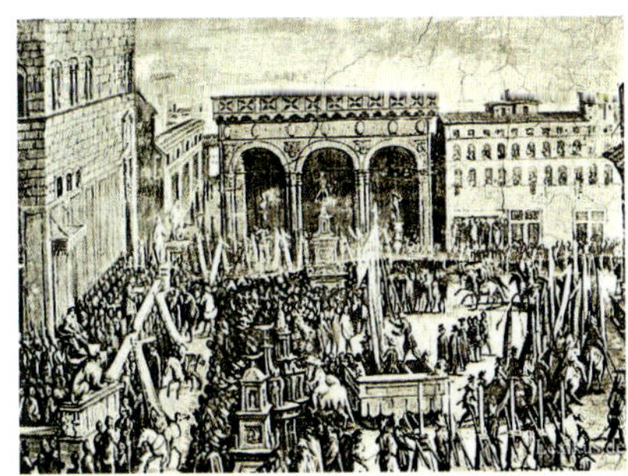

Die Obrigkeiten der Städte lockerten das Spielverbot alsbald. Während für das gemeine Volk das Spielen verboten war, wurde für Kaufleute, selbständige Handwerksmeister und sonstige Honoratioren das Kartenspiel eingeschränkt erlaubt. In der Ulmer Spielordnung von 1527 wurden u.a. *„lüstleins"* (Glücksspiele) gestattet, wenn Gewinn und Verlust sich nicht auf mehr als vier oder fünf Gulden – ein für die damalige Zeit enormer Betrag – summierten.

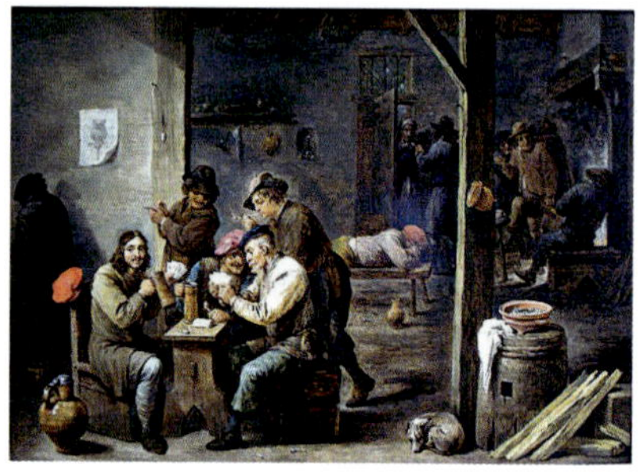

Das Kartenspiel wurde seit jeher etwas lockerer gehandhabt als die anderen Spiele. So verbot der Nürnberger Rat im Jahre 1384 Männern und Frauen das Spielen um hohe Einsätze, gestattete jedoch das Kartenspiel um geringe Beträge. Andere Städte, wie beispielsweise die Stadt Leiden, verboten 1397 das Kartenspiel überhaupt. Interessanterweise finden sich auf alten Kupferstichen bis in das 15. Jahrhundert in hohem Maße Frauen beim Kartenspiel.

Während im Mittelalter die katholische Kirche das Kartenspiel als *„Gebetbuch des Teufels"* verdammte, versuchten die Regenten und Oberhäupter ab dem 18. Jahrhundert die einfachen Leute, Landsknechte und Soldaten vor dem finanziellen Ruin zu schützen. Es wurden nicht selten ganze Gehöfte und Besitztümer beim Kartenspiel verspielt. Aus diesem Grunde wurde seither die Gesetzgebung immer präziser und deutlicher ausgearbeitet, wenngleich nicht unerwähnt bleiben darf, dass das Glücksspielmonopol des Staates in der Bundesrepublik Deutschland eine unverzichtbare Einnahmequelle bleibt. Im Jahre 2002 betrug der Umsatz im Glücksspielbereich 27 Mrd. Euro (Jahrbuch Sucht, 2004), wovon ein Anteil von 40% auf die staatlichen Spielbanken entfiel.

Karl VI warnte im Jahre 1721 in einer Verordnung gegen die „unheilbringenden Spiele": *„...viel Unheil entstehet; indeme hierdurch ganze Familien ruinirt, ins Verderben und Armuth gesezzet, Rauf= und Schlägereyen, auch wohl öffters Mord= und Todschläge verübet, Gott der Allmächtige durch erschröckliches Fluchen und Lästern zu gerechtem Zorn bewogen, denen Herren Dienst= und gewissenloses vagirenden Leuten zu Ausübung ihrer Betrügereyen, und Hinterführung der Jugend, Gelegenheit gegeben, die Verspieler zu ohnzuläßigen Practiquen, wo nicht gar verzweifelten Gedanken und Unternehmungen verleitet, und in summa zu allerhand Lastern, Unheil und Unordnung die Thür eröffnet wird."*

Nicht selten verspielten Knechte und Tagelöhner nicht nur ihr eigenes Hab und Gut, sondern ebenso das ihnen von ihrem Herrn anvertraute Vieh oder Hausrat, der nicht ihr eigen war. Dies bewegte schon sehr früh die Gesetzgebung einzuschreiten. So setzte sich der Grundsatz durch, dass jeder sein Eigentum verspielen könne, soweit er es bei sich führt; wurde etwas verspielt, das nicht sein Eigentum war, so musste es der Gewinner ohne Wenn und Aber zurückgeben. Hatte ein Minderjähriger oder Höriger eine Sache verspielt, die noch in seiner Behausung war, so durfte angenommen werden, dass er verführt wurde, weshalb er diese dann nicht herausgeben musste.

Der niederländische Sänger Bruce Low thematisierte *Das Kartenspiel* 1974 mit einem religiösen Text.

Karten waren, besonders zur Zeit der individuellen Holzschnittherstellung, sehr teuer; das Papier war nicht mit dem der heutigen Karten vergleichbar, und auch sonst war es nicht schwer zu erkennen, welche Karte der Gegenüber noch in der Hand hielt. In den Spielhäusern, Trinkstuben und Her-

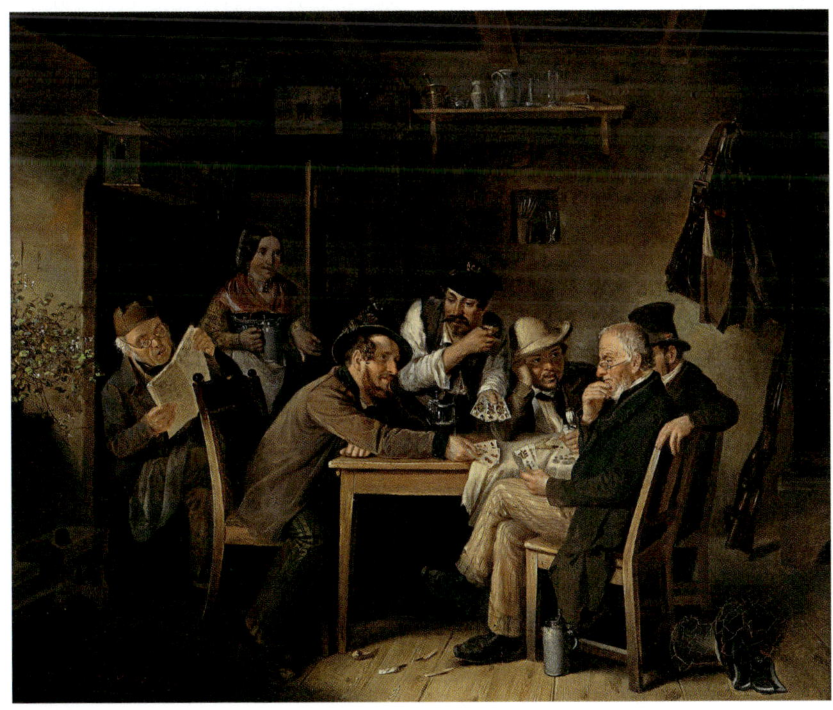

bergen war das Falschspiel deshalb Ursache für Zank und Streit – bis aufs Messer.

Dennoch gibt es auch bei großen Turnieren einige Falschspieler, die es einfach nicht lassen können. Da werden Karten zusammen„gestopft", Kartenecken markiert, Karten von unten nach oben gezogen oder unter dem Tisch gegen ein zweites Kartenspiel ausgetauscht, das vorher gewinnbringend zusammengesteckt wurde. Diese Profis finden sich auf großen Turnieren ein und sahnen gerne auch durch Zusammenspiel mit Kumpanen ab. Meist kommen sie erst ganz am Schluss an und werden dann an einen gemeinsamen Tisch gesetzt.

Die Schafkopfschule hat eine Liste, auf der Spieler stehen, die von vereinzelten Turnierleitern ausgeschlossen worden sind. Veranstalter können diese „schwarze Liste" dort anfordern. Vor einigen Jahren musste ich selbst die Folgen spüren. Bei einem großen Turnier mit 855 Teilnehmern spielte ich mich auf den 2. Platz, punktgleich mit dem Spieler auf dem 1. Platz, der ein Solo mehr hatte. Der Gewinn für den 1. Platz war ein Auto, der für den 2. Platz ein Motorroller, über den ich mich sehr freute. Als ich danach erfuhr, dass den 1. Platz ein bekannter Falschspieler belegt hatte, der danach lebenslang gesperrt wurde, ärgerte ich mich doch. Deshalb stehen die Veranstalter hier in der Verantwortung, dass solche Leute konsequent ausgeschlossen werden, um nicht die vielen anderen Turnierteilnehmer zu benachteiligen.

Beim Schafkopfen geht es selten um solch exorbitante Gewinne wie beispielsweise beim Pokern. Außerdem sind mitunter sehr gute Mitspieler am Tisch, die sich nicht durch das unentwegte Geplappere eines Falschspielers ablenken lassen.

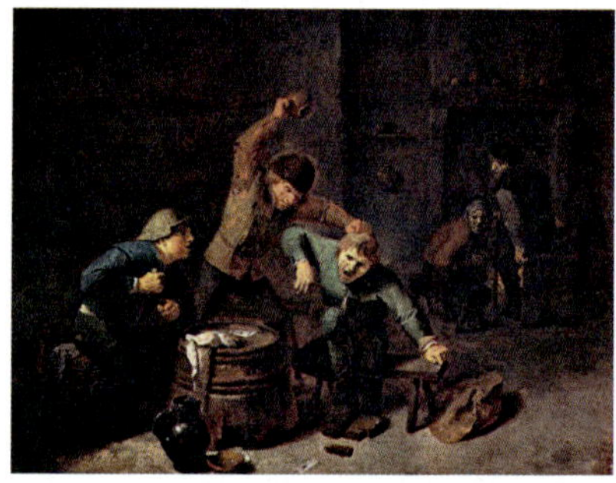

Der Falschspieler ist kein Zauberer; er bestimmt den Ausgang des Spieles lediglich durch eine ihm bekannte, dem Partner hingegen unbekannte Manipulation. Da Unerfahrenheit, Müdigkeit und Trunkenheit der Mitspieler nur vorübergehenden Erfolg erwarten lassen, ist für den gewerbsmäßigen Spieler das Falschspiel naheliegend. Die Griffe, die ein Kartenkünstler anwendet, sind anders als die eines Falschspielers. Die Griffe des Zauberkünstlers werden im Wesentlichen in der Bewegung ausgeführt, was bei einer Partie zwischen Schafkopfspielern unmöglich ist. Nehmen wir den Fall an, dass ein Spieler „voltieren", d. h. irgendeine gezogene oder abgehobene Karte in eine gewisse Lage – meistens wieder dorthin, wo sie war – bringen will. Der Artist pflegt dies mit einer schwungvollen Bewegung zu begleiten, da bei ruhiger Handhabung die Gefahr bestünde, dass die Manipulation bemerkt werden könnte. Es ist jedoch mit Sicherheit anzunehmen, dass sämtliche Mitspieler Protest einlegen würden, wenn plötzlich jemand mit einem Spiel Karten in der Luft herumfuchteln wollte. Beim Falschspiel kann man daher nur solche Griffe verwenden, die ohne Bewegung auszuführen sind. Es soll aber damit nicht gesagt sein, dass nicht hie und da auch eine Volte zur Anwendung käme. Es ist jedoch ein Irrtum, wenn man glaubt, bei jedem Falschspieler wie beim Kartenkünstler große Fingerfertigkeit voraussetzen zu müssen. Sie kommt selbstverständlich vor; ihre Meister gehören aber zur Elite der Falschspieler. Das Gros der Falschspieler ist verhältnismäßig primitiv. Griffe werden nach Möglichkeit vermieden, da sie die Aufmerksamkeit auf sich lenken könnten. Schließlich ist es nicht angenehm, inflagranti erwischt zu werden. Mit gezeichneten (gezinkten) Karten wird nur ganz selten gespielt. Präparierte Karten gelten immer als ein 100%iges Beweismittel; eine Verurteilung wegen Betrugs ist daher unvermeidlich. Der Nachweis des Falschspiels bei einwandfreien Karten hingegen ist sehr schwer. Sollte der Falschspieler doch einmal Pech haben, dann erfolgt lediglich eine Verurteilung wegen Teilnahme an einem verbotenen Spiel.

Wie verbreitet die Spielwut war, lässt die Tatsache erkennen, dass 1454 in Nürnberg, als Johannes Capistranus von der Kirchenkanzel gegen das Spielen wetterte, 3 640 Spielbretter, 40 000 Würfel und Kartenspiele *„ohne Zahl"* auf den Marktplatz geschleppt und verbrannt wurden. Zu dieser Zeit betrug die Einwohnerzahl von Nürnberg gerade 20 200.

Der Gesetzgeber unterscheidet heute formal zwischen Gewinnspielen und Glücksspielen. Glücksspiele sind in den §§ 284 und 285 StGB geregelt. Dort heißt es in § 284:

1) Wer ohne behördliche Erlaubnis öffentlich ein Glücksspiel veranstaltet oder hält oder die Einrichtungen hierzu bereitstellt, wird mit Freiheitsstrafe bis zu zwei Jahren oder mit Geldstrafe bestraft.

2) Als öffentlich veranstaltet gelten auch Glücksspiele in Vereinen oder geschlossenen Gesellschaften, in denen Glücksspiele gewohnheitsmäßig veranstaltet werden.

3) Wer in den Fällen des Absatzes 1

gewerbsmäßig oder

als Mitglied einer Bande handelt, die sich zur fortgesetzten Begehung solcher Taten verbunden hat,

wird mit Freiheitsstrafe von drei Monaten bis zu fünf Jahren bestraft.

4) Wer für ein öffentliches Glücksspiel (Absätze 1 und 2) wirbt, wird mit Freiheitsstrafe bis zu einem Jahr oder mit Geldstrafe bestraft.

Kartenspiele wie Schafkopf, Skat und Doppelkopf zählen zu den Gewinnspielen. Das Glücksspiel unterscheidet sich wie eingangs definiert vom Gewinnspiel durch den Einfluss des Zufalls. Um ein Gewinnspiel handelt es sich immer dann, wenn der Zufall eine untergeordnete Rolle spielt, also weniger als 50% ausmacht und kein erheblicher finanzieller Einsatz vorliegt.

Eine Untergruppe des Gewinnspiels ist das Geschicklichkeitsspiel. Hierzu gehört Schafkopf. Um ein Geschicklichkeitsspiel handelt es sich, wenn der Ausgang des Spiels maßgeblich vom Können und den Fähigkeiten des Teilnehmers oder eines Dritten abhängt. Der Einwand, dass der Faktor Zufall doch noch ganz erheblich ist, zumindest was die ausgeteilten Karten anbetrifft, ist zwar grundsätzlich richtig – doch entscheidend ist das, was der Einzelne daraus macht. Während der eine ein Solo mit 4 Laufenden verliert, gewinnt der andere ein Solo ohne Herren.

Folglich handelt es sich beim Schafkopfen nicht um ein Glücksspiel. Bei den großen Schafkopfturnieren werden manchmal ein paar tausend Euro für die ersten Preise angekündigt – bei einem Einsatz von teilweise 120 Euro Startgeld. Ist das denn erlaubt? Strafrechtlich bestehen keine Bedenken, wäre da nicht die Gewerbeordnung.

Veranstaltet jemand ein Schafkopfturnier, mit der Absicht Gewinn daraus zu erzielen, so gilt § 33 d GewO (Erlaubnispflicht) und die Anlage zu § 5a SpielV (erlaubnisfreie Spiele). Schafkopfen gehört nach der Spielverordnung zu den „anderen Spielen“.

§ 5a SpielV sagt: „Für die Veranstaltung eines anderen Spieles ist die Erlaubnis nach § 33d Abs. 1 Satz 1 oder § 0a Abs. 2 Satz 2 der Gewerbeordnung nicht erforderlich, wenn das Spiel die Anforderungen der Anlage erfüllt und der Gewinn in Waren besteht. In Zweifelsfällen stellt das Bundeskriminalamt oder das zuständige Landeskriminalamt fest, ob diese Voraussetzungen vorliegen.“

In der Anlage zu § 5a steht, dass

1. Begünstigt nach § 5a sind

a) Preisspiele und Gewinnspiele, die in Schank- oder Speisewirtschaften, Beherbergungsbetrieben, auf Volksfesten, Schützenfesten oder ähnlichen Veranstaltungen, Jahrmärkten oder Spezialmärkten,

b) Ausspielungen, die auf Volksfesten, Schützenfesten oder ähnlichen Veranstaltungen, Jahrmärkten oder Spezialmärkten veranstaltet werden und

c) Jahrmarktspielgeräte für Spiele, die auf Volksfesten, Schützenfesten oder ähnlichen Veranstaltungen, Jahrmärkten oder Spezialmärkten stattfinden.

2. Preisspiele sind unter Beteiligung von mehreren Spielern turniermäßig betriebene Geschicklichkeitsspiele, bei denen das Entgelt für die Teilnahme höchstens 15 Euro beträgt.

3. Gewinnspiele sind unter Beteiligung von einem oder mehreren Spielern betriebene, auf kurze Zeit angelegte Geschicklichkeitsspiele, bei denen die Gestehungskosten eines Gewinnes höchstens 60 Euro betragen.

4. Ausspielungen sind auf den in Nummer 1 Buchstabe b genannten Veranstaltungen übliche Glücksspiele, bei denen die Gestehungskosten eines Gewinnes höchstens 60 Euro betragen. Mindestens 50 vom Hundert der Gesamteinsätze müssen als Gewinn an die Spieler zurückfließen, mindestens 20 vom Hundert der Gewinnentscheide müssen zu Gewinnen führen.

Zusammenfassend lässt sich sagen, dass eine Startgebühr bis 15 Euro keiner Erlaubnis bedarf und die Ausschüttung von Waren erlaubt ist – immer vorausgesetzt, dass sich das Turnier in einem Veranstaltungsrahmen nach § 1 a bis d bewegt. Ein Preisgeld ist nicht gestattet. Demnach sind gewerbsmäßige Turnierveranstaltungen erlaubnispflichtig und bedürfen der Unbedenklichkeitsbescheinigung des Bundeskriminalamtes. Sofern ein Verein ein Turnier veranstaltet, ist die Erlaubnispflicht erst dann zu bejahen, wenn mehrmals Schafkopfturniere mit der Absicht durchgeführt werden, einen Gewinn für das Vereinsvermögen erzielen zu wollen, unabhängig davon, ob der Zweck des Vereins selbst ein Idealzweck ist bzw. der Verein als gemeinnützig anerkannt ist.

Ein Schafkopfturnier ist aber auch eine Vergnügungsveranstaltung, weshalb eine behördliche Anzeigepflicht gegeben ist. Diese kann im Wege der Turnieranmeldung bei der Gemeinde oder dem Gewerbeamt der Stadt gleich mitangezeigt werden.

Wie verhält es sich mit dem Spielgeld? Das Spielen um Geld ist erlaubt, wenn der Einsatz nicht erheblich ist. Die gerichtlichen Entscheidungen darüber, was erheblich ist, liegen teilweise mehr als 40 Jahre zurück. Während das BayOLG im Jahre 1956 einen Betrag von 5,– DM für erheblich gehalten hat, war für das OLG Hamm 1957 bereits ein Betrag von 1,– DM erheblich. In der rechtswissenschaftlichen Literatur geht ein Teil von einer Grenze von 2,50 Euro aus. Andere wiederum sehen die Grenze bei einem Wert von 15,– bis 20,– Euro. (Dr. Martin Bahr: Glücks- und Gewinnspielrecht).

Vergessen wir nicht, dass Kartenspiele wie Pokern, Black Jack oder Watten Glücksspiele sind und keine Geschicklichkeitsspiele. Der entscheidende Moment ist dabei, dass bei diesen Spielen ein Teil der Karten nicht ausgegeben wird. Somit spielt der Zufall eine deutlich größere Rolle.

An der geringen Urteilssammlung lässt sich deutlich ablesen, dass es keine großen Streitereien gibt und auch die Ordnungsämter kaum einschreiten müssen. Lassen wir's also dabei.

Grundsätzlich gilt in Gaststätten oder sonstigen Veranstaltungsräumen das Hausrecht des Wirtes oder Betreibers. Dieser kann alles verbieten, wie zum Beispiel das Spiel um Geld. Er kann aber auch nichts erlauben, das gegen geltendes Recht verstößt.

Und dann gibt es noch das Gesetz zum Schutz der Jugend, das Jugendschutzgesetz (JuSchG).

§ 4 Gaststätten

1) Der Aufenthalt in Gaststätten darf Kindern und Jugendlichen unter 16 Jahren nur gestattet werden, wenn eine personensorgeberechtigte oder erziehungsbeauftragte Person sie begleitet oder wenn sie in der Zeit zwischen 5 Uhr und 23 Uhr eine Mahlzeit oder ein Getränk einnehmen. Jugendlichen ab 16 Jahren darf der Aufenthalt in Gaststätten ohne Begleitung einer personensorgeberechtigten oder erziehungsbeauftragten Person in der Zeit von 24 Uhr und 5 Uhr morgens nicht gestattet werden.

2) Absatz 1 gilt nicht, wenn Kinder oder Jugendliche an einer Veranstaltung eines anerkannten Trägers der Jugendhilfe teilnehmen oder sich auf Reisen befinden.

3) Der Aufenthalt in Gaststätten, die als Nachtbar oder Nachtclub geführt werden, und in vergleichbaren Vergnügungsbetrieben darf Kindern

und Jugendlichen nicht gestattet werden.

4) Die zuständige Behörde kann Ausnahmen von Absatz 1 genehmigen.

§ 6 Spielhallen, Glücksspiele

1) Die Anwesenheit in öffentlichen Spielhallen oder ähnlichen vorwiegend dem Spielbetrieb dienenden Räumen darf Kindern und Jugendlichen nicht gestattet werden.

2) Die Teilnahme an Spielen mit Gewinnmöglichkeit in der Öffentlichkeit darf Kindern und Jugendlichen nur auf Volksfesten, Schützenfesten, Jahrmärkten, Spezialmärkten oder ähnlichen Veranstaltungen und nur unter der Voraussetzung gestattet werden, dass der Gewinn in Waren von geringem Wert besteht.

Nachdem aber klar ist, dass Schafkopf kein Glücksspiel ist, stellen sich nur die Themen „Gaststätte“ und „Alkoholische Getränke“. Letzteres wird schon der Wirt verbieten, da er sonst ein Bußgeld riskiert.

Ob Jugendliche unter 16 Jahren an einem Schafkopfturnier teilnehmen dürfen, steht meist schon in den Teilnahmebedingungen des Veranstalters.

Schafkopf ist ein Strategie- oder Geschicklichkeitsspiel, bei dem es nicht schadet, etwas Glück zu haben.

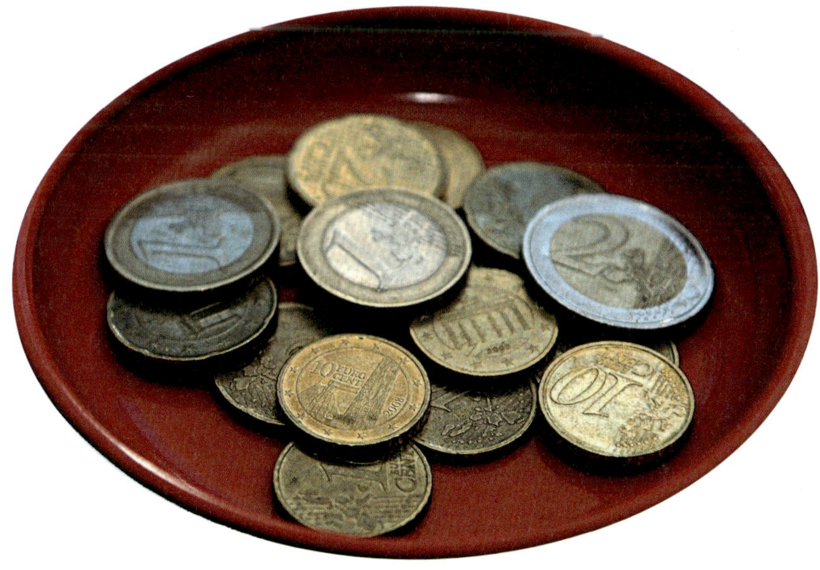

Das Spiel um Geld

Vereinzelte Turniere lassen den Geldeinsatz ganz außen vor und spielen lediglich der Punkte wegen.

Nach meiner persönlichen Erfahrung besteht im Spiel um Geld, egal wie gering der Einsatz ist, der Vorteil, dass man sich grenzwertige „Dackel“ zweimal überlegt. Außerdem fallen die Kommentare der Mitspieler sehr viel härter aus, wenn mitgezahlt werden soll.

Zusammenfassend lässt sich sagen, dass eine Startgebühr bis 15 Euro keiner Erlaubnis bedarf und die Ausschüttung von Waren erlaubt ist. Immer vorausgesetzt, dass sich das Turnier in einem Veranstaltungsrahmen nach § 1 a bis d bewegt. Ein Preisgeld ist nicht gestattet.

Damit können sich jedoch Turnierveranstalter nicht zufriedengeben. Aus diesem Grunde habe ich vor 6 Jahren einen Antrag auf Ausstellung einer Unbedenklichkeitsbescheinigung beim BKA über das Kreisverwaltungsamt in München eingereicht, mit folgendem Inhalt: „Die Schafkopfschule beabsichtigt ein Schafkopfturnier zu veranstalten, bei dem die Schafkopfregeln der Schafkopfschule zugrunde gelegt werden. Der Einsatz wird 20 Euro betragen und es sollen die Einsätze als Geldgewinne ausgeschüttet werden. Dabei soll der Hauptgewinn 500 Euro betragen.“ Das wurde so zur Kenntnis genommen und bestätigt (damit erlaubt).

Mir wurde dabei erklärt, dass es dem BKA und den Landeskriminalämtern in erster Linie um die Seriosität des Veranstalters ginge, nicht so sehr um die Beträge. Deshalb sollten Veranstalter ihre Turniere ganz offiziell anmelden.

Rummenigge meinte über Hoeneß: *„Sein Geld gibt Uli fürs Verlieren beim Schafkopfen aus. Es wird erzählt, ein Spieler soll beim Schafkopfen mehr verdient haben als als Spieler.“*

Gedächtnisakrobatik oder Wie merke ich mir die gespielten Karten

Jeder kennt das joggen, um den Körper fit zu halten. Aber auch das Gehirn kann mit Gehirnjogging trainiert und fit gehalten werden.

Unser Gedächtnis ist ein Massenspeicher und kann wichtige von unwichtigen Informationen trennen. Und obwohl die eintrudelnden Speicherdaten, aus den Wahrnehmungsorganen an ganz unterschiedlichen Speicherorten abgelegt werden, können wir sie situationsbedingt nach Belieben abrufen.

Wenn es nur so einfach wäre! Unser Gedächtnis ist von außen und auch von innen, durch uns selbst beeinflussbar (Unterbewusstsein). Hinzu kommen Emotionen, wie Stress, Angst oder Unsicherheit. Plötzlich setzt unser Gehirn aus, zumindest empfinden wir das so oder es reagiert völlig ungewohnt.

Grundsätzlich funktioniert die Gehirnmaschinerie jedoch völlig zuverlässig und verarbeitet die Sinneseindrücke, die tagsüber durch riechen, hören, sehen oder schmecken in unserem Gedächtnis haften bleiben. Wir machen ständig neue Erfahrungen und lernen Neues dazu. Selbst in der Nacht, wenn wir schlafen, nehmen wir unbewusst Eindrücke wahr.

Der Schafkopf-Anfänger stellt sich gern die Frage, warum sich der eine 1000 Spielkarten (Gedächtnis-Weltmeisterschaft) merken kann, wo der andere doch nicht einmal mehr weiß, welche Karten sich im letzten Stich befanden? Frau Meier geht zum Einkaufen und hat keines der 45 verschiedenen Lebensmittel auf ihrer geistigen Einkaufsliste vergessen, während Frau Huber nur wegen eines Backpulvers zum Einkaufen geht und sich dann nicht einmal mehr daran erinnern kann. Gibt es dafür eine Erklärung? Eindeutig ja!

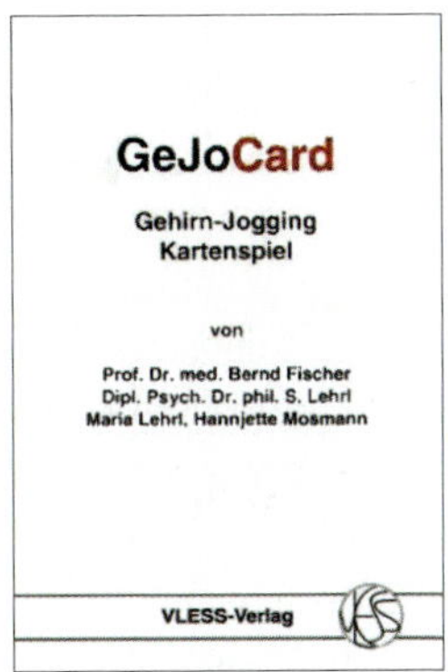

Der Mensch, egal ob Mann oder Frau, besitzt zwei unterschiedliche Gehirnhälften, die er aber meist nicht richtig einsetzen kann. Aus der Schule wissen wir, dass wir einerseits lernen müssen, andererseits aber bei Prüfungen das Gelernte abrufbereit in unserem Gehirn gespeichert „parken“. Wir sind sogar in der Lage, gleichzeitig zwei Dinge zu tun. Während des Fernsehfilms können wir ein Kreuzworträtsel lösen und trotzdem die entscheidenden Filmsequenzen bei Bedarf nach 2 Stunden exakt wiedergeben. Wieso sollte es also nicht möglich sein, sich die gespielten Karten zu merken und gleichzeitig die eigenen Augen und die des Gegners mitzuzählen?

Wir speichern viele Gedächtnisinhalte unbewusst. Einmal gelernt, denken wir nicht mehr darüber nach wie man Schuhe bindet, Fahrrad fährt, beim Autofahren schaltet oder eine Krawatte bindet. Es fällt uns auch nicht schwer, in Diskussionsrunden oder einem ungezwungenen Gespräch beim Abendessen mit einem umfangreichen Wortschatz oder Fakten aus den letzten Tageszeitungsberichten zu prällieren.

Am nächsten Tag jedoch verzweifeln wir an banalen Erinnerungslücken wie Namen oder Urlaubsorten. Dies zeigt uns, dass es unterschiedliche Arten von Erinnerungen gibt. Im prozeduralen oder impliziten Gedächtnis sind Gewohnheiten, Fähigkeiten und Verhaltensweisen gespeichert – wie das Schuhebinden oder das Gangschalten. Diese motorischen Handlungen erfolgen ohne nachdenken.

Ursache ist die unterschiedliche Verarbeitung von Eindrücken. Wissenschaftler sagen folgendes über unser Gedächtnis:

- Gedächtnis ist die Fähigkeit, neue Informationen im Gehirn zu speichern und wieder abrufbar zu machen. So werden Erlebnisse in Erinnerungen überführt.

- Fakten und Erinnerungen an das eigene Leben werden im deklarativen Gedächtnis abgelegt, Verhaltensweisen und Fähigkeiten wie das Fahrradfahren im prozeduralen Gedächtnis.

- Erinnerungen werden nicht an einem bestimmten Ort, sondern als Fragmente an vielen Orten verteilt im Gehirn gespeichert. Der grundlegende Prozess, mit dem Daten dauerhaft ins Gehirn eingelagert wer-

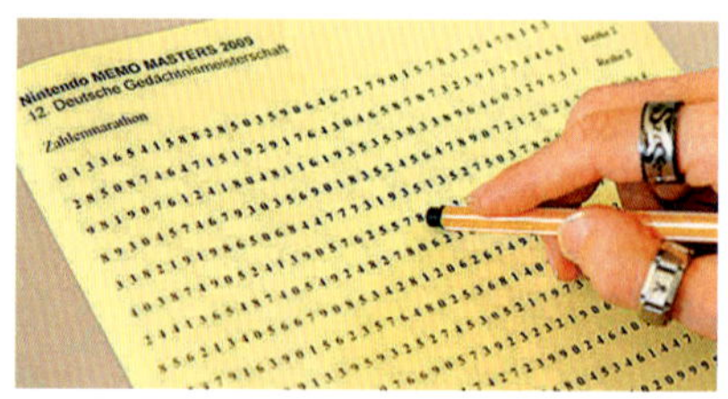

den, ist eine synchrone Aktivierung von Neuronen, wobei den Neuronen eine besondere Relevanz zukommt, welche die Bedeutung einer Wahrnehmung repräsentieren.

Was passiert in unserem Gehirn, wenn wir Eindrücke speichern? Mit dieser Frage haben sich Neurowissenschaftler rund um den Globus beschäftigt. Ein wichtiger Mechanismus, um Informationen dauerhaft im Gedächtnis zu speichern, so der amerikanische Gedächtnisforscher Joshua Dubnau vom Spring Harbor Laboratory, sei die Fähigkeit, „dynamisch und schnell die Zahl und Stärke der Verbindungen zwischen dem riesigen Neuronen-Netzwerk zu verändern. Das verstehen wir inzwischen bis zu einem gewissen Grad." Dies bedeutet, wir verstehen es bis auf die Ebenen der dahinterstehenden molekularen Prozesse.

Hierbei wird ein Erlebnis im Gehirn durch eine synchrone Aktivierung bestimmter Neuronengruppen verankert. Dieses synchrone Feuern steigert die Tendenz der beteiligten Nervenzellen, auch künftig gemeinsam zu feuern. Je häufiger dies geschieht, desto fester und stabiler werden die synaptischen Verbindungen innerhalb dieses Neuronenverbands. Dadurch kommt es zu einer Art Sensibilisierung. Bald reicht bereits das Feuern einzelner Nervenzellen aus, um auch die anderen aus der Gruppe zum Feuern anzuregen – und so das Erlebte erneut abzurufen.

Die Speicherung erfolgt schrittweise. Bevor ein deklarativer Gedächtnisinhalt dauerhaft abgelegt ist, durchwandert er mehrere Stufen der Speicherung. Das Ultrakurzzeitgedächtnis ist eine Art Puffer für sensorische Reize aus der Umwelt. Von hier wird die Information ins Kurzzeitgedächtnis übertragen, das man oft auch mit dem Arbeitsgedächtnis gleichsetzt. Zwar gibt es einige Unterschiede – tatsächlich ist das Arbeitsgedächtnis mehr eine Schnittstelle zwischen Kurz- und Langzeitgedächtnis. Einige Forscher wie der niederländische Kognitionsforscher Bernard J. Baars sehen in ihm gar eine Grundlage für unser Bewusstsein. Doch beiden ist eines gemein: Es werden Informationen in einem Speicher zwischengelagert, um möglichst schnell wieder abgerufen werden zu können.

Die Kapazität des Kurzzeitgedächtnisses ist begrenzt und kann sehr schnell überschritten werden, vor allem dann, wenn man abgelenkt wird oder Emotionen hinzukommen. Wichtige Gedanken werden an den Hippocampus weitergeleitet, wo dann der Prozess zur dauerhaften Einlagerung im Langzeitgedächtnis erfolgt.

Tatsächlich lässt sich kein bestimmter Ort festlegen, an dem sämtliche Erinnerungen abgelegt sind. Das Gehirn ist also kein Schubladensystem. Vielmehr ist alles innerhalb dieses Neuronennetzes verteilt, weshalb bei einem Unfall oder einer sonstigen Schädigung des Hirns nicht sofort alle Gedächtnisinhalte verloren sind.

Wie aber kommen wir dann in solch einem Fall wieder an unsere Erinnerungen heran? Geklärt ist bislang nur, dass Erinnerungen auftreten, wenn im Gehirn ein bestimmtes Muster entsteht, das als Reaktion auf ein bestimmtes Ereignis generiert, also gespeichert wurde, das bei der Gedächtnisbildung entstand. Dies kann über äußere Reize geschehen. Jeder kennt den Duft eines Apfelbaums, der uns an den heimischen Garten unserer Kindheit erinnert, die typischen Geräusche auf einem Rummelplatz erinnern an die letzte Karussellfahrt. Verschiedene Studien zeigten auch, dass Stimmungen, Gerüche oder Orte, an denen man etwas gelernt hat, das Abrufen dieser Gedächtnisinhalte erleichtert. In einer Studie erinnerten sich Studienteilnehmer, die betrunken eine Anzahl von Wörtern lernen sollten, besser an diese, wenn sie wieder betrunken waren. Aber auch Fotografien helfen dem Gedächtnis auf die Sprünge. Wie genau jedoch bewusstes Abrufen von Erinnerungen geschieht, ist noch nicht bis ins Detail geklärt.

Und zwischendurch sind sie auch mal ganz weg – zumindest scheinbar. Nehmen wir das Stichwort Blackout. *„Es gibt einen interessanten Unterschied zwischen der Anwesenheit einer Erinnerung und der Fähigkeit, diese auch abzurufen“*, sagt Gedächtnisforscher

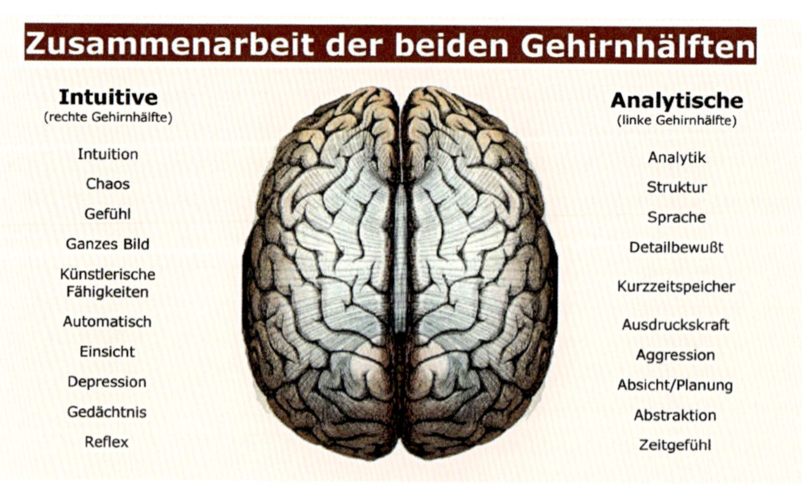

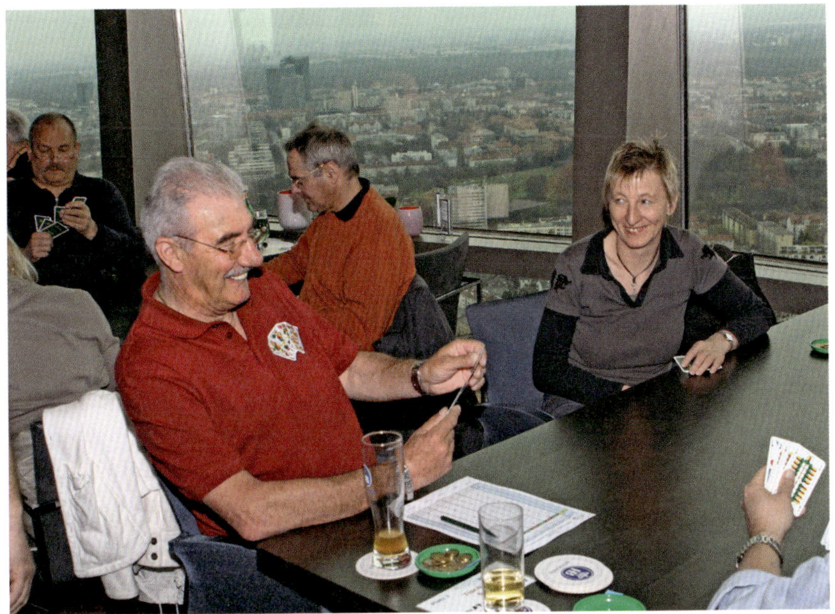

Joshua Dubnau. Manchmal könnten wir Gedächtnisinhalte im entscheidenden Moment nicht abrufen, wie etwa den Namen eines Kollegen, den wir in der Kantine treffen. Später jedoch falle er uns wieder ein. Warum das Gedächtnis manchmal versagt, ist noch immer rätselhaft. Doch zum Glück gibt es altbewährte Methoden, ihm auf die Sprünge zu helfen. Schon Cicero, der berühmte römische Staatsmann, notierte vor über 2000 Jahren: *„Das Gedächtnis nimmt ab, wenn man es nicht übt."*

Erfolgreiche Menschen können die beiden Gehirnhälften bedarfsgerecht steuern und verbinden logisches Denken mit intuitiven Gedanken.

All das, was unser Gesichtsfeld auf der linken Seite erkennt, transportiert es über den Sehnerv über Kreuz in die rechte Gehirnhälfte. Das gleiche geschieht mit den Bildern, die unser Auge auf der rechten Seite erkennt. Diese werden zur linken Gehirnhälfte befördert. Wir lesen normalerweise von links nach rechts, weshalb unsere rechte Hemisphäre über das linke Auge zuerst zum Einsatz kommt. In der Entwicklung von Websites wird dieser Umstand sehr bewusst genutzt, weshalb die Navigationselemente meist links angeordnet werden. Man kann deshalb bei manchen Menschen am Blick erkennen, ob diese konzentriert oder abgelenkt sind, indem man ihre Augenstellung betrachtet.

Bilder sagen mehr als Worte! Dieser Satz sagt bereits alles. Machen wir einen Versuch.

Wie lange benötigt ein durchschnittlicher Mensch, sich eine 20-stellige Zahl zu merken? Die Zahl lautet:

251733458599136455

Das ist schwer. Würde man jeder Zahl von 1 bis 100 ein Bild geben, so könnte man die Zahlen in Zweier-Gruppen zusammenfassen und nur 10 Bildern zuordnen. Man würde die Zahl dann so lesen:

25 17 33 45 85 99 13 64 55

Die 25 könnte für Europa (25 Staaten) stehen, die 17 für Black Jack (17 und 4), die 33 für eine Langspielplatte (33 U/min), die 45 für Trümmerfrauen (Kriegsende), die 85 für Gorbatschow (Machtantritt), die 99 für Luftballons (Nena, 99 bunte Luftballons), die 13 für schwarze Katze (Unglück), die 64 für ein Schachspiel und die 55 für Briefmarke (55 Cent).

Daraus lässt sich nun eine wunderschöne Geschichte formulieren:

In ganz Europa ist das Black-Jack-Spiel durch eine Schallplatte bekannt geworden, die von Trümmerfrauen abends immer gespielt wurde. Michael Gorbatschow hat einer diesen Frauen einen Luftballon geschenkt, mit dem allerdings deren Katze gespielt hat, während ich gerade Schach spiele. Wenigstens die Briefmarke auf dem Päckchen ist ihr geblieben.

Damit sich die Geschichte besser einprägt, unterlegen wir die Bilder mit Erinnerungen, mit Gerüchen, mit Emotionen und mit Phantasien. Je unnatürlicher eine Situation ist, desto einprägsamer werden die Bilder.

Europa kann man sich auf einem Globus vorstellen, von dem die aufgeklebte Fläche Europas sich loszulösen scheint. Bei Black-Jack denke ich an einen Westernsalon, bei dem ein Spieler eine Barfrau mit rotem Strumpfband auf seinem Schoß sitzen hat. Zur Schallplatte gehört eine Hülle mit dem Bild vom singenden Hans Albers, der in der Hand ein Schifferklavier hält. Bei Trümmerfrauen sehe ich ein Bild der beschädigten Frauenkirche und der zerbomten Kardinal-Faulhaber-Straße vor mir. Mit Gorbatschow verbinde ich seinen lächelnden Gesichtsausdruck, wie er mit Mantel vor dem Kreml steht. Auf meinem Luftballon grinst der Clown von Mc Donalds und meine schwarze Katze versucht gerade fauchend und mit ausgefahrenen Krallen, den Luftballon zu fangen. Neben meinem Schachbrett, auf dem ich gerade mit dem weißen Bauern eröffne, steht ein Rotweinglas. Daneben sehe ich das geöffnete Päckchen mit einer schönen russischen Briefmarke.

Als Fazit lässt sich sagen, dass wir uns Bilder besser einprägen können als Texte, Zahlen oder Tabellen. Entscheidend ist jedoch, dass man die einmal ausgewählten Stellvertreter-Bilder auswendig lernt – und immer und immer wieder übt. Ziel soll es sein, dass die rechte Gehirnhälfte die gespielten Karten zwar wahrnimmt, aber bei Bedarf mit der linken Gehirnhälfte verarbeitet.

Die beiden Hemisphären sind physiologisch voneinander getrennt. Die Verbindung erfolgt über einen dicken Nervenstrang, der auch „Balken" genannt wird. In der Medizin wird oftmals bei an Epilepsie Erkrankten dieser Balken operativ getrennt, um Anfälle in einer Hirnhälfte lokal auf diese zu beschränken. Bei der Auswertung dieser Ausfälle konnte deutlich Rückschlüsse auf die unterschiedlichen Funktionen der beiden Gehirnhälften gezogen werden. So konnten Patienten, die Wörter lesen sollten, die auf der linken Seite ihres Gesichtsfeldes standen, mit Hilfe der rechten Gehirnhälfte lesen und mit der Hand, die ebenfalls von dieser Seite gesteuert wird, schreiben. Sie wissen jedoch nicht, was sie gelesen und was sie geschrieben haben.

Für das Schafkopfen interessiert uns, wie man sich die gespielten Karten so einprägt, dass man zum einen weiß, was schon gespielt wurde und zum anderen, was die anderen noch in den Händen halten könnten. Beginnen wird also damit.

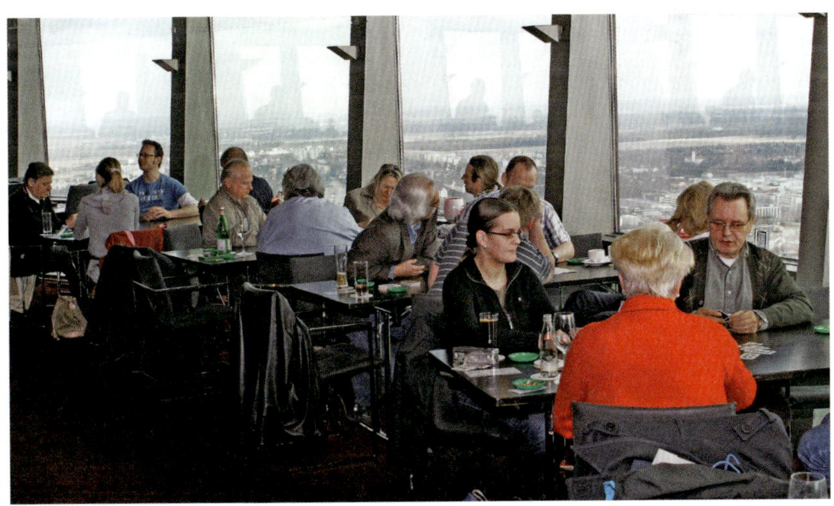

100 Bilder für alles

Im Laufe der Jahre habe ich mir 100 Bilder zusammengestellt, die ich auswendig gelernt habe, indem ich diese täglich über einen Zeitraum von 6 Monaten bei jeder Gelegenheit als Stellvertreterbilder für Zahlen eingesetzt habe. So habe ich mir Telefonnummern, Paragrafen, Jahreszahlen, Hausnummern oder Daten gemerkt.

Würde man diese Zahlen ausschließlich zum Schafkopfen nutzen wollen, wäre das eine Verschwendung von Ressourcen. Umgekehrt kann man diese Bilder auch – aber eben nicht nur – für das Schafkopfen verwenden.

Nehmen wir ein einfaches Beispiel. Im ersten Stich sind Eichel-Ober, Herz-Sieben, Schellen-Unter und Sau-Herz. Zählt man die Augen zusammen, so kommt man auf 16. Wenn ich mir stattdessen das Bild mit den 16 Bundesländern merke, habe ich meine erste Station erreicht.

Master-Begriffe

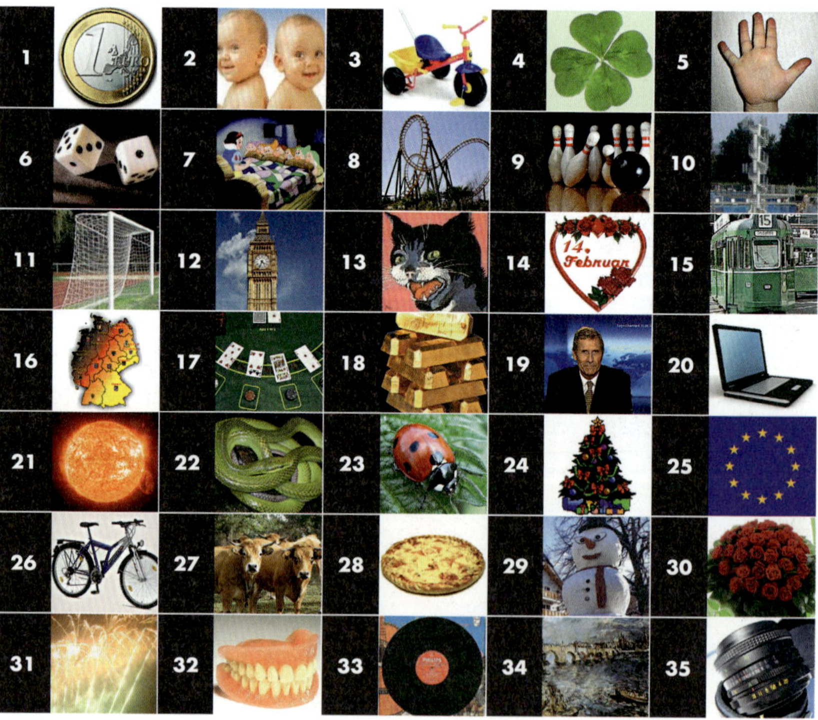

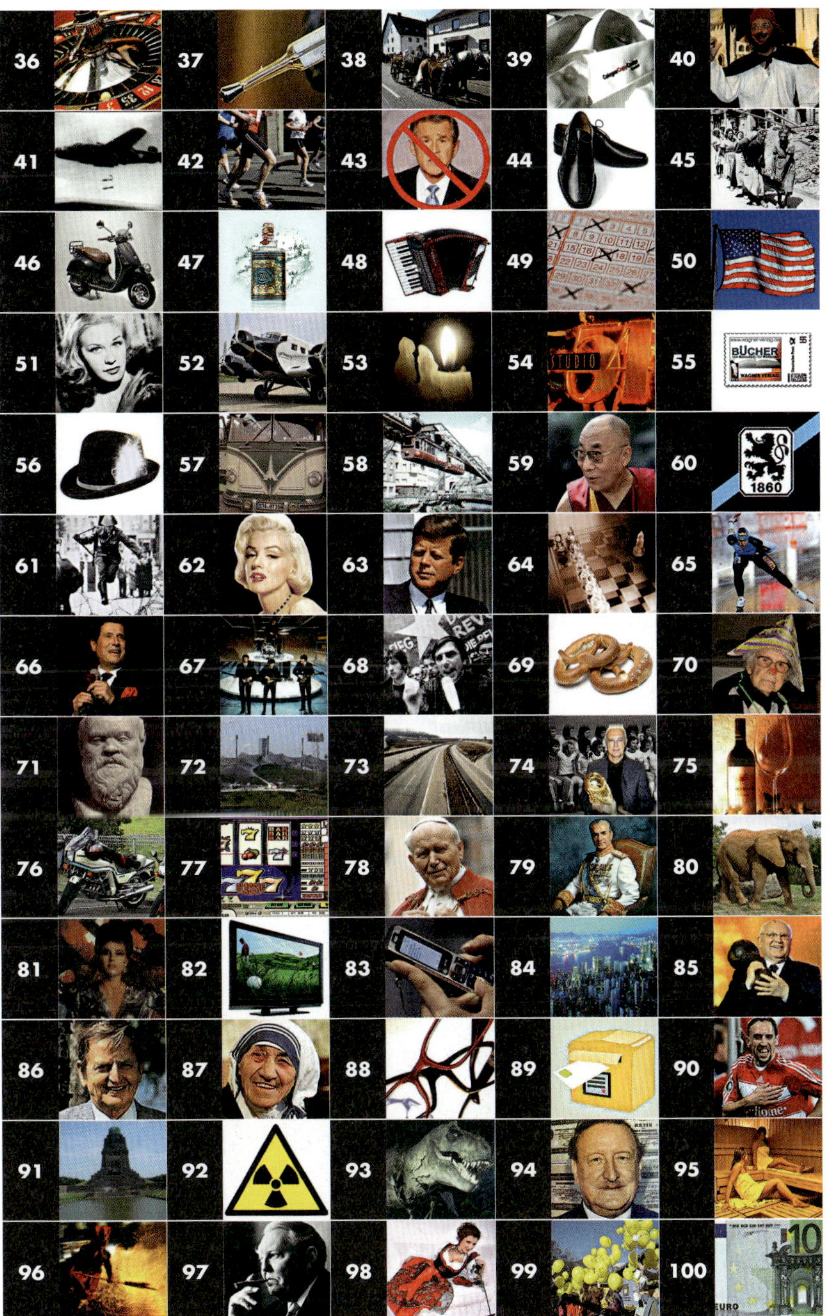
36
37
38
39
40
41
42
43
44
45
46
47
48
49
50
51
52
53
54
STUDIO
55
BÜCHER
WAGNER VERLAG
56
57
58
59
60
1860
61
62
63
64
65
66
67
68
69
70
71
72
73
74
75
76
77
78
79
80
81
82
83
84
85
86
87
88
89
90
91
92
93
94
95
96
97
98
99
100
EURO

Am Anfang ist es sinnvoll, wenn man sich für eine Seite, also die eigenen Stiche, entscheidet.

Dann folgt der zweite Stich, der meinetwegen an den Gegner geht. Hier brauche ich meine Erinnerung noch nicht korrigieren. Erst wenn ich den nächsten Stich mache, merke ich mir das Bild der neuen Gesamtzahl.

Sofern ich auf mehr als 100 Augen komme, fange ich einfach wieder von vorne an oder, um die Schneider-Augen des Gegners zu kennen, zähle ich ab hier die Augen meiner Gegner.

Sobald die Bilder gut abgespeichert sind, reicht es völlig aus, wenn nur noch Teile oder Klicks vom Auge zum Gehirn transportiert werden. Der Rest ist einfach Übung, Übung und Übung.

Die Trümpfe

Auch dafür hatte ich Stellvertreter-Bilder. Aber hier geht es deutlich einfacher, wenn ich mir für das angesagte Spiel die Trumpfanzahl merke:

- Sau-/Rufspiel 14 Trümpfe
- Solo 14 Trümpfe
- Wenz 4 Trümpfe
- Farb-Wenz 11 Trümpfe

Nun zähle ich meine eigenen Trümpfe zusammen, was meist zu einem höheren Ergebnis führt, wenn ich selbst spiele, und stelle fest, wie viele Trümpfe noch in den Händen der Mitspieler sind.

Gleichzeitig merke ich mir die gefallenen Ober, Unter, Trumpf-Sau und Trumpf-Zehner. Diese Tätigkeit übernimmt bei mir das Unterbewusstsein, das ich unabhängig von meinen 100 Bildern individuell schule.

Schafkopf-Trumpf-Anzahl

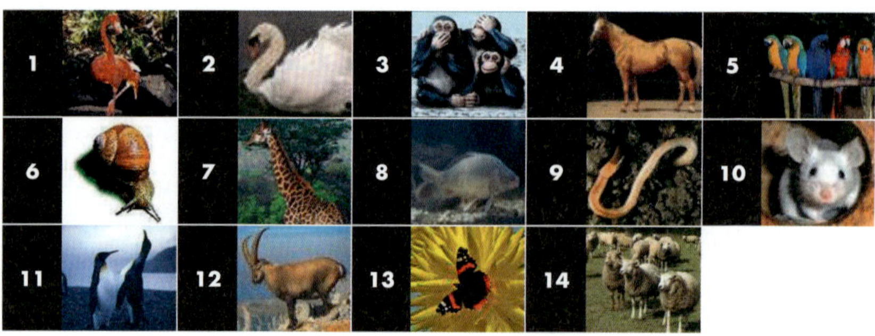

In der letzten Ausbaustufe kann ich jeden Stich eines Spieles geistig zurückholen und feststellen, welche Karten noch im Umlauf sind.

Das ist ganz besonders wichtig, wenn sich im vorletzten Stich die Frage nach Stechen oder nicht stellt (schaffe ich etwa 60 oder 61 Augen?). Oder: Welche Karte schmiere ich meinem Partner, um wenigstens schneiderfrei zu werden? Oder schmeiße ich lieber eine Sau weg, die ohnehin nicht mehr sticht, um mit einer neun eine acht zu stechen, da dann noch die fehlenden vier Augen (König) von meinem Partner zum Sieg führen?

Mancher Schafkopfer schwört auf seine jahrelange Zählpraxis, indem er sich einfach die Zahlen merkt. Das ist nicht falsch und sicherlich tausendmal besser als es ein jüngerer Schafkopfspieler machte, der mich bei einem Turnier verdutzt fragte: „Zählst Du mit? Das ist ja unfair!"

Das Training oder Gehirnjogging

Wir nutzen im Alltag nur einen sehr geringen Bruchteil des Leistungspotentials unseres Gehirns. In unserem Hirn befindet sich ein gigantisches Netzwerk, das bei unserer Geburt bereits 100 Milliarden Neuronen umfasst. Während unseres Lebens verändert sich diese unvorstellbare Menge kaum. Lediglich die Verbindungen ändern sich – und die bestimmen unser Erinnerungsvermögen.

Ein ausgesprochen gutes Gedächtnis ist keine Magie, sondern nur eine Frage der Merktechnik. Egal ob es um das Merken von Namen, Witzen, Telefonnummern, Zahlen oder Spielkarten geht, die Kunst besteht im Vernetzen der rechten mit der linken Gehirnhälfte.

Für das Merken gilt als Grundregel: Einfach üben! Nehmen wir uns dazu vor, die Bilder, egal ob diese abgebildeten oder eigene, 14 Tage lang, 2mal täglich, je 10 Minuten auswendig zu lernen, indem wir uns zu den jeweiligen Nummern die Ersatzbilder vor Augen führen. Danach üben wir praktisch mit einer Zeitung oder Zeitschrift und bilden immer Zweiergruppen, also 25, 33 usw.

Danach sitzen die Bilder. Nun verstärken wir die Bilder mit Gerüchen und Tönen. Die 15 ist eine Trambahn in Zürich, die wir bimmeln und quietschen lassen. Das intensivieren wir 7 Tage lang. Diese Übungen kann man mit geschlossenen Augen, beim Warten im Sprechzimmer des Arztes oder auf der Toilette einstudieren.

In den nächsten 14 Tagen bedienen wir uns der Schafkopfkarten und geben immer 4 Karten aus, deren Wertigkeit wir geschwind addieren und uns die Summe als Bild merken. Das machen wir je Sequenz mit 8 x 4-er Stapeln.

Wenn das klappt versuchen wir einmal, nach dem achten Stich die Summen zu wiederholen, die im 1. oder 2. Stich zusammenkamen.

Nun üben wir 14 Tage lang real und wenden das Erlernte beim normalen Schafkopfspiel an. Ich weiß aus Erfahrung, dass man nach der 3. oder 4. Runde wieder in den alten Trott zurückfällt, da nun der Kopf raucht. Aber es spricht auch nichts gegen ein kurzfristiges Aussetzen der Merktechnik, wenn man dann wieder und wieder einfach weitermacht, bis es ohne Anstrengung zu einem Automatismus wird. Das ist der Fall, wenn das Bild bei der Addition ohne Anstrengung erscheint.

Wir sind jetzt erst bei 8 – 10 Wochen Übung. Dies muss nun gefestigt werden. Dazu wiederholen wir alles in den nächsten 4 Monaten. Täglich! In dieser Zeit üben wir die Merktechnik auch mit Telefonnummern und anderen Zahlen.

Danach merken wir uns die gefallenen Trümpfe. In der zweiten Stufe merken wir uns, welche Trümpfe noch im Spiel sind und wer diese voraussichtlich haben wird. Am leichtesten funktioniert dies bei einem Solo, wenn man 7 Trümpfe hat und den Alten ausspielt. Dann kommen meist gleich 3 Trümpfe nach Haus und man weiß, dass nur noch 4 Trümpfe – außer den eigenen – im Spiel sind.

So kann man unzählige Situationen konstruieren und weiß stets genau, wie viele Augen man schon gestochen hat und welche Trümpfe noch im Umlauf sind.

Namen merken

Mit unseren Stellvertreterbildern können wir auch Assoziationen bilden, um uns Namen zu merken.

Entfallen Dir des Öfteren wichtige Geburts- oder Jahrestage und denkst Du folglich, dass Du über ein schlechtes Namens- oder Zahlengedächtnis verfügst? Wer sich darauf beruft, lügt sich selbst an, wenn auch unbewusst – so die Hirnforschung.

Man missbraucht das Gedächtnis gerne als Entschuldigung mit den Worten „das tut mir jetzt leid“, und fügt gleich hinzu, „ich habe doch so ein schlechtes Namensgedächtnis“. Andere behaupten, dass sie ihre Geheimzahlen, die Tresor-Zahlenkombination und Passwörter auf Zettel schreiben, weil sie Angst hätten, die Daten zu vergessen. Manche hadern deshalb mit ihrem Kurzzeitgedächtnis oder erklären, man möge das nicht persönlich nehmen, Geburts- oder Hochzeitstage würden ihnen grundsätzlich entfallen – gerade so, also wäre die Talentlosigkeit auf diesem Gebiet ein unabänderliches Schicksal, das löchrige Gedächtnis ein Teil der Persönlichkeit.

Gedächtnis aber ist Übungssache und nicht fixiert. Das wird zum Beispiel an den Leistungen der Gedächtnissportler deutlich, die sich alljährlich zu nationalen und internationalen Wettbewerben treffen. Vor einem Jahrzehnt etwa konnten sich die Besten ihres Faches in fünf Minuten die Abfolge von 42 Spielkarten merken. Das reichte für den Weltrekordtitel und war viel mehr als das, was etwa der ungeübte Laie schafft. Wer nicht gerade häufig Skat oder Schafkopf spielt, wird sich normalerweise kaum mehr als sieben oder acht Karten merken können. Danach verwischen die Eindrücke: Kam nach der Sau-Herz der 9er-Herz oder der 10er-Herz?

Diese Verwirrung wird jedoch geringer, je öfter die Aufgabe trainiert wird. Daher liegt der Weltrekord im sogenannten Kartensprint bei weit über jenen 42 Karten in fünf Minuten. Der Brite Ben Pridmore kann einen ganzen, 52 Karten umfassenden Stapel einspeichern und die Abfolge der Bilder danach fehlerfrei aufsagen. Obendrein benötigt er dazu nicht mehr fünf Minuten wie seine Vorgänger, sondern bewerkstelligt das Ganze in der sensationellen Zeit von 26 Sekunden – das macht eine halbe Sekunde pro Karte und ist eine exorbitante Steigerung gegenüber den früheren Weltrekorden oder gar der Leistung von Laien.

Wie das geht? Pridmores Fähigkeit und die seiner Kollegen beruht nicht etwa auf Zaubertricks oder der Segnung mit hervorragenden Gedächtnisgenen – vielmehr auf sehr viel Übung und einer ausgefeilten Technik. Die Gedächtnissportler assoziieren nämlich die Karten mit berühmten Personen und lassen diese gleichzeitig eine Handlung ausführen. Der Herz-König könnte etwa für den „König Ludwig II" stehen und sein „Schloss Neuschwanstein", die Sau-Herz besuchen, der Gras-Unter könnte den „frechen" Räuber Hotzenplotz repräsentieren und andere erschrecken. Jede Karte wird auf diese Weise zugeordnet.

Folgt der Gras-Unter auf den Herz-König, merkt sich der Betreffende, dass Räuber Hotzenplotz dem König Ludwig gerade seine Abneigung gegen die Musik von Richard Wagner lautstark erläutert – solche Bilder prägen sich ein, weil sie ungewöhnlich und emotional besetzt sind. Der gesamte Kartenstapel lässt sich auf diese Weise wie eine Geschichte erzählen: die Geschichte einer Abfolge außergewöhnlicher Ereignisse. Wer also die richtige Technik einsetzt, für den wird auch das Memorieren von Telefonnummern, Geheimzahlen oder Namen von Geschäftspartnern keine Hexerei mehr sein.

Für ein schlechtes Gedächtnis kann man sich also gar nicht entschuldigen, denn – richtig! – es lässt sich etwas dagegen tun.

Wir lernen auf einer Party viele Leute kennen und merken uns deren Namen passend zu einem Bild.

Christa	Christbaum (24)
Udo	Udo Jürgens (66)
Olaf	Olaf Palme (86)
Hildegard	Hildegard Knef (51)

Aber es geht auch etwas abstrakter:

Katharina	Gorbatschow (85), Bezug = Russland
Stefan	TSV 1860 (60), Bezug = Stefan Reuter von 60
Susi	HongKong (84), Bezug = Suzi Wong
Christoph	Hubschrauber (76), Bezug = ADAC-Hubschrauber Christophorus

Gut, dass der Chris nicht weiß, dass man sich seinen Namen nur deswegen merkt, weil man an einen Hubschrauber denkt.

Es gibt nicht nur eine Gedächtnistechnik. Jeder sollte die für sich angenehmste wählen. Aber egal welche man wählt – ohne ständiges Üben geht es nicht.

Ich bin überzeugt, dass Schafkopf-Spieler, die eine dieser Merktechniken beherrschen, bei Turnieren sehr häufig ganz oben mit dabei sind und die Gegner mehr als einmal zum Atemanhalten bewegen können.

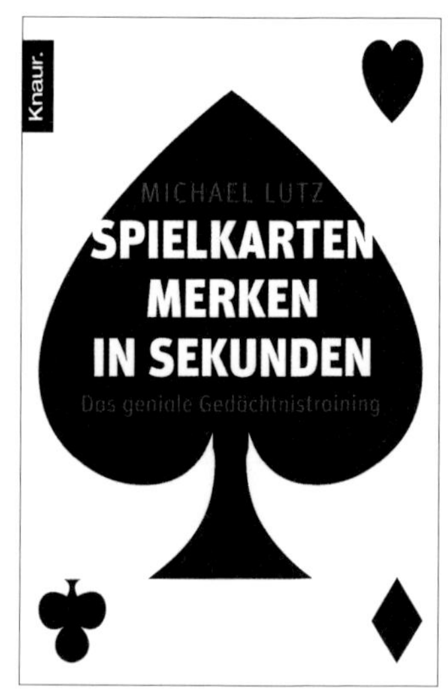

Der Krauderer Hausl sagt …

Wer oder was der Krauderer Hausl is, des woas koana und wer glaubt, dass a erm kennad, der moant gwiss an ander'n.

Er wurde nie geboren und wird deshalb auch niemals sterben.

Da Hausl woas zu alle Themen a G'satzal und wennst'n recht ärgast, dann woas a zwoa.

Sein Lieblingsspruch:
„Wenns't scho nix mehr sag'n und doa derfst, dann werd's Zeit, dass amoi was g'sagt werd."

Und so gibt der Krauderer Hausl zu allem seinen Senf dazu.

Manchmal wärs sogar besser, wenn er seinen Mund halten tät. Aba wer sagt's eam?

- *Des is doch koa Wunda, dass i koa gscheids Blattl kriag, wei scheene Leit ham schiache Kartn!*

- *Wenn i zum Wirt geh und bis Mittag no ned zruck bin, dann brauchst mitm Abendess'n ned auf mi wartn.*

- *Schafkopfa san bsonders treu. Wei nach'm Spui sans miad.*

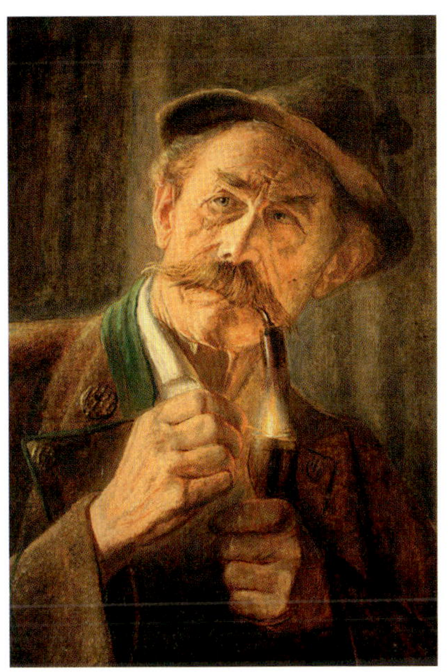

- *Moi sitz i vorn und amoi hint. Aba in da Mitt'n sitz i oiwei. Zefix!*

- *Wer mei Sau sticht, der soi vorm Türl in'd Hos'n scheißn. Dass das hast!*

- *Wia kon ma bei am Tout a Sau ospuin? Du hoist doch d'Muich mit'm Voglkäfig.*

- *I zähl jed's Aug und jed'n Stich mit. Trotzdem verlier i oiwei. I glab de andern legn mi rei, weils am End seiba mitzähln. De falschn Hund.*

• *Fragt mi doch a so a Zuagrasta, ob i Schafkopfa kon. Dann hab i gar nix gsagt. Wia kon ma a nua so bläd fragen?*

• *I hab vui mit'm Franz-Josef Strauß gemeinsam. I kon a ned singa, aba Schafkopfa.*

• *Jeda Schakopfa kon mauern. Aba ned jeda Maurer kon Schafkopfa.*

• *Wenn i oan ned mag, dann sag i Sie zu eam.*

• *Wenn oana moant er warad was bessas und sonst neamand, dann is a bloss a obascheisswichtig und sonst garnix.*

• *De oana sag'n, dass zwischen 7 und 9 die 8 is. I sag, dass dazwischen zwoa Maß Bier san.*

• *Wenns't ned oid wer'n wuist, dann muaßt hoid jung sterb'n!*

• *Wünsch'n konst da gar ned gnua, wei kriagn tuast eh bloss des, was andre ned braucha kenna.*

• *Ois hat an Sinn, sogar da Unsinn und a da Wahnsinn.*

• *Die Hälfte der Menschheit is a bisserl gscheider und die andere Hälfte a bisserl bläder. Wenn'st was sagst, dann woll'n imma alle de gscheider'n und koane de bläder'n sei. A Kreiz is hoid!*

• *Wenn a Frau was sagt und da Mo ned hört, dann is er entweda dorat oda er mag ned. So einfach is des.*

• *I hab koa Zeit zum jammern, i hab was bessa's z'doa.*

• *Habt's alle g'hört, wia i nix gsagt hab?*

• *I brauch koa Uhr, weil i hab eh koa Zeit.*

• *I vaziag koa Miene, selbst wenn i mi dabei totlach.*

• *Wenn i ned imma so gspart hätt, da hätt i heid vui mehra Schuidn!*

• *In Bayern versteht jeda was von Wirtschaft. Prost!*

• *Wennst mi ned magst, konnst mi glei gern ham.*

• *Braut und Mitgift san oans. Desto weniger sie mitbringt, desto schena muaß sei.*

• *An Bayern konst nua vasteh, wenn'st a Bayer bist. Und damit mia uns glei dakenna, red ma bayrisch und denka anders wia de andern.*

- *Ned gschimpft ist in Bayern globt gnua.*

- *Guade Jodler lass'n se lang betteln, hör'n dann aba nimma auf.*

- *Vom Schmai hob i scho lang d'Nas'n voi.*

- *Wo anders kriagst wega Majestätsbeleidigung a Anzeige. Wenns't in Bayern an Kini beleidigst, kriagst a drum Schelln. Hast mi.*

- *Mia Bayern san zwar nix bsonders, aba was eign's.*

- *Bier is a sehr nahrhaftes Getränk. Zumindest für'n Wirt und de Brauerei.*

- *A Mo ohne Biabauch is sterbatskrank.*

- *Mit da Politik is des so, desto mehra i nachdenk, desto weniga vasteh i!*

- *Manche Politiker muaßt bloss red'n lassen, wenn'st as los wer'n wuist.*

- *Üba unsern Ministerpräsidenten lass i nix kemma, des macht der aloa.*

- *Wenn da Hirsch weg is, dann brauchst a nimma schiassn.*

- *Gestern bin i auf'n Karwendl auffigstiegn, nachad kimmt ma in da Mitt'n so a Flachlandtiroler, hoid a Preiß von ob'n entgeg'n und fragt mi doch glatt wo's da ins Tal geht. So a Depp. Nachad hab is eam erklärt: Da muaßt da auffigeh.*

- *Reds't du immer so bläd daher oder nimmst du Stund'n?*

- *Oamoi is gnua und zwoamoi ist vui z'gnua.*

- *Du hast doch ned amoi sovui Hirn wia a Hacklstecka.*

- *Du bist ja dümmer wia hundert Meter Feidweg.*

- *Des is ma zwar wurscht, aba ned gleich.*

Der Krauderer Hausl sagt das, was ich nicht sagen darf. Darum gehören wir zusammen. Für alle Kopfschüttler: Ich bin nicht schizophren. Aber ob das auch für den Hausl gilt, kann ich nicht sagen.

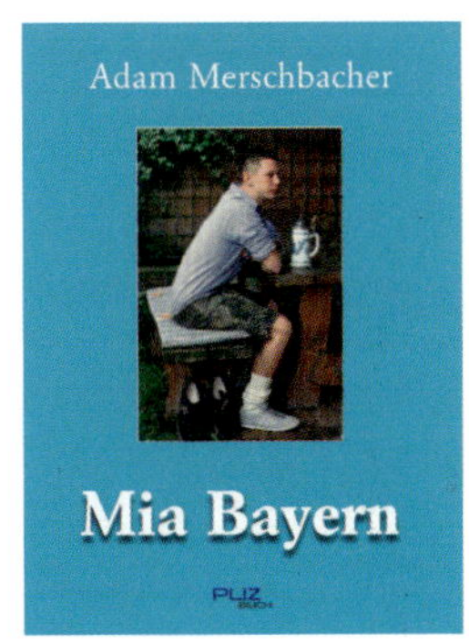

Schafkopfregeln gestern und heute

So vielfältig und unterschiedlich die regionalen Regeln sind, so wichtig ist es, ein gemeinsames Regelwerk zu finden.

Am gebräuchlichsten sind die Regeln der Schafkopfschule vom 29.03.2007, die nur den reinen Schafkopf zulassen, also ohne Farb-Wenz oder sonstige „Exoten". Häufig findet sich auch das 1989 im Münchner Hofbräuhaus anlässlich des 1. Bayerischen Schafkopf-Kongresses verabschiedete Regelwerk des Bayerischen Schafkopf-Vereins, den es jedoch so nicht mehr gibt.

Auch die von Sepp Hundegger in seinen Turnieren verwendeten Regeln, bei denen der „Alte muss", sind sehr verbreitet bei einigen Turnierveranstaltern. Sie gehören eigentlich zur Ursprungsregel des Süddeutschen Schafkopfs, wie er bereits 1895 im Regelbüchlein des Obsis-Verlages beschrieben wurde.

Die ältesten aufgeschriebenen Regeln finden sich in einem Buch von Paul Hammer aus dem Jahre 1813 (Leipzig) mit dem Titel „Die deutschen Kartenspiele" oder „Anleitung, die üblichsten gesellschaftlichen Spiele mit der deutschen Karte".

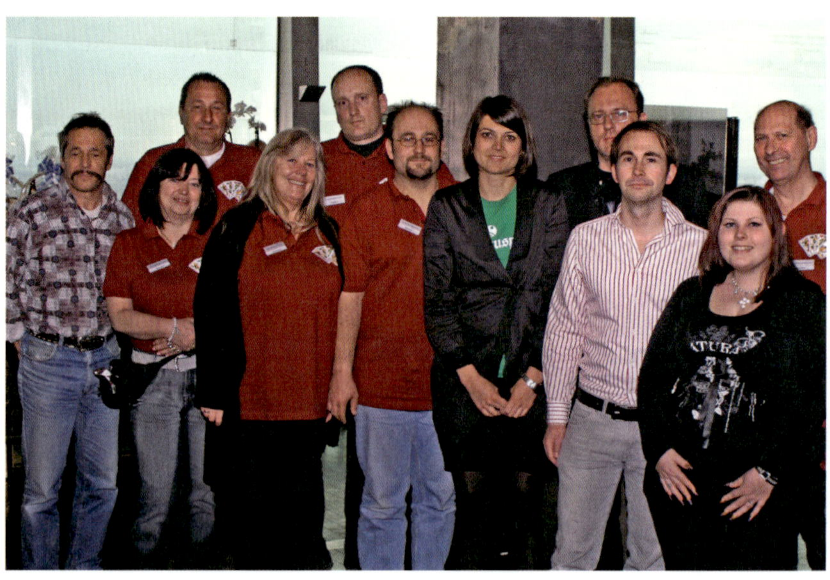

Darin schreibt Hammer: *„Dieses Spiel hat mehrere Benennungen, die aber größtentheils nur provinzial sind, überall aber kennet man es unter dem Namen Schaafkopf.*
An manchen Orten heißt es Societäts- oder Konversationsspiel, anderwärts wird es das Denunciationsspiel genannt, weil ursprünglich bei jedem Spiele die Farbe sowohl als die Anzahl der Trümpfe angegeben werden musste."

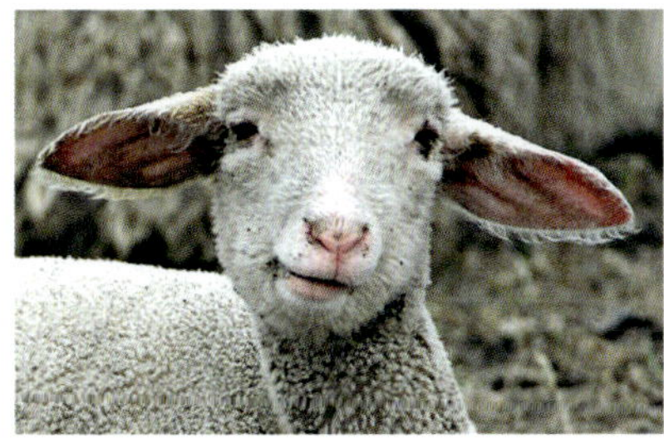

Schafkopf kannte man auch unter dem Namen „Solospiel". So schrieb ein unbekannter Autor um 1820 ein Büchlein namens „Praxis des Solo = und des L'Hombrespiels" (Quedlinburg, im Verlag der Ernst'schen Buchhandlung), das die Spielregeln für das Solo-Spiel enthielt. Das Solo-Spiel vereinigte sich dann später mit dem Schafkopf zum Wendischen Schafkopf. Georg Grimm (Leipzig) nannte es 1840 nicht Solo, sondern „Deutsch-Solo" und P. F. Lembert gebrauchte 1846 in seinem Werk „Der fertige Kartenspieler" (Leipzig-Quedlinburg) folgende Beschreibung: „Conversation=Spiel, gewöhnlich Schafkskopf genannt und Schafskopf=Solo."

Die bekannteste Spielkartenautorität L. von Alvensleben schrieb 1855 in seiner „Encyclopädie der Spiele" (Leipzig): *„Schaafkopf. Ein Spiel welches seines ordinären Namens ungeachtet in vielen Gegenden namentlich in Norddeutschland, und unter den niederen Ständen, sehr verbreitet ist."*

Spiritus Asper schreibt unter der Überschrift „Die Vorzüge des Spiels" (Skat), in den „Osterländischen Blättern" am 25 Juli 1818, *„haben solches seit dem letzten Jahrzehnt im Osterländischen Gau über Stadt und Land weit verbreitet, und wenn es auch in seinen Grundregeln auf das alte Spiel – Schafkopf genannt – hinweist. So kann man es doch einen veredelten Schafkopf – folglich Merino! – mit Recht nennen."*

Aber bleiben wir bei den aktuell gültigen Regeln, wie sie die Schafkopfschule aufgestellt hat.

Der Leitgedanke dabei war, dass man nur etwas sanktionieren kann, das vorher unmissverständlich geregelt wurde. Nehmen wir beispielsweise ein Turnier zum Anlass, an dem zwei Freunde am gleichen Tisch zusammenspielen, einer der beiden weit vorne liegt und der andere keine Chance auf einen Gewinn mehr hat. Hier könnte doch der Punktschlechte einfach einen Tout nach dem anderen ansagen, den er natürlich verliert und den Punktguten nach vorne puschen.

Gäbe es keine klaren Regeln, so könnte es so, denkt man schlecht, passieren.

Der legendäre Kutscher, der etwa um 1810 nach Altenburg kam und von den Bauern erzählte, die im Erzgebirge „ein ihm unbekanntes Spiel unter dem Namen Schafkopf" spielten, war angeblich der Schafkopf-Übermittler für die Erfindung des Skats. Wie genau sich der Kutscher an den Wendischen bzw. Erzgebirgischen Schafkopf noch erinnern konnte, muss offenbleiben. Der Gymnasialprofessor Hempel schrieb 1848 über diesen Kutscher in seiner Broschüre: *„Der Herr ließ sogleich einen Nachbarn rufen, um mit ihm und dem Kutscher das Spiel zu versuchen".* Das ist ein deutlicher Hinweis auf einen Wendischen Dreier-Schafkopf gewesen.

Gehen wir zurück zu den Ursprüngen der Regel-Aufschreibung.

Der ursprünglich von Paul Hammer beschriebene Schafkopf (die erste Art) unterscheidet sich vom heutigen Bayerischen Schafkopf dadurch, dass 4 Spieler je eine Karte zogen und die beiden höchstwertigen Karten eine „Kompanie" bildeten. Somit standen die 2 Kompanien fest, die sich gegenüber setzen mussten. Die Ober hatten

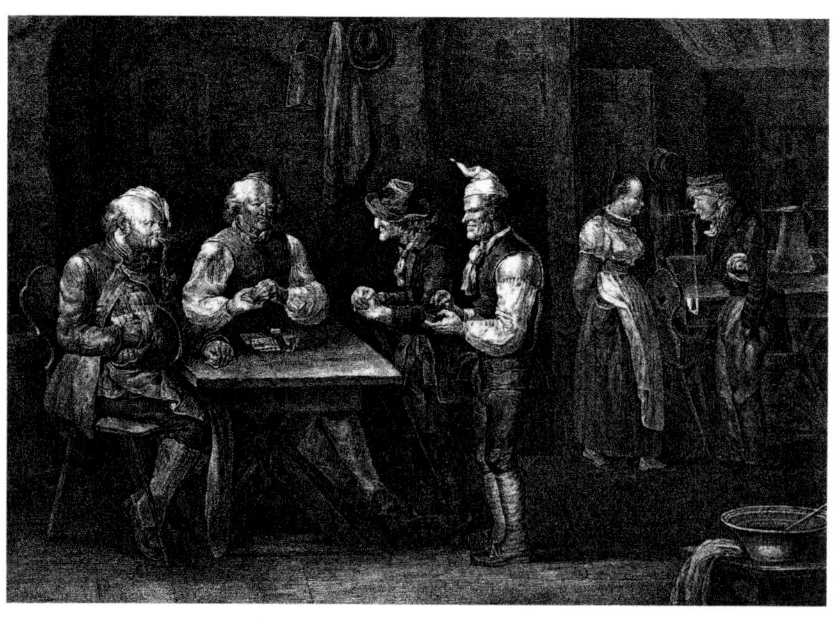

keine Trumpf-Bedeutung und wurden nach den Königen eingereiht. Trumpf waren die 4 „Wenzeln“ (Unter) und eine noch zu bestimmende Farbe, was zusammen insgesamt 11 Trümpfe ergibt.

Derjenige, der 5 Karten in einer Farbe bekam, einschließlich der „Wenzeln“, musste ein Spiel anmelden, d.h. anzeigen, dass er imstande war, für das gegenwärtige Spiel die Trumpffarbe zu bestimmen.

Interessant wurde es, wenn mehrere gleichzeitig über 5 Trümpfe oder mehr verfügten und damit meldeten, dass auch sie spielen könnten. In diesen Fällen wurden die Blätter nach ihren Einheiten ausgezählt. Unklar ist, ob das offen erfolgte oder man dies nur angeben musste. Die Auszählung erfolgte abweichend von der Augenzählung, die man zum Siegen benötigte. Für das Daus (Sau) wurden 11 Augen, für König, Ober, Unter und Zehn 10 Augen und für die anderen Karten 9, 8, 7 Augen nach ihrer jeweiligen Benennung gezählt. Nun erklärt die Aussage „reizen“, wie sie beim Skat verwendet wird, wieder den Zusammenhang zum Schafkopf.

Wenn also jemand spielen konnte bzw. musste, dann nannte er die Anzahl seiner Trümpfe. Wurde er nicht überboten, dann erfolgte die Benennung der Farbe. Hatte der Ansagende mit seinem „Freund“ gewonnen (61 Augen erreicht), so durfte er einen Strich machen; zwei Striche dann, wenn er doppelt (Schneider, mit 91 Augen) gewonnen hatte. Der Mitspieler wurde „Gehülfe“ genannt. Verlor man das angesagte Spiel, so durften die Gegner 2 Striche (bei 60 Augen) bei einfachem Gewinn und vier Striche (Schneider, bei 90 Augen) machen. Machte eine Partei alle Stiche (Schwarz), so gewann sie einen ganzen Kopf (gezeichneter Schafskopf) extra.

Paul Hammer schrieb: *„Wenn um Geld gespielt wird, (welches nur sehr selten geschieht) so schreibet jede Parthei ihre Köpfe an, und wenn das ganze Spiel zu Ende ist, dann wird gegen einander abgerechnet. Wer die wenigsten Köpfe hat, muss dann den Ueberschuß der anderen Parthei bezahlen. Oft wird auch jeder Kopf sogleich bezahlt, je nachdem die Gesellschaft sich unter einander vereiniget.*
Wo um Bier gespielt wird, welches der gewöhnlichste Fall ist, da werden 3 Köpfe zu einem vollen Spiel erfordert; diejenige Parthei nun, welche von diesen 3 Köpfen zweie gewinnt, hat die ganze Parthie gewonnen, welche die anderen bezahlen müssen.
An manchen Orten dürfen die Verliehrer gar nicht mittrinken; an anderen trinken sie zwar mit, aber sie müssen warten bis die Gewinner getrunken haben; am gewöhnlichsten aber geht das Trinken Reihe herum.“

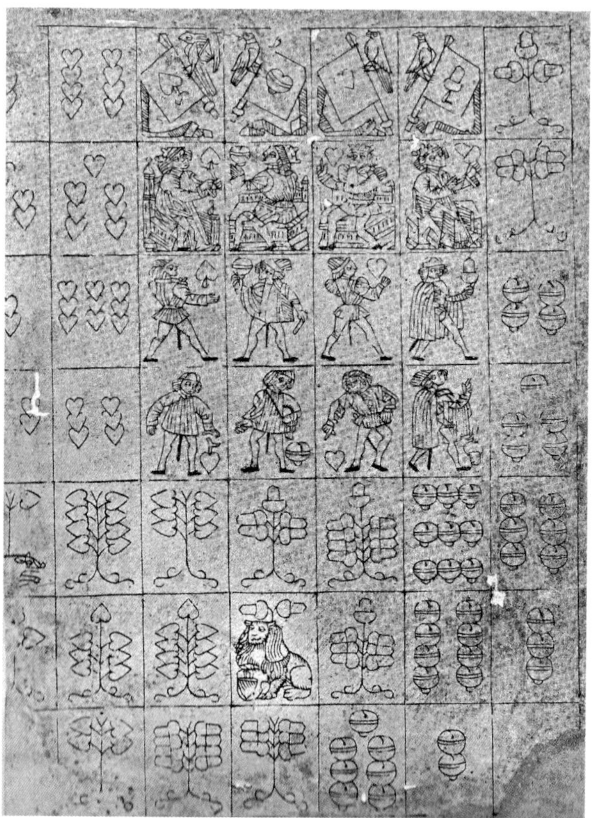

Diese Spielbeschreibung war die am häufigsten verbreitete Art des Schafkopfspiels. Man nannte sie in späteren Veröffentlichungen auch „Deutscher Schafkopf“.

Eine zweite Art des „Schaafkopf“ (alte Schreibweise) war, dass neben den vier „Wenzeln“ die Farbe Schellen ständiger Trumpf war. Dafür spielte jeder der 4 Spieler für sich allein. Jeder Mitspielende musste 2 Stiche machen, unabhängig von der Augenzahl. So viele Stiche er darüberhinaus machte, so viele „Points“ oder Marken wurden ihm dafür bezahlt. Hatte einer nur einen Stich gemacht, musste er eine Marke bezahlen. Kein Stich wurde mit 2 Marken bezahlt.

Die dritte Art „Schaafkopf“ zu spielen kannte sechs „Wenzel“. Diese waren Eichel-Ober, Grün-Ober, Eichel-Unter, Grün-Unter, Herz-Unter und Schellen-Unter. Es musste wie bei der ersten Art gemeldet werden, mit der

Besonderheit, dass man bei „Roth“ (Herz) und Schellen 13 Trümpfe hatte und bei Eicheln und Grün 12 Trümpfe.

An dieser Stelle sei ein gutgemeinter Rat von Paul Hammer eingefügt: *„Es ist ein sehr großer Vortheil, wenn man während des Spiels die Trümpfe sowohl, als auch die Augen, die man in seinen Stichen bekömmt, sorgfältig zählet. Wer dieses unterlässet, wird, wenn er auch übrigens noch so gut spielet, es nie so weit bringen, als diejenigen, welche diese Vorschrift befolgen.“*

Erwähnenswert ist auch, dass es bereits damals Regeln gab, die gleichzeitig eine „Erinnerung für Anfänger“ waren. Diese lauteten:

1. Wenn man die Vorhand und die höchsten Wenzel hat, so muss man mit solchen fordern um den Gegnern ihre Stärke zu benehmen, dass sie alsdann nicht stechen können, wenn man Däuser und andere Freiblätter zu spielen hat.

2. Wenn man zwar fünf Trümpfe aber keine hohen Wenzel hat, so muss man mit dem niedrigsten Trumpf anfordern, damit die Wenzel oder andere hohe Trümpfe herauskommen, und man sich dadurch die Möglichkeit verschaffe, auch ein schlechtes Spiel zu gewinnen.

3. Hat man wenig und auch ganz unbedeutende Trümpfe, aber gute Blätter in den anderen Farben, so handelt man der Klugheit gemäß, wenn man klein anfordert, um die Stärke seines Freundes in Trümpfen zu erforschen und die Gegner am Ende weniger gefährlich zu machen. Kömmt der Freund ans Spiel, und er fordert auch wieder klein nach, so giebt er dadurch zu erkennen, dass man sich nicht auf ihn verlassen soll, und nun muss man Gebrauch von seinen guten Farbenblättern zu machen suchen.

4. So nothwendig es ist, bei guten Farbenblättern Trumpf zu fordern, so nachtheilig ist es zu fordern, wenn man eine oder zwei Renoncen hat; denn man benimmt sich durch Fordern selbst seine Stärke, und wenn dann die Farbedäuser gespielt werden, so kann man nicht mehr stechen.

5. Wenn Trumpf gefordert wird, muss Jeder bekennen, jedoch ist Niemand gezwungen seinen Vormann zu überstechen, wenn man mit einem niedrigen Trumpf ausweichen kann.

6. So lange man Farbe hat, muss man bedienen, ist man aber in einer Farbe renonce, so ist man nicht gezwungen mit Trumpf zu stechen, wenn man seinen Vortheil nicht dabei siehet.

7. Wenn Einer falsch absticht oder Farbe verleugnet, so machen die Geg-

ner einen Strich, wenn auch gleich keine Wahrscheinlichkeit vorhanden ist, dass sie, nachdem der Fehler entdeckt und verbessert worden ist, das Spiel gewinnen würden. Gewinnen die Gegner unter diesen Umständen das Spiel, so schreiben sie an, was sich dafür gehört; denn der bereits geschriebene Strich was blos Strafe, für das von der andern Parthei begangene Versehen.

8. Giebt Einer zu, ehe die Reihe an ihm ist, oder wirft er während des Spiels seine Blätter vorsätzlich auf, so hat die Gegenparthei das Spiel gewonnen.

9. Wenn Einer seine Karten verräth, es sei mit Worten oder durch Gebärden, so können die Gegenspieler, wenn sie die Wahrscheinlichkeit voraussehen, dass sie das Spiel nicht gewinnen werden, ihre Blätter ohne Umstände weglegen, und auf ein neues Spiel bringen. Markiret sich aber Einer mit der Farbe, in welcher er das Daus hat, so kann dieses nicht verwehret werden, wenn es zumal auf eine Art geschieht, dass die Aufmerksamkeit der Anderen nicht dadurch rege gemacht wird.

Da der Einfluss des Solospiels oder Deutsch-Solo für unseren heutigen Schafkopf sehr bedeutsam war, sollte man kurz auch diese Spielregeln betrachten, zumal es eine sehr große Ähnlichkeit mit einem der ältesten aller Kartenspiele, dem l'Hombre, hat.

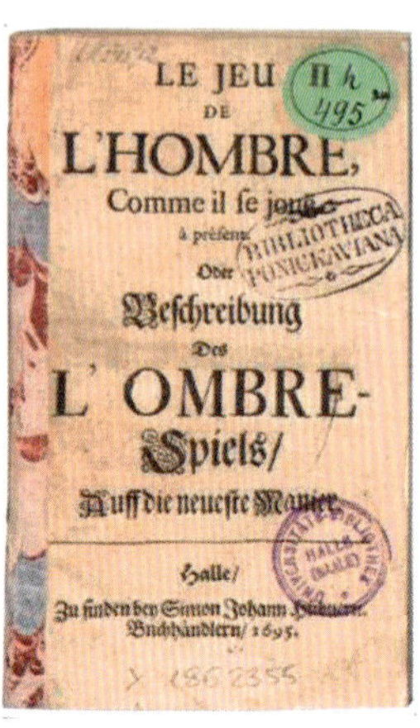
LE JEU
DE
L'HOMBRE,
Comme il se jouë
à présent
Oder
Beschreibung
des
L' OMBRE-
Spiels/
Auff die neueste Manier.
Halle/
Zu finden bey Simon Johann
Buchhändlern/ 1695.

Das alte Kartenspiel l'Hombre soll bereits im 14. Jahrhundert in Spanien erfunden worden sein. Über Maria Theresia, die Gemahlin Ludwig XIV., etablierte es sich am französischen Hof und gelangte so nach Europa. Im Laufe des 18. und 19. Jahrhunderts wurde l'Hombre in Europa immer mehr vom Whist verdrängt und behauptete sich letztendlich nur in Deutschland und Dänemark bis zum Ende des 19. Jahrhunderts. Durch die anspruchsvollen und komplizierten Spielregeln wurde l'Hombre nur in erlesener Gesellschaft gespielt und fand bei der einfachen Bevölkerung nie so große Verbreitung wie die Nachfolger Skat, Schafkopf oder Doppelkopf. Andererseits findet sich im Jahre 1708 in einem Hamburger Regelbuch die Aussage, dass „das L'Hombre-Spiel in Teutschland seit wenigen Jahren so üblich und bekannt worden, dass fast niemand mehr für galant passiert, der selbiges nicht wisse.“

In Spanien nennt man L'Hombre auch „Juego del tresillo“ (Dreispiel) und spielt es mit nationalspanischen Karten (ohne Achten und Neunen), wogegen in Deutschland das Spiel mit dem französischen Blatt (nach Herausnahme der Achten, Neunen und Zehnen, also mit 40 Blättern) verbreitet war.
Daraus wiederum abgeleitet entstand das Deutsch-Solo, das mit 32 Blättern und den deutschen Karten zu viert gespielt wird. Der immerwährende und höchste Trumpf ist der Eichel-Ober, welcher „Spadille“ oder „Pamper“ heißt. Der zweite Trumpf ist die „Manille“ oder „Spitze“, nämlich die Sieben, abwechselnd in der Farbe, die zu Trumpf gewählt wird. Dritter immerwährender Trumpf ist der Grün-Ober, auch „Baste“ genannt, nach dem Schutzheiligen St. Sebastian. Diese drei Trümpfe sind die Matadors und werden besonders bezahlt.

Die Zahl der Trümpfe hängt von den Farben ab. In den Eckern (Eichel) und Grün sind es neun und in Herzen und Schellen zehn Trümpfe. Die jeweilige Sieben in den Nicht-Trumpffarben wird in ihrem Stellwert nach der Acht eingeordnet.

Georg Grimm schrieb 1840 in seinem „Neuestes Spielbuch“ (Leipzig): *„Wer zuerst giebt, legt die Sechs von seiner Farbe neben sich offen hin, und dieses Blatt, also Eicheln, bleibt so lange Couleur, bis sechzehn Spiele gemacht sind, was man eine Tour nennt. Damit man sich die sechzehn Spiele oder viermal herum genau merkt, biegt der Kartengeber, so oft das Geben an ihn kommt, eine Ecke des Couleurblattes um, und wenn auf diese Weise alle vier Ecken umgeknickt sind, deckt die erste Vorhand ihr Blatt auf, das dann abermals eine Tour oder viermal Herumgeben Couleur bleibt, worauf das Blatt des dritten und endlich des vierten Vorhandspielers Blatt Couleur ist.“*

Aus dem Text lässt sich unschwer der Einfluss der Revolution Napoleons auf deutschem Boden erkennen, der mit der Säkularisation (Einziehung des kirchlichen Eigentums durch den Staat) der geistlichen Fürstentümer und der Reichsauflösung im Jahre 1802 seinen Höhepunkt erreichte.

Ab 1803 wurden zahlreiche Reichsstädte und Reichsritterschaften (41 Städte und über 430 Familien) „mediatisiert“ und unterstanden damit nicht mehr dem Kaiser. Im Jahre 1805 / 1806 wurden diese Gebiete den größeren Staaten zugeteilt. Aus 250 souveränen Herrschaften des Reiches wurden 39 gebildet. Mittelstaaten wie Bayern und Baden-Württemberg gewannen viele Gebiete hinzu, während Preußen durch seine Gebietserweiterung in eine engere Bindung zu Frankreich trat.

Die Spiele Solo und L'Hombre hatten sehr großen Einfluss auf den Wendischen oder „Erzgebirgischen" Schafkopf, wobei L. von Alvensleben in seiner „Encyclopädie der Spiele" (Leipzig 1855) über den „Wendischen Schaafkopf" schreibt: *„Dies ist eine Zusammensetzung von Solo und Schaafkopf, wird indeß in neuerer Zeit in vielen Gegenden stark gespielt, jedoch, wie Scat und Solo, mehr um Geld, als, gleich dem unschuldigeren Bruder, hauptsächlich nur um die Letzung des Gaumens oder die Stillung des Durstes."*

Der Wendische Schaafkopf wurde mit deutschen Karten zu viert gespielt. Um die Plätze musste nicht mehr gelost werden, da die Partner durch den Zufall der Karten bestimmt wurden.

Wer geben musste wurde dadurch bestimmt, dass jeder einen Teil der Karten verdeckt in der Hand hielt und einer nach dem anderen eine Karte aufdeckte. Wer als erster ein Daus (Sau) hatte, musste geben. Es wurden erst jedem 3 Karten, dann 2 und zum Schluss wieder 3 Karten gegeben.

Schellen war immerwährend Trumpf. Man kannte bereits 8 Wenzel in Form der Ober und Unter. Der „eichelne" Ober war „der Alte" und der grüne Ober wurde „die Baste" genannt. Dann folgten „der Rothe" und der „Schellen"-Ober. Gewonnen hatte, wer 61 Augen erreichte.

Die beiden Spieler, die den Alten und die Baste bekamen, waren „natürliche Compagnons". Hatte ein Spieler die beiden Ober gemeinsam in seiner Hand, so konnte er entweder allein spielen oder „Solo" ansagen. Wobei die Ansage „Solo" nur bedeutete, dass das Daus irgendeiner Farbe (außer Schellen) benannt werden konnte, in der man auch „Renonce" (= nicht bedienen können oder frei sein) sein durfte.

Gerne wurde im Erzgebirge oder Thüringen auch der Wendische Dreier-Schafkopf gespielt. Dabei bekommt jeder Spieler 10 Karten; 2 Karten bleiben als Scat liegen. Wer den Alten hatte, war Spieler und hatte das Recht, zwei Karten aufzunehmen und dafür zwei andere wegzulegen. Hatte der Spieler mit dem Alten jedoch zu schlechte Karten, musste er den Scat nicht aufnehmen. Dieser blieb dann liegen und es spielte jeder für sich.

Dieser Wendische Dreier-Schafkopf war mit sehr hoher Wahrscheinlichkeit der unmittelbare Vater des Skat. Über die Erfinderlegende des Skat gibt es sehr unterschiedliche Geschichten, wobei zwischen gesicherten Erkenntnissen und Vermutungen deutlich zu unterscheiden ist.

Für die Erfindung des Skatspiels gibt es nach eigenem Bekunden einen unmittelbaren Zeugen. Es war der Gymnasialprofessor Johann Friedrich Ludwig Hempel, zuständig für die Unterrichtung von Englisch und Französisch am Friedrich-Gymnasium in Altenburg (Thüringen). Dieser Gymnasialprofessor war auch Mitglied der „Brommeschen Gesellschaft“, einem Spielkreis in Altenburg, der gerne Karten spielte und so den Skat erfunden hätte. Von der Geschichte mit dem Kutscher berichtete er auf 16 Seiten in einer kleinen Broschüre, die im Jahre 1848 bei der Schnuphaseschen Buchhandlung erschien. Bereits 1833 schrieb er in „Pierers Encyclopädischem Wörterbuch“ in 2 Spalten über die Spielregeln.

Es gab jedoch auch noch einen Namensvetter, den Herzoglich Sachsen-Altenburgischen Hofadvokaten und Notar Friedrich Ferdinand Hempel, über den im Jahre 1886 in mehreren Thüringer Zeitungen berichtet wird: *„Nie durfte er bei den Volks- und Familienfesten seiner ländlichen Freunde fehlen. Sein gutmütiger Humor, der nicht selten in kleinen improvisierten Gedichten übersprudelte, verschaffte ihm eine außerordentliche Popularität, so dass man bei manchem Volksreim in Altenburger Mundart, dessen Verfasser unbekannt war, ohne weiteres konstatierte: <Das hat gewiß der Hempel gemacht>“*

Im Jahre 1808 erschien aus Hempels Feder ein Büchlein unter dem Namen „Aphorismen über den Kuss. Ein Weihnachtsgeschenk für die küsslustige und kussgerechte Welt.“ Er schrieb das Buch unter dem Pseudonym „Spiritus Asper“. Es enthielt versteckte Andeutungen auf die Spielkarte Herz, insbesondere die Herz-As.

Der Notar Hempel findet sich auch in der Geschichte „Erinnerungen an das Kriegsjahr 1813“, die der Altenburger Höckner berichtete. Darin geht es um den russischen Oberst Prendel, der als Statthalter des Fürsten Repnin nach Altenburg beordert wurde. Höckner schrieb: *„Er hatte sich mit einem Hofstaat umgeben und zu seinen Kammerherren junge, geistreiche, weinliebende Leute ausgewählt, die ihm in seinen Erholungsstunden, die wohl meist den ganzen Tag ausfüllten, mit Würfellust und Kartenspiel Unterhaltung verschaffen mussten. Der Sage nach soll in diesen Kreisen auch das Skatspiel erfunden worden sein.“* Zu diesem Kreis zählte auch Friedrich Ferdinand Hempel.

G. U. v. Enther brachte 1842 ein Buch unter dem Titel „Das Ganze der Kartenspiele“ heraus. Dabei handelte es sich um ein Spielregelbuch, in dem auch das Skatspiel beschrieben wurde. Auf Seite 137 heißt es: „Dieses ungefähr vor 25 Jahren von dem altenburgischen Hofadvokaten und Notarius Friedr. Ferd. Hempel, der 1819 von Altenburg nach Odessa flüchtete und daselbst 1837 verstarb, erfundene Spiel …“

Aber es gibt auch noch einen dritten Hempel; den Adjunktus und Pfarrer in Stünzhayn bei Altenburg, Carl Friedrich Hempel. Dieser bearbeitete die dritte Auflage von „Sitten, Gebräuche, Trachten, Mundart, häuslich und landwirtschaftliche Einrichtungen der Altenburgischen Bauern“, die 1839 erschien. Darin heißt es u.a.: *„Unter die gewöhnlichsten Vergnügen in Gesellschaft gehört das Kartenspiel; auch manche Weiber beschäftigen sich damit zum Zeitvertreib, doch sind sie selten lange aufmerksam; sind auch ängstlich und spielen um geringen Preis. Viele unterhalten sich lieber mit Gesprächen …“* und weiter *„Seit 30 Jahren ist im Altenburgischen ein besonderes Spiel, <das Skatspiel>, fast allgemein beliebt, soll auch im Umkreis ausgedacht worden sein. Es hängt vom Glück, weit mehr aber noch von sorgfältiger Aufmerksamkeit und Geschicklichkeit ab. Sachkenner versichern uns, dass der altenburgische Landmann Meister darin sei, und eine ganz seltene Combinationsgabe dabei verrate.“*

Fest steht, dass das Skatspiel etwa um 1810 in Altenburg aus einer Kombination anderer Kartenspiele mit dem Wendischen Schafkopf entstanden ist.

Das erste Buch, das den Bayerischen oder Süddeutschen Schafkopf beschreibt, heißt „Erlernen und Verbessern des Schafkopfspieles“ und stammt aus dem Jahre 1895, erschienen im Obsis-Verlag in Amberg (Oberpfalz). In einer Vorbemerkung schreibt der unbekannte Verfasser (vermutlich hieß er selbst Obsis): *„Zur Erlernung des Kartenspieles – „Schafkopf“ genannt – liegt zur Zeit nur ein einziges Lehrbuch vor, welches von dem literarischen Institut August Schulze in Celle und Leipzig herausgegeben wurde.*
Dieses Büchlein enthält jedoch nur die Anleitung zum Erlernen des „Schafkopf“ wie solcher hauptsächlich in Norddeutschland mit französischen Karten gespielt wird, weshalb es angezeigt sein dürfte, auch ein Lehrbuch über die Art und Weise des in Süddeutschland mit deutschen Karten beliebten Schafkopfspieles zu veröffentlichen.
Dieses Büchlein soll aber nicht bloss als Lehrbuch für <Anfänger>, sondern auch zur Verbesserung des Spieles <älterer Stöpsler> die nötigen und gewünschten Aufschlüsse geben.“

Nennen wir den Verfasser „Obsis“. Er bezeichnete die Ober und Unter als „Matadore“ oder „Wackel“. Es durfte entweder eine „Frage“ oder ein „Solo“ gespielt werden. Konnte keiner ein Spiel ansagen, so musste der Eichel-Ober spielen. Hatte dieser nur den Eichel-Ober und maximal einen Trumpf, so wurde zusammengeschmissen. War der Muss-Spieler gesperrt, indem er selbst die Säue ohne eine Fehlfarbe hatte, so konnte er einen Zehner in der Farbe rufen, zu der er selbst die Sau hatte.

Das Herz-Solo ging vor allen anderen Solos, mit Ausnahme des „Solo-Matsch“, auch „Solo-Tout“ genannt. Herz war immerwährender Trumpf, außer beim Solo. Laufende bzw. „Matadore“ mussten mit 5, 3 oder 1 Pfg. bezahlt werden. Wurden zu viele Laufende verlangt, so schreibt Obsis dazu: *„Die doppelte Rückzahlung des zu viel verlangten <Matadoren>-Betrages, wie solche in manchen Gegenden üb lich ist, kann nicht empfohlen werden, weil hierdurch oft Streitigkeiten entstehen und überhaupt die Ehrlichkeit der sämtlichen Mitspielenden vorausgesetzt werden muss.“*

Erwähnenswert sind sicherlich die Praxis-Ratschläge von Obsis: *„Der Solo-Spieler soll, wenn er Anspielender ist, diewie ausstehenden Trümpfe holen und je nach dem Stande seiner Karte entweder die höchsten oder die niedersten Trümpfe auswerfen. In Mittelhand sitzend soll er für den Fall, dass ihm eine <Fehlfarbe> (d.i., wie schon der Ausdruck sagt, eine Farbe, die er nicht hat) angespielt wird, möglichst einen guten <Unter> (Grün oder Eichel) setzen, damit er dann, wenn die Farbe nicht von der Gegenpartei überstochen worden ist, sofort Trumpf spielen kann. Hat der Solo-Spieler wenige Ober und Unter, so empfiehlt es sich oft, die Trumpf-Ass oder Trumpf-Zehn auf die angespielte <Fehlfarbe> heimzustechen.*
Das Anspielen von Trümpfen seitens der Mitspielenden ist meistens ein Fehler. Derjenige der Mitspielenden der gegen den Solo-Spieler einige sichere Trumpfstiche besitzt, darf seine <Assen> niemals schonen; das Gegenteil ist zutreffend bei einem Mitspieler der nicht im Besitze von vielen Trümpfen ist.
Das wiederholte Anspielen (<Nach spielen>) einer vom Solo-Spieler bereits getrumpften Farbe trägt bei einem einigermassen <schwachen Spiel> meist dazu bei, dass das Solo verloren wird. Das <Nachspielen> ist aber nur dann gut, wenn der Solo-Spieler in der Mittelhand sitzt, da er in der Hinterhand leicht allenfallsige <Spatzen> d.i. ein einziges Blatt einer Farbe, die nicht Trumpf ist, abwerfen kann.“

Ein weiterer Rat war: *„Das sogenannte <Nachspielen>, d.h. die Erörterung des <Wenn> und <Aber> über ein beendetes Spiel soll nicht gestattet, eine Belehrung von <Anfängern> über* *ein verlorenes oder gewonnenes Spiel jedoch nicht ausgeschlossen sein.“*

Zum Schluss noch eine für jedes Kartenspiel geltende Grundregel:

„Im Glücke frohlocke nicht, es ist nicht angenehm für die Mitspielenden; im Peche sei nicht aufgeregt und mach keine Jammer-Gestalt; wer das Verlieren nicht ertragen kann, bleibe lieber bei der Alten zu Haus – und lasse den Alten unberührt.“

Am 17. Dezember 1989 fand, wie beschrieben, im Münchner Hofbräuhaus der 1. Bayerische Schafkopf-Kongress statt, der vom Bayerischen Schafkopf-Verein einberufen wurde. Diese Regeln waren sehr wichtig, wenngleich diese Schafkopf-Ordnung einige Passagen enthält, die zumindest diskussionsfähig und andere, die zu wenig klar gegliedert sind.

Beispielsweise geht diese Regel davon aus, dass der Mitspieler eines falsch ausspielenden Spielers ebenfalls bestraft wird. Das halte ich deswegen für fatal, da es sich ja bei einem Mitspieler um einen wechselnden Partner handelt und sich eine Bestrafung somit nur auf den Fehlspieler erstrecken darf.

Ein weiterer Widerspruch für die meisten Schafkopfspieler findet sich unter Grundlagen, in 1.4.2, mit „… der Solospieler muss die Trumpffarbe nicht besitzen.“

Die Regeln für den „reinen“ Schafkopf wurden von der Schafkopfschule völlig überarbeitet und korrigiert.

Entscheidend ist, dass es Regeln gibt und damit viele Unstimmigkeiten einfach von vornherein nicht entstehen. Aber so vielfältig das ganze Schafkopfspiel ist, so vielfältig sind auch die unterschiedlichen Regeln in den einzelnen Regionen.

An dieser Stelle möchte ich auf die Skat-Website www.skatfox.com/Literatur.htm verweisen, damit der Interessierte einfach einmal die große Anzahl an Skat-Büchern wahrnimmt, die es im Gegensatz zum Schafkopf gibt. Da haben wir noch viel zu tun.

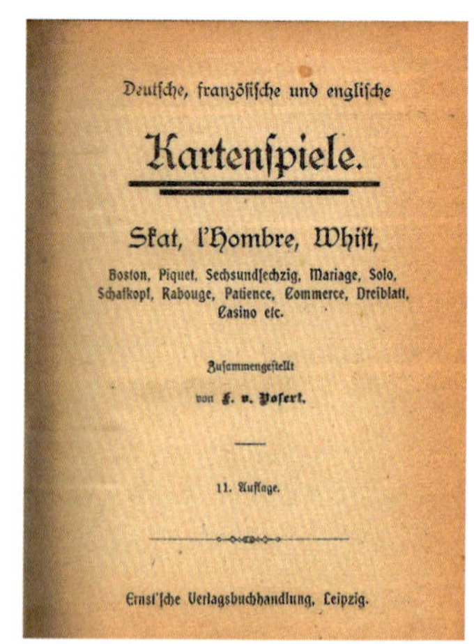

Deutſche, franzöſiſche und engliſche

Kartenſpiele.

Skat, l'Hombre, Whiſt,

Boston, Piquet, Sechsundſechzig, Mariage, Solo, Schafkopf, Rabouge, Patience, Commerce, Dreiblatt, Casino etc.

Zuſammengeſtellt von F. v. Poſert.

11. Auflage.

Ernſt'ſche Verlagsbuchhandlung, Leipzig.

Wie wahrscheinlich ist …?

Auf zwei Dinge haben wir keinen Einfluss: Das eine ist das Kartenmischergebnis und das andere die Sitzposition beim nächsten Spiel.

In der Mathematik gehört die Wahrscheinlichkeitsrechnung im Schafkopf zu den beliebtesten Themen für Abschluss- und Promotionsarbeiten. Dabei werden Vorgänge betrachtet, denen ein Zufallsvorgang zugrunde liegt, der dann entsteht, wenn Karten erst gemischt und dann abgehoben werden.

Beim Wurf einer Münze besteht die Wahrscheinlichkeit von 50:50, dass die Zahl oben liegen bleibt. Bei 32 Spielkarten ist die Wahrscheinlichkeit 1:32, dass wir eine bestimmte Karte erhalten.

Aus dem Griechischen kommt der Begriff Stochastik, was so viel bedeutet wie „Kunst des Mutmaßens". Geeignete Daten für eine Analyse liefert die Statistik. So könnte beispielsweise die Fehlerwahrscheinlichkeit bei Meinungsumfragen zur Politiker-Wählergunst ermittelt werden.
Für die Berechnung der Wahrscheinlichkeit im Schafkopf wird vorausgesetzt, dass es sich um Laplace-Experimente handelt. Ein Zufallsexperiment heißt Laplace-Experiment, wenn alle Ergebnisse des zugehörigen Ergebnisraumes gleichwahrscheinlich sind. Werden alle 32 Karten eines Schafkopfspiels gut gemischt an alle vier Spieler gleichmäßig ausgeteilt – wobei es unerheblich ist, ob 2 x 4 Karten oder 4 x 2 Karten gegeben werden – so handelt es sich um ein Laplace-Experiment.

Völlig gleichgültig ist dabei, ob man eine bestimmte Karte als erste oder als letzte Karte erhält. Wir möchten nur die mögliche Anzahl von Kartenkombinationen betrachten. Die Menge Ω der Ergebnisse eines Zufallsexperiments ist der Ergebnisraum.

Wie viele unterschiedliche Möglichkeiten es für den Schafkopfspieler gibt oder wie groß die Wahrscheinlichkeit ist, dass er oder sie ein bestimmtes Blatt (z. B. einen „Sie") auf die Hand bekommt, lässt sich wie folgt ausdrücken:

$$|\Omega| = \binom{32}{8} = 10518300$$

Würde man auch noch die unterschiedlichen Varianten der Mitspieler erfassen und die Frage stellen, wie groß die Wahrscheinlichkeit ist, dass alle vier Spieler ein bestimmtes Blatt bekommen, so lautet die Formel:

$$|\Omega| = \binom{32}{8} \cdot \binom{24}{8} \cdot \binom{16}{8} \cdot \binom{8}{8} =$$

$$= 99561092450391000$$

Eine Variation von annähernd 100 Billiarden Spielkombinationen, ohne Berücksichtigung der Tatsache, dass auch jede Situation eine andere Spielentscheidung hervorrufen könnte, zeigt die Tiefe dieses Kartenspiels. Deshalb ist der lapidare Satz *„Jed's Spui is anders"* nicht nur richtig, sondern eine elementare Schafkopfphilosophie. Diese Aussage steht natürlich in völligem Widerspruch zu der Überzeugung vieler Menschen, nichts sei zufällig und das Universum gehorche fundamental deterministischen Regeln. Diese Skeptiker erkennt man beispielsweise beim Kegeln, wenn sie die bereits losgelassene und zielstrebig rollende Kugel noch durch akrobatische Verrenkungen zu lenken versuchen.

Zufall, Unberechenbarkeit und Unvorhersagbarkeit sind nicht das gleiche. Zufall ist in seiner Wahrscheinlichkeit berechenbar. Noch mehr: Mit der Wahrscheinlichkeitsrechnung lässt sich das Risiko kalkulieren.

Einige Beispiele vorab:

Wird die Ruf-Sau vom Gegenspieler gesucht, wissen wir von vorneherein, dass der Spieler mindestens eine Karte in der Farbe besitzt und sein Partner zumindest die Ruf-Sau hat. Um eine mathematische Lösung zu suchen wird unterstellt, dass noch keiner der Spieler sich in der Farbe freimachen konnte und alle Spieler noch ihre Karten in der Hand halten. Es sind 6 Karten, in der Ruffarbe auf vier Spieler verteilt (Sau, Zehn, König, Neun, Acht und Sieben) möglich. Somit können wir unsere eigenen Karten für unsere Wahrscheinlichkeitsfrage, ob die Ruf-Sau durchgeht, heranziehen.

Nehmen wir an, dass der Spieler einen optimalen Ruf spielt – also eine Sau ruft und selbst nur eine Karte der gerufenen Farbe hat. Insgesamt gibt es acht Karten von jeder Farbe, wovon zwei als Trümpfe nicht mehr zu den Farbkarten gehören. Eine der verbleibenden 6 Karten ist im Besitz des „Spielers" und mindestens eine weitere – nämlich die Sau – hat der gerufene Spieler auf der Hand. Folglich sind also noch 4 weitere Farbkarten beliebig auf die Gegenspieler und den „Mitspieler" zu verteilen. Herr Georg Reißl kommt auf eine Wahrscheinlichkeit von 40 Prozent dafür, dass keiner der Gegenspieler „frei" ist, wobei die Formel

$$P(E) = \frac{|E|}{|\Omega|} =$$

$$= \frac{\text{Anzahl der für E günstigen Ergebnisse}}{\text{Anzahl der möglichen gleichwahrscheinlichen Ergebnisse}}$$

verwendet wird. Veit Hartung berechnet und sagt dazu:

Hierbei wird jedoch der Fehler begangen, dass es sich hier nicht um gleichwahrscheinliche Ereignisse handelt, wie es von der Formel verlangt wird. Daher ist das einzige, was man bereits herauslesen kann, dass nur bei 40 Prozent aller möglichen Ereignisse die Sau von der „Spielerpartei" gestochen wird. Was jedoch immer noch nicht berechnet ist, sind die äußerst unterschiedlichen Einzelwahrscheinlichkeiten, ohne welche man auch keine Aussage über die Gesamtwahrscheinlichkeit machen kann. Für eine richtige Lösung muss man also alle „günstigen" Einzelwahrscheinlichkeiten berechnen und addieren.

Es spielt D. Die günstigen Verteilungen wären – falls es sich bei Spieler A um den gerufenen Spieler und bei Spieler B sowie Spieler C um die Gegenspieler handelt:

Spieler A: 2, Spieler B: 1, Spieler C: 1, Spieler D: 1 Karte in der Ruffarbe

$$P^A_{2,1,1}$$

Spieler A: 1, Spieler B: 2, Spieler C: 1, Spieler D: 1 Karte in der Ruffarbe

Es gibt vermutlich keinen passionierten Schafkopfspieler, der nicht den Eindruck hat, dass die Ruf-Sau dann durchgeht, wenn man selbst drei Karten in der Ruf-Farbe auf der Hand hat. Dagegen wird die Ruf-Sau grundsätzlich gestochen, wenn man selbst die Ruf-Sau, wenn sie alleinsteht, anspielt. Einem Spieler, der seine Ruf-Sau selbst sucht, kann man nur entgegnen *„a Dumma suachts seiba"*.

„Alles, was lediglich wahrscheinlich ist, ist wahrscheinlich falsch."
Rene Descartes (1596–1650)

$$P^A_{1,2,1}$$

Spieler A 1 Spieler B 1 Spieler C 2

$$P^A_{1,1,2}$$

Spieler A 0 Spieler B 3 Spieler C 1

$$P^A_{0,3,1}$$

Spieler A 0 Spieler B 2 Spieler C 2

$$P^A_{0,2,2}$$

Spieler A 0 Spieler B 1 Spieler C 3

$$P^A_{0,1,3}$$

Es ist jedoch auch möglich, dass einer der beiden anderen Spieler gerufen wird, was die Verteilungsmöglichkeiten verdreifacht. Wie man durch Berechnung belegen kann, sind auch die Wahrscheinlichkeiten für jede der anderen beiden Spielerkonstellationen (PB und PC) genauso hoch wie die Wahrscheinlichkeit der ersten (=PA). Daher kann man die Wahrscheinlichkeit dafür, dass die Sau beim „Anspielen am Spielbeginn“ durchgeht, mit der Formel

$$P(Gehtdurch) = 3 \cdot P^A =$$

$$= 3 \cdot (P^A_{2,1,1} + 2 \cdot P^A_{1,2,1} + 2 \cdot P^A_{0,3,1} + P^A_{0,2,2}) =$$

$$= 0,695652173 \approx 69,6\ \%$$

berechnen.

Es ist also bedeutend wahrscheinlicher, dass die Sau „durchgeht“, als dass die Gegnerpartei sie stechen kann. Als sinnvoller Grund dafür, dass die „Spieler“ die Ruffarbe nicht anspielen, bleibt, dass der gerufene Spieler schon weiß, mit wem er zusammenspielt, wohingegen die gegnerischen Spieler es nur erahnen können, bis die Sau ausgespielt wird. Ein kleiner, aber bedeutender Vorteil. So ist es dem gerufenen Spieler möglich, schon zu Spielbeginn erfolgreich zu schmieren.

Die Wahrscheinlichkeitsrechnung kann niemals falsch oder richtig sein. Es ist leicht möglich, dass die Berechnung eine Wahrscheinlichkeit von nur 1% ergibt, also 99% der Argumente dagegensprechen – und trotzdem wäre es richtig, auf das unwahrscheinliche Ergebnis zu setzen. Murphy (Murphys Gesetz) hat daraus eine ganze Lebensphilosophie gestaltet. Sein Kernsatz: *„Wenn etwas schiefgehen kann, dann wird es auch schiefgehen“.*

Betrachten wir nun die Wahrscheinlichkeit, wie die 14 Trümpfe bei einem Rufspiel verteilt sein können. Angenommen, jeder Spieler würde gleich viele Trümpfe erhalten, so bekäme jeder durchschnittlich 3,5 Trümpfe.

$$\frac{\text{Anzahl Trümpfe insgesamt}}{\text{Anzahl Spieler}} = \frac{14}{4} = 3,5$$

Die Wahrscheinlichkeit, bei einem Rufspiel eine bestimmte Anzahl Trümpfe zu erhalten, zeigt sich wie folgt:

n	In %
0	0,416
1	4,24
2	16,1
3	29,7
4	29,1
5	15,5
6	4,37
7	0,587
8	0,0286

Bei 5 Trümpfen sollte ein durchschnittlicher Schafkopfer durchaus daran denken, ein Rufspiel anzusagen. Die durchschnittliche Verteilung der restlichen Trumpfkarten liegt dann bei 14 – 5=9 Trümpfe. Verteilt auf 3 Spieler, entfallen auf jeden Spieler 3 Trümpfe.

Der überwiegende Anteil der Schafkopfer handelt intuitiv und vorwiegend richtig. Natürlich hat jeder Spieler sein eigenes System entwickelt, um jederzeit zu wissen, wie viele Trümpfe sich noch im Umlauf befinden. Sehr weit verbreitet ist das gemischte Zu- und Abzählen. Man zählt die Trümpfe bis zur Zahl 8 mit, was sehr einfach ist, wenn zweimal Trumpf gespielt wurde und jeder noch zugeben konnte. Dann sind schon einmal 8 Trümpfe weg. Von den verbleibenden 6 Trümpfen werden die Trümpfe abgezogen, die man selbst noch auf der Hand hat. Nun wird jeder gefallene oder stechende Trumpf einfach vom Restbestand abgezogen. Mit Hilfe der Merktechnik lassen sich die Trümpfe dann schnell in Ersatzbilder umwandeln.

Wir kennen aber auch noch die „bedingte Wahrscheinlichkeit". Man versteht darunter das Eintreten eines Ereignisses (A) unter der Voraussetzung, dass ein anderes Ereignis (B) bereits bekannt ist. Die Formel dafür lautet: P(A/B) und bedeutet „Wahrscheinlichkeit von A und der Voraussetzung B" oder in Kurzform „P von A, vorausgesetzt B".

Auf das Schafkopfen übertragen, läge die Wahrscheinlichkeit eine Trumpfkarte für ein Sauspiel zu ziehen bei 44 %, denn es sind von 32 Karten nur 14 Karten Trumpfkarten. Somit ist P (14/32) = 0,44, bzw. 44 %.

Der Wenz! Nehmen wir einmal an, man ist selbst Ausspieler, hat selbst den Eichel-Unter und den Herz-Unter mit weiteren Karten von Sau und zugehörigen Zehner (geschlossene Karte), dann interessiert doch die Wahrscheinlichkeit, in welcher Größenordnung die fehlenden Unter auseinanderstehen bzw. wie groß das Risiko ist, dass diese in einer Hand sind.

„G" ist die Wahrscheinlichkeit, dass beide Unter in einer Hand sind.

$$|G| = \binom{2}{2}\binom{22}{6}$$

Diese Wahrscheinlichkeit ist mit 3 zu multiplizieren, da jeder der 3 Gegenspieler die Unter haben konnte:

$$P(G) = 3 \cdot \frac{\binom{2}{2}\binom{22}{6}}{\binom{24}{8}} \approx 30,4\,\%$$

Umgekehrt könnte man also sagen, dass die Wahrscheinlichkeit, dass auf den ausgespielten Eichel-Unter beide fehlenden Unter zugegeben werden, bei 69,6 % liegt. Wer nicht wagt, der nicht gewinnt, oder wie Schafkopfer sagen: *„Herzhaft san's in'd Hos'n gschloaffa"*.

Es gibt vereinzelte Schafkopfspieler, die eine genaue Statistik über jedes Schafkopfspiel führen. Das ist sehr aufschlussreich, da die Statistik mit mathematischen Mitteln Tabellen auswertet, die aus den vergangenen Ereignissen erfasst wurden. Dagegen versucht die Wahrscheinlichkeitsrechnung aus der besonderen Situation eines Experimentes oder Modells heraus darüber eine Prognose abzugeben, wie das Ergebnis wahrscheinlich aussehen wird.

Für das Schafkopfen ist es wichtig, neben einer permanenten bewussten Einschätzung der Wahrscheinlichkeit aufmerksam die gespielten Karten zu beobachten, mitzuzählen und einen möglichst großen Teil des Spielverlaufs geistig zu registrieren.

Der Umgang mit dem Wahrscheinlichkeitsfaktor wird weitgehend von der Situation geprägt. Liegt ein Spieler in einem Schafkopf-Turnier punktemäßig sehr weit zurück, wird er eher bereit sein, ein Risiko einzugehen, als wenn er bereits unter den Ersten in der Punkteliste rangiert. Im letzteren Fall kann eine Gewinnwahrscheinlichkeit von 65 % zu gering für das Eingehen eines Risikos sein, während ein anderer bereits eine Verlierwahrscheinlichkeit von 65 % für eine Verbesserung seiner Listenposition nutzt.

Die Wahrscheinlichkeit, dass ein Spieler alle 4 Ober oder alle 4 Unter (A) erhält, sieht folgendermaßen aus:

$$\Omega = \{k_1, ..., k_8\}$$

$$|\Omega| = \binom{32}{8}$$

$$|A| = \binom{28}{4}$$

$$P(A) = \frac{28!\cdot 8!\cdot 24!}{4!\cdot 24!\cdot 32!} = 0,0019$$

Die gleiche Frage könnte man auch auf die 4 Säue oder 4 Neuner zuschneiden.

Begriffe wie Glück, Zufall, Berechnung, Einschätzung und Pech sind beim Schafkopfen nun plötzlich neu zu definieren. Mit der mathematischen Wahrscheinlichkeitsrechnung hat der Schafkopfer eine ausgezeichnete Entscheidungshilfe.

Die Praxis

Die vorher beschriebenen einfachen Situationen werden in der Praxis jedesmal anders verlaufen, da noch sehr viele andere Gegebenheiten entstehen können.

Das beste Beispiel ist, wenn wir die Wahrscheinlichkeit errechnen, mit denen ein Mitspieler stechen könnte, der aber selbst keinen Trumpf hat. So entstand vermutlich der Spruch *„Unglück über Feldmoching“*, was nichts anderes heißt als *„jetzt hat mia des Pech a no as Glück vahagelt“*, oder *„da liabe Gott muass a Preiss sei, sonst hätt er sowas ned zuaglassen“*.

Bei aller Stochastik spielt die Sitzposition eine entscheidende Rolle. Ist man als Spieler auch Ausspieler, dann kann man das Spiel **lenken!**

Ist der Spieler Rückhand, dann kann er meist **entscheiden!**

Sitzt er oder sie dazwischen, dann entscheidet das **Glück.**

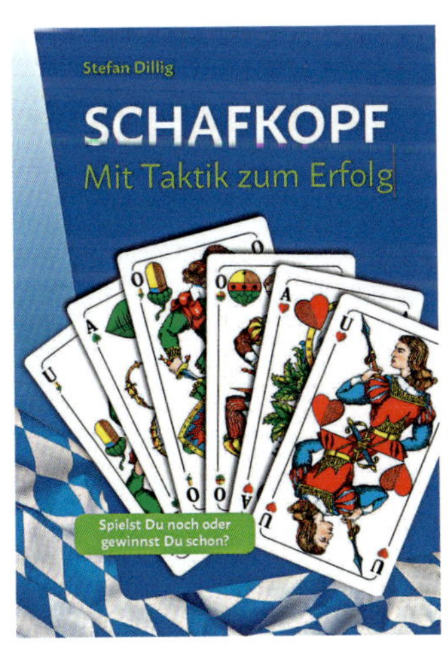

Psychologie und Temperamente

Gibt es eine geeignetere Möglichkeit, Menschen in ihren Charaktereigenschaften, Schwächen und Temperamenten einzuschätzen als bei einem Kartenspiel?
Seit jeher versuchen Psychologen, die Menschheit in Charaktertypen einzuteilen und deren individuellen Wesensmerkmale für Werbung, Verkaufsgespräche und Forschung nutzbar zu machen. Was Hippokrates in seiner globalen Unterscheidung nach Cholerikern und Melancholikern gelang, versucht bereits jeder Schüler, indem er so lange die äußersten Grenzen seiner Lehrer und Eltern testet, bis diese zur Weißglut gelangen und ausrasten.

Nahezu alle Tests ergaben, dass sich Männer und Frauen hinsichtlich der Summe ihrer Intelligenz nicht unterscheiden. Sie denken nur unterschiedlich. Das mag in Ausnahmefällen vielleicht nicht zutreffen, da eine Vielzahl von Einflüssen erst einen Menschen prägt. Trotzdem schneiden Frauen, wie Intelligenztests ergaben, bei Aufgaben zum räumlichen Vorstellungsvermögen geringfügig schlechter ab. Dafür liegt es Männern im Durchschnitt weniger, sprachliche Aufgaben zu bewältigen.

Es ist aber richtig, dass Frauen und Männer nur selten dasselbe meinen, wenn sie dieselben Wörter benutzen. Deborah Tannen (*„Du kannst mich einfach nicht verstehen"*) behauptet sogar, dass die beiden Geschlechter Vertreter unterschiedlicher Kulturkreise sind. *„Ihre Sprachen existierten genauso neben- und unabhängig voneinander wie die eines Londoner Geschäftsmannes und die eines afrikanischen Häuptlings"* und „Frauen haben eine ‚Beziehungssprache', einen Gesprächsstil, bei dem es vor allem darum geht, Streit zu vermeiden und Einverständnis und Intimität herzustellen: ‚Sollen wir vielleicht …' – ‚Was hältst du von …', ‚Lass uns doch …'.

Beim Mitternachts-Schafkopfen auf der Leopoldstraße in München am 18. Juni 2005 betrug der Frauenanteil 17,5 %. Frauen lassen sich nicht mehr von selbstüberschätzendem und geringschätzigem Auftreten der Männer einschüchtern. Der überdurchschnittliche Teil der Frauen spielt gut und kann durchaus mit den Männern mithalten. Mehr noch: Immer dann, wenn eine Frau am Tisch sitzt, wird der Ton besser, weniger rau und sehr viel freundlicher.

Wenn wir uns eine Schafkopfrunde in einem Turnier vorstellen, dann haben wir es 30 oder 32 Spiele lang mit 3 Mitspielern zu tun, die man in der Regel gar nicht oder nur sehr oberflächlich kennt. Die meisten interessiert es auch gar nicht, was der Gegenüber denkt, fühlt und was ihn beschäftigt. Das ist verständlich. Die meisten von uns sind weder Psychologen noch ausgesprochene Menschenkenner. Jeder schleppt ohnehin sein eigenes Päckchen mit sich herum.

Was bringt es uns für den Schafkopf, wenn wir mit Menschenkenntnis und einer charakterlichen Einschätzung auf unsere Mitspieler eingehen? Wir können ihr Verhalten besser durchschauen, wissen, ob sie ein gutes Solo oder ein schwaches Solo spielen und ahnen, was sie ihrem Mitspieler durch ihr Ausspiel mitteilen möchten. Außerdem ist es positiv, wenn wir auf diese Weise unsere Menschenkenntnis ausbauen und somit unseren eigenen Charakter festigen können. Kein Mensch ist wie der andere. Jeder ist einmalig. Bestimmte Charaktereigenschaften lassen sich jedoch auf sämtliche Kartenspieler übertragen. Wie geht man damit um?

Der Perfektionist, Unfehlbare und Kritiker

Diese Menschen streben nach Vollkommenheit und wollen deshalb alles richtig machen. Sie zeichnen sich durch Objektivität, Integrität und

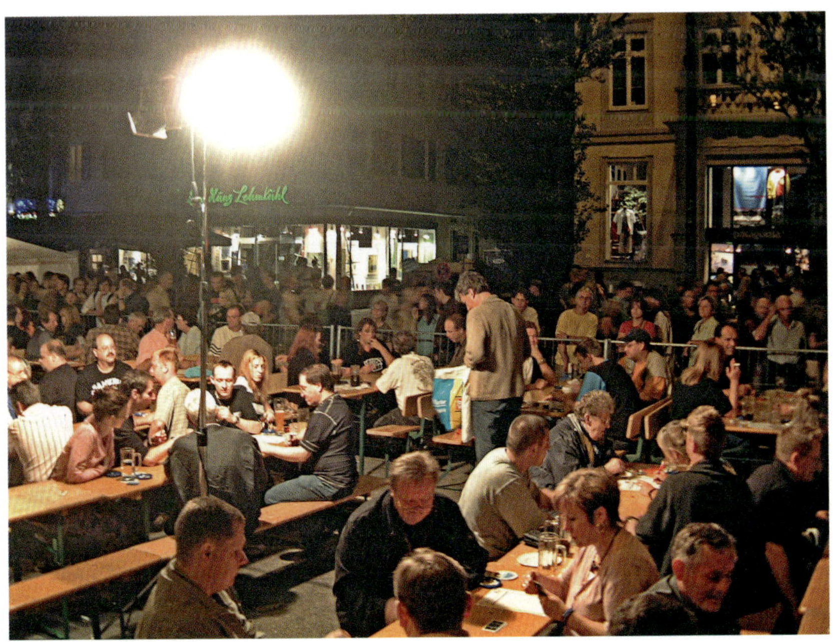

Gerechtigkeitssinn aus. Ihr unbestechliches Gefühl für Wahrheit und Gerechtigkeit verleiht ihnen ein starkes moralisches Rückgrat. Für ihre Überzeugungen sind sie bereit durchs Feuer zu gehen. Aus Angst, Fehler zu machen, sind Menschen dieses Typs darauf bedacht, möglichst überlegt und vernünftig zu reagieren. Spontaneität zählt deswegen nicht zu ihren Stärken.
Gleichgültig, wer den Fehler macht, fraglich, ob es ein Fehler war, und logisch, dass er keine Zweifel darüber aufkommen lässt. Ihm wäre so etwas niemals passiert. Der Unfehlbare ist gerade unter den weniger guten Spielern ausgesprochen unbeliebt.

Aber es gibt auch den Unfehlbaren, dem es gar nicht um sich selbst geht. Der *Rudi* beispielsweise wendet dieses Besserwissen – je nachdem, wie unsicher seine Mitspieler sind – dazu an, die anderen einzuschüchtern. An seinem Tisch wird meist kein schwaches Sauspiel mehr gewagt oder leichtfertig geschmiert. Meist ist er an diesem Tisch, obwohl er selbst ganz schwache Spiele hatte, Tischerster.

Dieses unbedingte Streben nach Perfektion wächst sich leicht zu Kritiksucht, Nörgelei und Selbstgerechtigkeit aus. Gerade die Angst vor der eigenen Unvollkommenheit kann den Perfektionisten zu einem gnadenlosen Richter fremder Fehler und Mängel machen. Bei ihren Mitmenschen verbreiten sie oft das Gefühl, dass keiner ihren hohen moralischen Ansprüchen genügen kann.

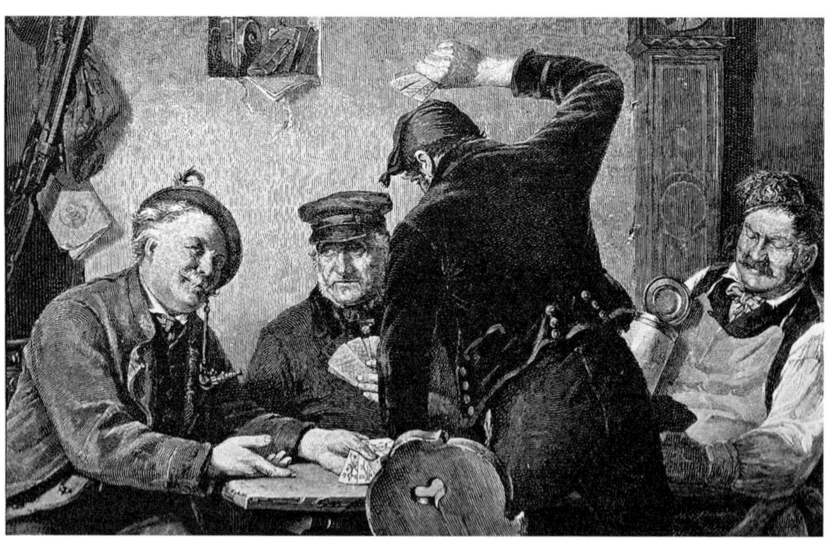

Das Chamäleon, der Helfer, Retter und Fürsorger

Dieser Spielertyp gibt jedem Recht. Er wirkt ausgewogen und alle glauben, er sei auf ihrer Seite. Wenn jemand am Tisch schimpft, dann gibt er ihm Recht, hat aber auch gleichzeitig eine Erklärung für denjenigen, der betroffen ist. Das ist der *Franz.*

Achtung! Er ist der gefährlichste Spieler. Der *Franz* ist niemals Partner und immer Gegner. Aber dadurch, dass wir das nicht erkennen, wird er erst wahrgenommen, wenn das Spiel vorbei ist und er sich häufig unter den Ersten befindet.

Menschen dieses Typs wollen stets auch gebraucht werden. Aus diesem Streben resultiert die Fähigkeit, sich ganz auf die Bedürfnisse anderer Menschen einstellen zu können. Persönlichkeiten mit diesem Charakter sind deshalb Beziehungsmenschen. Sie verfügen über einen großen Freundes- und Bekanntenkreis. Für die Sorgen und Nöte der anderen haben sie stets ein offenes Ohr. In ihren Beziehungen verhalten sie sich besonders emotional, weil es ihnen in erster Linie darum geht, geliebt zu werden.

Das Chamäleon strebt unbedingt nach Anerkennung, die der Helfer besonders in der Dankbarkeit seiner Mitmenschen erlebt. Aber Achtung – dieses Verhalten kann leicht zu einem aufdringlichen Buhlen führen. Dann tritt zu Tage, dass das Chamäleon die Anstrengungen für die anderen insgeheim nur um deren Dankbarkeit willen unternommen hat. Sobald er oder sie diese Dankbarkeit und Zuwendung nicht mehr verspürt, wird auf Distanz gegangen und es folgt Kritik.

Dass ausgerechnet der Stolz die treibende Leidenschaft solcher Menschen sein soll, die ganz in der Sorge um die anderen aufgehen, erscheint nur oberflächlich unglaubhaft. Der geschärfte Blick zeigt, dass es dem Chamäleon in allen seinen Beziehungen in erster Linie darauf ankommt, gebraucht zu werden, also wichtig und bedeutend zu sein.

Der Eingeschüchterte

Nennen wir diesen Spieler *Josef.* Bereits nach dem ersten vorwurfsvollen *„Hast denn du koa Schmia?“* ist es aus. Das Herz ist in die Hose gerutscht – und er wird den ganzen Abend kein riskantes Ausspiel, schwaches Solo oder leichtfertiges Schmieren mehr wagen.

Wer den *Josef* einschüchtert, kann aber genauso gut beim nächsten Mal auf ihn treffen und die Schattenseite seiner Verunsicherung spüren – nämlich dann, wenn er mal mutig schmieren soll und ihn dann der Schneid verlässt.

Der Souveräne

Er weiß auf jede Kritik eine vernünftige Antwort und gibt allen Mitspielern zu verstehen, dass er über jeden Fehler erhaben ist. Man merkt, dass ihm das Ganze nicht unter die Haut geht, ihn das verlorene Geld nicht schmerzt und er nur unsinnige Spielzüge macht, um die Grenzen der Spaßigkeit kennenzulernen.

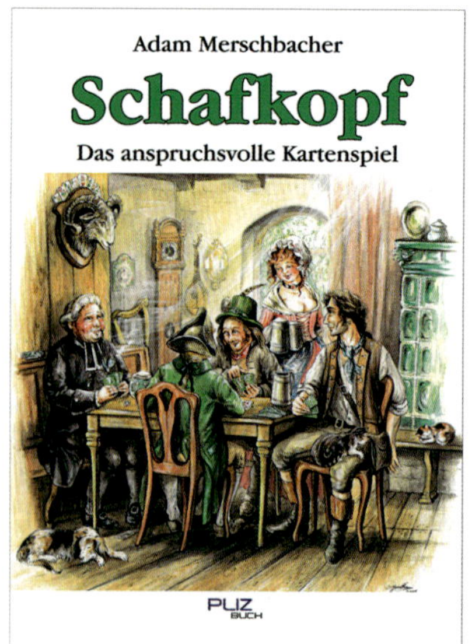

Es ist angenehm mit dem *Karl-Heinz* zu spielen, da ihn auch keine Fehler seiner Mitspieler aufregen. Wer trotzdem patzig wird, hat künftig mit einer demonstrativen Ignoranz seiner Person zu rechnen.

Der Überspieler

Natürlich machen Anfänger mehr Fehler als erfahrene Spieler. Den einen sieht man es aber an, ja, sie weisen manchmal selbst darauf hin, während die anderen ihre Fehler überspielen und ihr fragliches Ausspiel zur Vorstufe eines tiefgründigeren Meisterspieles erklären. So einer ist der *Maximilian.* Allen ist klar, dass er nach seinem Können in der dritten Schüler-Regionalliga spielt.

Für gute Spieler ist so ein Partner meist kein Problem, da sie seine Fehler einkalkulieren und deshalb gewinnen.

Der Ungeduldige

Ein unangenehmer Zeitgenosse. Dem Dieter geht alles zu langsam. *„Beim Misch'n is scho oana gstorb'n"* oder *„Im Nachbardorf ham's oan scho amoi d'Schua beim Geh doppelt"*. Er meckert und ist griesgrämig.

Ich mag den *Dieter*. Nach zwei bis drei Spielsituationen, die nicht nach seinem Kopf gehen, hab ich ihn auf der Palme. Und dann macht er einen Fehler nach dem anderen. Nett, der *Dieter*.

Der Gscherte

Er nimmt keine Rücksicht auf andere und schon gar nicht auf Frauen. Der *Hans* ist ein richtig unverschämter Zeitgenosse. Er rächt sich an allen anderen dafür, dass seine Eltern mit seiner Erziehung gescheitert sind und bei den Frauen für das Unverständnis, das man ihm stets entgegengebracht hat.

Wer da seiner Linie treu bleibt und sich demonstrativ nicht von Hans' Ton verleiten lässt, kann bei seinen Mitspielern (beiderlei Geschlechtes) maximal punkten.

Der Erklärbär

Wenn das Spiel beendet ist und allen Beteiligten längst klar ist, wann und wo das Spiel verloren wurde, beginnt der Einsatz für den Erklärbären. Das geringste Stirnrunzeln über den Grund seiner Erklärung bewegt diesen sofort, ganz weit auszuholen; der Anfang der Erklärung liegt dann meist bei Adam und Eva. Der *Günther* will selbst das „und" im Satz erklären und lässt sich nur sehr schwer wieder stoppen. Jede Nachfrage würde ihn unwillkürlich wieder von Neuem beginnen lassen.

Am besten ist also, man sagt gar nichts. Es sei denn, man will die Eigenschaft des Erklärbärs für sich nutzen, nämlich um ihn völlig zu verwirren. Dies geschieht ganz einfach, indem man eine Frage stellt, die ihn glauben lässt, man hätte ihn nicht verstanden. Während man sich selbst auf das Spiel konzentriert, ist der Erklärbär abgelenkt und völlig aus dem Konzept gebracht.

Diese beschriebenen Eigenschaften lassen sich vermutlich um Weitere ergänzen. An dieser Stelle sollen sie nur stellvertretend aufzeigen, dass man alle Charaktere bewusst für sein eigenes Spiel einsetzen kann und keinesfalls die Mitspieler ignorieren sollte. Man würde einen wichtigen Teil des Spielens versäumen, der außerdem auch zu einem Gewinn beitragen könnte.

Charaktertypen

Psychologen bezeichnen die Grundeigenschaften einer Persönlichkeit als deren jeweiligen Charaktertyp, der in unterschiedlichen Graden ausgeprägt vorkommen kann. Die ersten Analysen dieser Charaktertypen fanden bereits in der Antike statt. Führender Vorreiter war Empedokles, der die sogenannte „Vier-Elemente-Lehre" entwickelt hat. Sie ist nach Weiterentwicklungen durch Wilhelm Wundt und Immanuel Kant teilweise auch heute noch eine gängige Praxis und unterscheidet vier verschiedene charakterliche Grundtypen.

Der *Melancholiker* wird als Mensch beschrieben, der zu Traurigkeit neigt. Auch kann er seinen Mitmenschen kein Grundvertrauen entgegenbringen, sondern zweifelt ständig alles an. Anderseits gilt der Melancholiker als sehr verlässlicher Mensch, der eine ordentliche Portion Selbstbeherrschung mitbringt. Eysenck ordnet dem Melancholiker zusätzlich noch eine emotionale Instabilität zu. Andere Forscher wie Hildegard von Bingen gehen sogar so weit, dem Charaktertypus des Melancholikers optische Merkmale zuzuordnen. Sie beschreibt Frauen dieser Gruppe als „mager, mit mäßigem Knochenbau und dicken Adern".

Der *Choleriker* gilt als Mensch mit einer niedrigen Erregungsschwelle. Er wird als jähzornig und unausgeglichen beschrieben. Umgekehrt sind Choleriker aber auch sehr willensstarke Menschen, die entschlossen ihre Ziele verfolgen und kaum Furcht vor irgendetwas haben. Die Bezeichnung Choleriker ist vom altgriechischen Wort „xolae" abgeleitet. Das bedeutet so viel wie „Galle" und zeigt schon an, dass diesen Vertretern schnell einmal „die Galle überläuft".

Der *Sanguiniker* ist von heiterem Gemüt. Er ist lebhaft und macht oftmals Dinge, die seiner Umgebung leichtsinnig erscheinen. Der Sanguiniker kennt kaum Skrupel, ist unstet in seinem Denken und Handeln und gehört zu den extrovertierten Charakteren. Sein Leben kennzeichnet sich je nach Ausprägung durch gelegentliche oder häufige Exzesse. Auf der anderen Seite ist der Sanguiniker ein unterhaltsamer und phantasievoller Mensch. Bei ihm ist das Glas immer halb voll und nicht halb leer.

Der *Phlegmatiker* ist der vierte Grundtyp der Charaktere. Er ist ruhig bis schwerfällig und tut alles mit Bedacht. Er ist introvertiert und könnte auch gut als Eremit leben. Ihm wird Trägheit unterstellt. Aber er hat auch positive Eigenschaften. Ein Phlegmatiker wird als grundsätzlich friedliebend bezeichnet. Aber auch Sinn für Ordnung und ein hohes Maß an Zuverlässigkeit und diplomatische Fähigkeiten werden ihm zugeschrieben.

Natürlich kommen diese vier Charaktertypen nur sehr selten in ihrer Reinform vor. Die meisten Menschen tragen Elemente aller Typen in sich, die jedoch unterschiedlich ausgeprägt sind. Das hat beispielsweise Theophrastos, einen griechischen Gelehrten des dritten Jahrtausends vor Beginn der Christlichen Zeitrechnung, dazu gebracht, gleich dreißig verschiedene Charaktertypen zu beschreiben.
In der frühen chinesischen Psychologie wurde eine „Fünf-Elemente-Lehre" der Charaktertypen entwickelt. Dazu gehören Erde, Wasser, Feuer sowie Metall und Holz. Auch daraus ergeben

sich vier grundlegende Typisierungen der Charaktere. Diese werden als narzisstisch, depressiv, schizoid und hysterisch bezeichnet.

In der modernen Psychologie werden fünf Charaktertypen unterschieden, die sich durch die Verschiedenheiten bei den vorherrschenden Abwehrmechanismen sowie dem Erleben und Verhalten voneinander differenzieren. Sie umfassen folgende Typen:

Narzisstischer Charakter
Er wird gleichgesetzt mit Eigenschaften wie einem übergroßen Selbstwertgefühl und einer permanenten Entwertung Dritter. Als Abwehrmechanismen werden hier vorwiegend Verleugnung, Idealisierung und eine projektive Identifikation beschrieben.

Schizoider Charakter
Ihm werden ein großes Bedürfnis nach Distanz sowie die Angst vor Nähe zugeschrieben. Ein schizoider Charakter wehrt sich durch die Intellektualisierung und Rationalisierung sowie einer Isolierung einzelner Affekte.

Depressiver Charakter
Er hat Minderwertigkeitsgefühle, ist meist passiv und sehr stark von anderen Menschen abhängig. Seine kennzeichnenden Abwehrmechanismen sind Introjektion sowie Autoaggressivität.

Zwanghafter Charakter
Ein zwanghafter Charakter ist gekennzeichnet durch eine ausgeprägte Sparsamkeit und Genauigkeit sowie Eigensinn und ein übersteigertes Kontrollbedürfnis. Auch bei ihm stehen bei den Abwehrmechanismen die Affektisolierung und die Rationalisierung im Mittelpunkt.

Hysterischer Charakter
Dieser Typus bringt ein starkes Geltungsbedürfnis, Angst vor Erotik und andererseits ein sexualisiertes Verhalten mit. Seine typischen Abwehrmechanismen sind die Verleugnung, die Konversion sowie die Verdrängung.

Auch dazu muss man wissen, dass es diese Charaktertypen kaum in ihrer Reinform gibt. Ein Mensch wird also immer mehreren Charaktertypen zugeordnet, wobei sein Charakter nach den überwiegenden Eigenschaften bestimmt wird.

Inzwischen haben sich noch weitere Modelle für Charaktertypen entwickelt. Sigmund Freud zeichnet für das Phasenmodell verantwortlich, das sich auch mit den beschriebenen fünf modernen Typisierungen in Einklang bringen lässt. Dieses Phasenmodell ist von Erich Fromm weiterentwickelt worden. Er bezieht sich bei der Typisierung der Charaktere darauf, welchen Bezug ein Mensch zu seinen Mitmenschen und den ihn umgebenden

Dingen herstellt. Aus seiner Feder stammen Bezeichnungen wie „autoritärer“ und „sadomasochistischer“ Charakter. Auch der Begriff „Marketing-Charakter“ wurde von Erich Fromm geprägt.

Aus den genannten Modellen der Typisierung von Charakteren lässt sich sehr leicht ablesen, dass hier auch kulturelle Eigenheiten eine entscheidende Rolle spielen. Dabei wird auch beachtet, dass es Unterschiede gibt, welche Eigenschaften in bestimmten Kulturkreisen und Religionen als erstrebenswert gelten. Ihnen wird folglich auch die meiste Bedeutung bei der Bewertung eines Charakters zugemessen. Außerdem kann man aus der vorliegenden Darstellung entnehmen, dass die Differenzierung in Charaktertypen ständig weiterentwickelt wird.

Menschenkenntnis und Schafkopfen

Für das Schafkopfen nutzt uns die charakterliche Einschätzung der Mitspieler sehr viel, wenn wir erst damit umgehen können.

Es ist zum Beispiel sehr hilfreich, wenn ich mir die Verhaltensweisen meiner Mitspieler über drei Spiele anschaue und nach jedem Spiel sofort registriere, was diese für Karten hatten und was sie damit gemacht haben.

Steckt mein Gegenüber seine Karten zusammen und zieht als 1. Karte links den Herz-Ober, dann weiß ich, dass ihm der Eichel-Ober und der Gras-Ober fehlen. Gibt er dann im zweiten Stich den Herz-Siebener (Rufspiel!) zu, indem er diesen als 4. Karte (wir denken uns den Herz-Ober in der

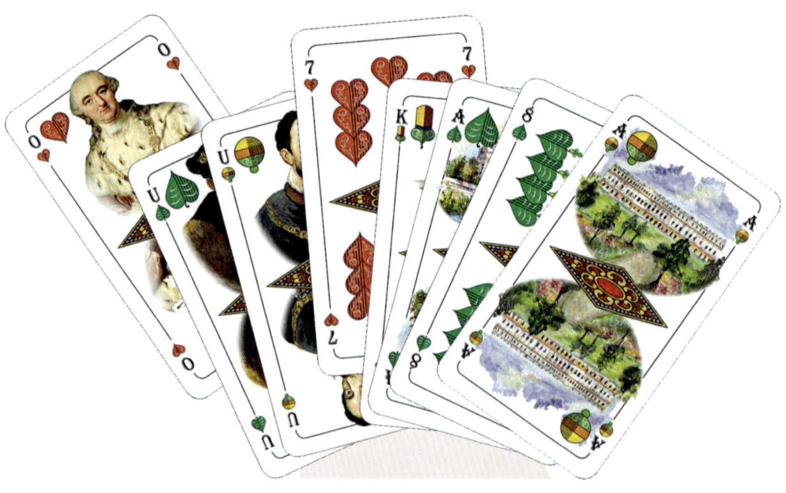

Zählfolge noch dazu) nutzt, dann wissen wir, dass er nun nur noch 2 Trümpfe haben wird.

Ähnlich verhält es sich, wenn unser Gegenüber jedesmal schnell „Weiter!" sagt oder besonders lange überlegt.

Sehr interessant war die Schafkopfrunde, die viele Jahre lang alle 14 Tage zusammenkam und von mir wissen wollte, wo der einzelne noch Verbesserungspotential hätte.

Am Schluss haben wir uns über die verschiedenen Charaktere unterhalten, da ich bereits nach den ersten 20 Spielen folgenden Eindruck hatte:

Der schlanke Günther war ein Maurer. Er spielte Rufspiele immer erst ab 6 Trümpfen oder 5 Trümpfen mit 2 Farben frei. Seine Mitspieler wussten, wenn er „Spiel" sagt, dann brauchen sie keinen „Dackel" mehr versuchen und können gleich das Geld herrichten.

Der Dieter mit Brille hat die Augen perfekt mitgezählt. Die Trümpfe hat er nur geschätzt. Hat er am Schluss „61" gesagt, kam keiner der anderen auf die Idee, das zu überprüfen. Im Gegenteil, alle waren froh, dass sie sich das „leidige Zählen" sparen konnten.

Der Sepp war eine Frohnatur, der unentwegt betonte, dass er nur aus „Gaudi" spielen würde. Entsprechend spielte er ein ungewinnbares Solo nach dem anderen.

Der Fritz hat dem Sepp ohne ein vernünftiges Blatt jedesmal eine Spritzn gegeben. Als ich ihn dann fragte, wieso er mit so einem Drecksblatt eine Spritzn hergibt, meinte er nur: „Der Sepp hat nie a gscheids Blattl!"

Oh lieber Gott, lass Hirn regnen.

In dieser Runde wird sich nichts ändern, solange jeder jeden kennt und genauso einschätzt, wie er tatsächlich ist.

Spieltechniken

Ich möchte keinesfalls behaupten, dass die nachstehenden Spieltechniken von anderen Schafkopfern nicht auch anders gespielt werden. Ich kann nur für mich sprechen: So spiele ich. Der fortgeschrittene Spieler handelt häufig intuitiv richtig. Würden nun auch noch einige Grundregeln bewusst angewandt, so könnte sich jeder Schafkopfspieler, unabhängig von der Sitzposition des Ausspielers und seines persönlichen Leistungsniveaus, zu einem echten und ehrfürchtigen Gegner entwickeln.

Mein persönlicher Lieblingsspruch kam vom Peter, einem der besten Schafkopfer, die ich kenne. Als ihn ein Naseweiß nach einem Spiel zu kritisieren versuchte, antwortete Peter ganz ruhig: *„I kons hoid ned bessa"*. Nach dem Spiel weiß jeder, was richtig und möglich gewesen wäre. Aber wenn alle gegnerischen Trümpfe auf einer Hand „tanzen", ist jede Diskussion überflüssig.
Berücksichtigt man die nachstehenden Tipps, natürlich abhängig von der Spielsituation, dann kann schon gar nicht mehr so viel passieren.

Aus Gründen der Übersichtlichkeit habe ich die Karten ausnahmsweise der Reihe nach angeordnet.

Im Spiel hängt es wesentlich vom Ausspieler ab, wer *Vorderhand*, *Gegenüber* oder *Rückhand* ist. Hier wurden diese Positionen starr und fest vergeben.

Vereinzelt bietet sich ein Nachspielen der Spieltechniken mit eigenen Spielkarten an, um die Logik dahinter zu verstehen.

1. *Die eigenen Augen und gefallenen Trümpfe immer mitzählen.*
2. *Wichtig ist, nicht nur die Augen mitzuzählen, sondern auch die Trumpfanzahl.*
3. *Karten nicht ordnen, damit sich die Gegner nicht daran orientieren können.*
4. *Wenn Gegner ihr Blatt zusammenstecken, darauf achten, auf welcher Seite und in welcher Reihenfolge die Trümpfe sitzen.*

Die verschiedenen Klassifizierungen teile ich folgendermaßen ein:

- Unverlierbar (Omaspiel)
- Gute Perspektive (da kann man nicht nein sagen)
- Mäßige Gewinnchance (kannt gehn)
- Schlechte Karten (da huift nur no Glück)

Sauspiele

- **(Fast) unverlierbares Rufspiel**

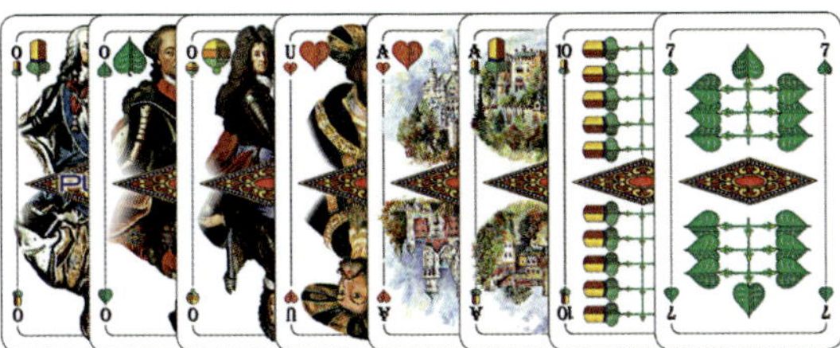

- **Sehr gutes Rufspiel**

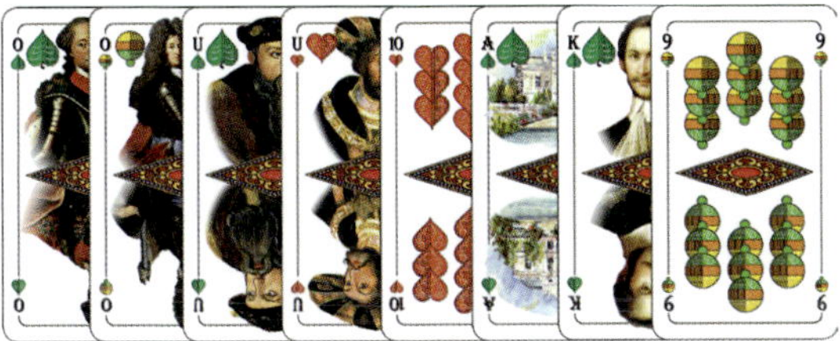

- **Mäßiges Rufspiel**

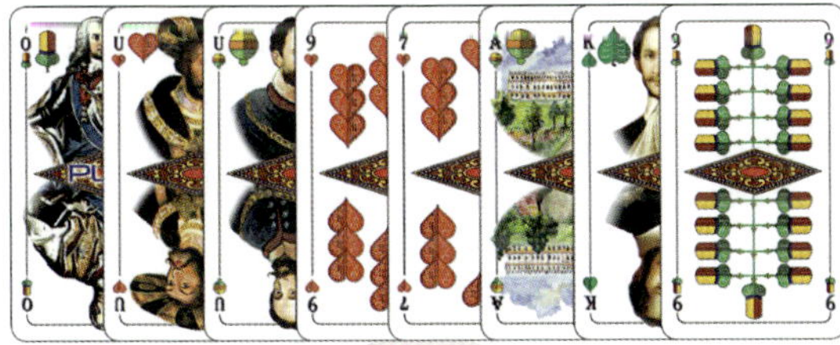

- **Schlechtes Rufspiel**

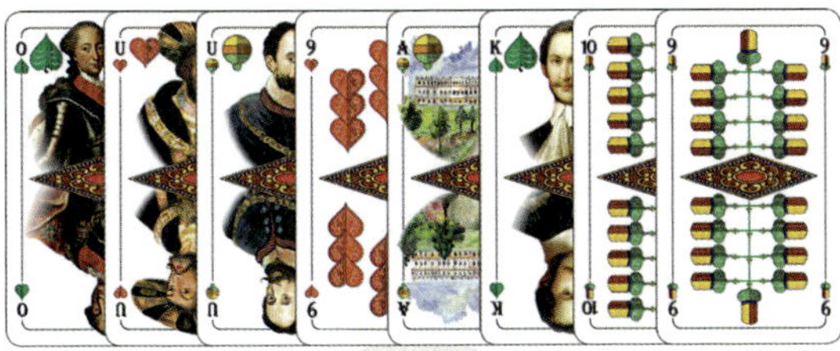

- **Ganz normales Sau-/Rufspiel**

Der Partner eines Spielers beim Sauspiel ist nur Helfer. Deshalb muss er dem Spielmacher seine höchsten Trümpfe sofort zeigen.

Hier würdest *Du* „weiter“ sagen und *Vorderhand* sagt „ich spiele“. *Gegenüber* und *Rückhand* sind „weiter“. *Vorderhand* sagt „mit der Blauen“ und kommt gleich mit dem Ober-Eichel raus (alternativ mit dem König-Herz). *Gegenüber* gibt 7er-Herz, *Rückhand* 8er-Herz und *Du* 10er-Herz zu.

Im 2. Stich kommt *Vorderhand* klein raus mit König-Herz. *Gegenüber* will die Sau suchen und sticht mit Ober-Herz, worauf *Rückhand* nur 9er-Herz zugibt. *Du* übernimmst natürlich mit Ober-Gras.

Und jetzt zeigst *Du* Deinem Partner, der *Vorderhand* sitzt, dass *Du* zu ihm gehörst und spielst Trumpf mit

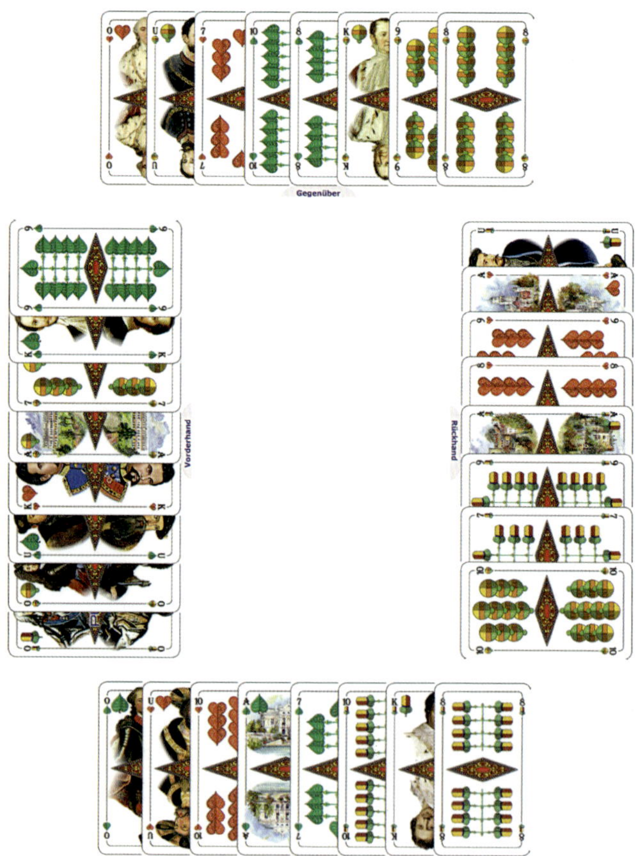

Unter-Herz. *Vorderhand* kennt sich aus und gibt den noch verbleibenden höchsten Trumpf, den Ober-Schellen, zu. *Gegenüber* gibt Unter-Schellen zu und *Rückhand* muss schweren Herzens seine Sau-Herz zugeben.

Der Spieler, *Vorderhand* zieht eine Zwischenbilanz. Es sind 12 Trümpfe weg, die 41 Augen eingebracht haben, und er hat selbst noch einen Trumpf, der nicht der höchste ist.

Deshalb muss er den Gegner einmal stechen lassen, weshalb er die Sau-Schellen als Lockvogel probiert.

Vorderhand spielt Sau-Schellen. *Gegenüber* gibt 8er-Schellen zu und *Rückhand* muss 10er-Schellen zugeben. *Du* bist Schellen frei und schmierst 10er-Eichel. Das sind 72 Augen. Unser Ziel heißt jetzt, den Gegner Schneider Spielen. Deshalb müssen wir jetzt vermutlich die Ruf-Sau opfern.

Vorderhand spielt 9er-Gras an. *Gegenüber* schmiert 10er-Gras auf Verdacht und *Rückhand* sticht mit dem Unter-Eichel ein. Jetzt gibst *Du* die Sau-Gras zu.

Rückhand versucht Schneiderfrei zu werden und spielt Sau-Eichel raus. *Du* gehst auf Nummer Sicher und gibst den 8er-Eichel zu. Nun kann *Vorderhand* mit dem Unter-Gras stechen. *Gegenüber* hat kein Eichel und gibt 9er-Schellen zu.

Vorderhand kommt mit dem höchsten Gras, König-Gras raus, *Gegenüber* gibt 8er-Gras zu und *Rückhand* muss 7er-Eichel zugeben. *Du* hast zwar auch nur den 7er-Gras, aber mit 89 Augen ist der Gegner noch nicht Schneider. Mehr geht nicht.

Vorderhand spielt 7er-Schellen, *Gegenüber* sticht mit König-Schellen und *Rückhand* gibt 9er-Eichel zu. *Du* gibst den König-Eichel zu.

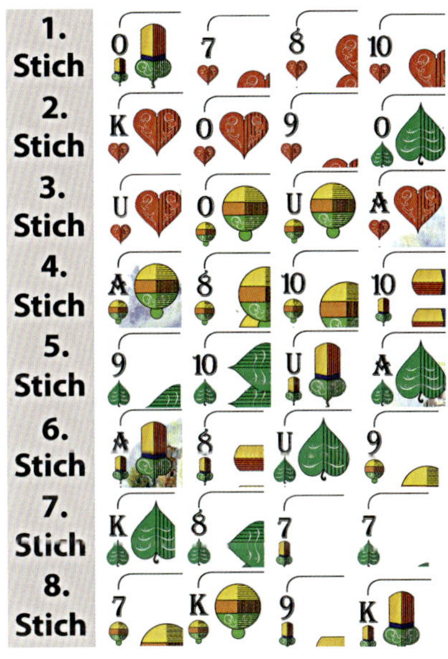

Farben und Säue, selbst die Ruf-Sau, sollten vom Spieler oder seinem Partner erst gespielt werden, nachdem möglichst viele Trümpfe gezogen oder weg sind.

Beim Sau- oder Rufspiel sollten die Gegenspieler immer die Ruf-Sau suchen, egal ob mit einer Karte in der Ruffarbe oder mit dreien.

Ist man im Rufspiel eine Farbe frei, so sollte man es dem Partner zeigen, indem man farbelt.

Spiele, die nicht zu gewinnen sind, sollten mindestens zum Schneiderfrei führen. Der Geld- oder Punkteunterschied beträgt schlappe 50 bzw. 100%.

Als Spieler niemals mit Trumpf-Zehn oder Trumpf-Sau stechen, außer in Rückhand oder wenn keine Trümpfe mehr da sind. Eine Ausnahme ist, wenn man dadurch den Gegner provozieren kann, damit dieser mit einem hohen Trumpf einsticht.

Als Spieler oder dessen Partner immer Trumpf spielen, bis alle weg sind. Nicht farbeln, außer man will zeigen, dass man eine Farbe frei ist.

„Hast Du Sau und Zehn gesehn, musst Du von der Farbe gehn", also nicht die Farbe ständig nachspielen, damit sich der/die Gegner durch abspatzen freimachen können.

Der Mitspieler sollte nicht davonlaufen, wenn die Sau fünffach besetzt ist.

Um als Spieler seinen Partner zu finden, kann man einen kleinen Trumpf anspielen, auch „Gänse mästen" genannt.

Nichtspieler sollten Säue anspielen, vor allem, wenn diese alleinstehen.

Wenn ich keine Sau im Rufspiel habe und damit keine Chance, gerufen zu werden, dann spiele ich auch mit 3 Trümpfen, sofern ich nicht alle Farben habe.

Hat mein Mitspieler einen sicheren Stich (z.B. mit Eichel-Ober), dann max. schmieren, außer wenn alle Trümpfe weg sind und man mit Sau oder zehn am Schluss stehen bleiben kann (die restlichen Stiche heimbringt).

Eine Ruf-Sau hat gute Chancen durchzugehen (nicht gestochen zu werden), wenn ich in der Ruffarbe nur eine oder max. 2 Karten habe.

Mit 3 Farben ohne Sau sage ich grundsätzlich „weiter". Da der Gegner allein mit seinen Säuen zumachen kann, noch ehe ein Trumpf gefallen ist.

Einmal hoch und einmal nieder! Trümpfe spielen beugt einem Zusammenfall der Trümpfe vor.

Wenn man mehrere Farben zur Auswahl hat um eine Ruf-Sau zu suchen, dann sollte man die Farbe mit den wenigsten Karten in der Farbe und der höchsten Augenzahl wählen.

Sitzt man in der Rückhand-Position, dann können auch gewagtere Spiele riskiert werden.

Beim Sauspiel im falschen Moment davonlaufen

Ein fast unverlierbares Rufspiel!

Rückhand kommt raus und sagt gleich „weiter". *Du* sagst „ich würde spielen". *Vorderhand* und *Gegenüber* erklären „ist recht".

Rückhand möchte zeigen, dass er zum Spieler gehört und läuft mit dem 7er-Eichel davon (spielt, da er mehr als 3 Karten in Eichel besitzt, unter der Sau-Eichel aus).

Hätte er hier ein kleines Herz angespielt, wäre das Spiel völlig anders verlaufen. Aber *„das Unglück über Feldmoching"* nimmt seinen Lauf.

Du gibst den 10er-Eichel ab, *Vorderhand* sticht mit Sau-Herz und *Gegenüber* muss König-Eichel bedienen.

Vorderhand hat die Wahl beim Ausspiel. 4 Schellen sind extrem riskant, also wird der 8er-Gras angespielt. *Gegenüber* sticht mit Unter-Gras. Von *Rückhand* kommt 7er-Gras und von *Dir* König-Gras.

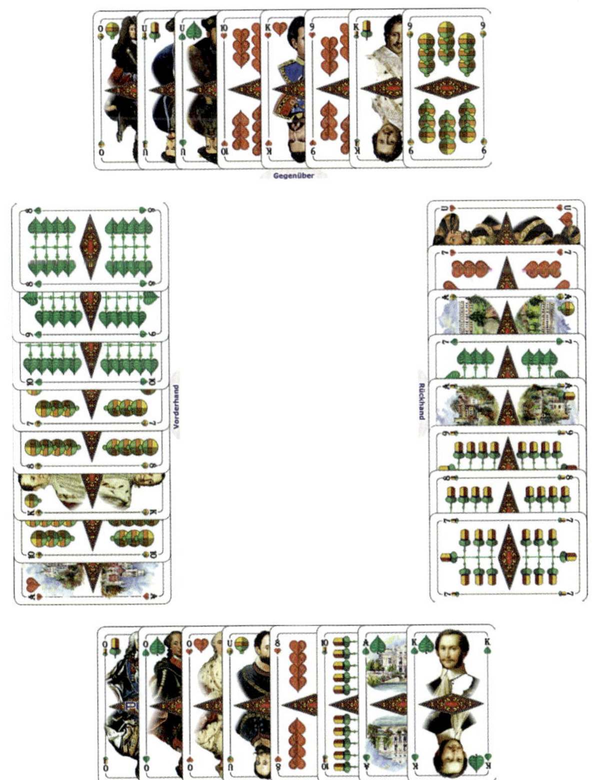

Gegenüber spielt 9er-Schellen an, *Rückhand* legt die Sau-Schellen rein und Du gehst auf Nummer sicher mit dem Unter-Schellen und von der *Vorderhand* 7er-Schellen.

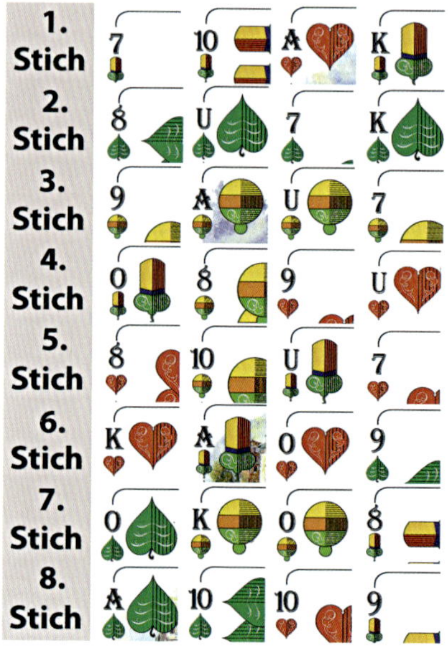

Du spielst jetzt nach der Regel, einmal Groß und einmal Klein, den Ober-Eichel. *Vorderhand* legt den 8er-Schellen ab und *Gegenüber* gibt 9er-Herz zu. *Rückhand* schmiert 2 Augen, mit dem Unter-Herz.

Jetzt spielst *Du* klein aus, den 8er-Herz. *Vorderhand* schmiert den 10er-Schellen, da er genügend Schmier hat. *Gegenüber* sticht mit Unter-Eichel. Das wäre ein Auge weniger, sofern *Rückhand* einen höheren Ober hat, was nicht der Fall ist. *Rückhand* muss 7er-Herz zugeben.

Die Gegner haben nun 43 Augen. Fünf Trümpfe sind noch im Spiel.

Gegenüber spielt König-Herz an. *Rückhand* traut sich die Sau-Eichel schmieren, da *Vorderhand* keinen Trumpf mehr hat und *Du* stichst mit Ober-Herz. *Vorderhand* bedient mit 9er-Gras.

Du spielst jetzt Ober-Gras vor und *Vorderhand* spatzt den König-Schellen ab. Da die Trümpfe jetzt klar sind, schmeißt *Gegenüber* den weniger zählenden Ober-Schellen ab und *Rückhand* den 8er-Eichel.

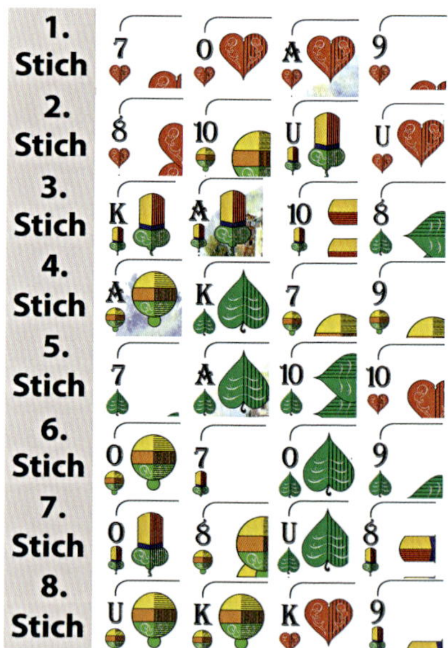

Der Rest ist logisch. *Du* spielst Sau-Gras, *Vorderhand* schmiert 10er-Gras und *Gegenüber* sticht mit 10er-Herz. *Rückhand* hat nur noch 9er-Eichel.

Damit ist das Spiel mit 46 Augen verloren.

Wie wäre das Spiel verlaufen, wenn *Rückhand* nicht davongelaufen wäre, sondern den 7er-Herz angespielt hätte? Dann hättest *Du* das Spiel mit 64 Augen gewonnen, trotz der starken Trumpfeindeckung von *Gegenüber*.

Sitzt der Spieler in Mittelhand, kann's ganz schön gefährlich werden (für ihn).

Die Trumpfverteilung würde eigentlich auf einen klaren Spielausgang hindeuten. Doch dem ist nicht so.

Das Spiel hat *Rückhand* gegeben und *Du* bist Erster.
Du sagst „weiter" und *Vorderhand* erklärt „ich spiele". *Gegenüber* und *Rückhand* haben ebenfalls „weiter". Daraufhin bestimmt *Vorderhand* „ich spiele mit der SchellenSau".

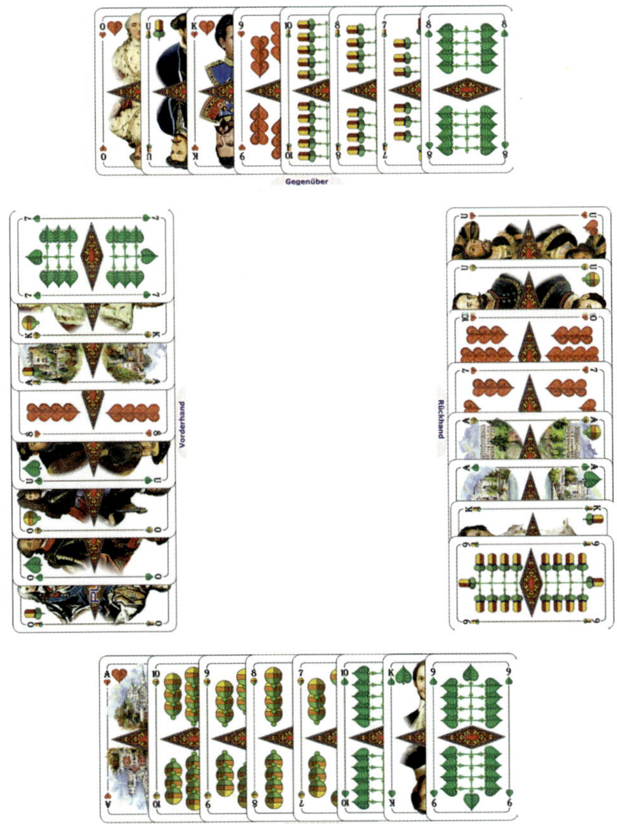

Du spielst den Viererzug an, mit dem 10er-Schellen, da feststeht, dass dein Partner frei ist (6 Schellen insgesamt). *Vorderhand* gibt den König-Schellen zu, *Gegenüber* sticht mit König-Herz (4 Augen) und *Rückhand* gibt gezwungenermaßen Sau-Schellen zu.

Gegenüber hat 3 Eichel, weshalb sich auch hier der 10er-Anzug anbietet. In der Hoffnung, dass *Du* entweder frei bist oder selbst die Sau hast.

Rückhand hat 9er-Eichel, *Du* stichst mit deinem einzigen Trumpf, der Sau-Herz. *Vorderhand* hat die Sau-Eichel. Das war's, 61 Augen, *„der Sack is zua"*.

Du könntest Schellen nachspielen, aber da auch *Rückhand* frei wäre, würdest *Du* deinen Mitspieler (*Gegenüber*) nur in eine Zwangslage bringen. Also bietet sich der 9er-Gras an.

Vorderhand gibt den 7er-Gras zu. Hätte er diesen Spatzen nicht, hätte er bestimmt ein Solo gespielt. *Gegenüber* bedient mit 8er-Gras und *Rückhand* sticht mit Sau-Gras.

Rückhand spielt Trumpf und legt den 7er-Herz raus. *Du* bist abwartend, denn *Du* hast nur noch den König und den Zehner zum Schmieren. Deshalb bietet sich der König-Gras an, um *Vorderhand* etwas zu reizen. Was macht *Vorderhand* in der Zwickmühle? Er sticht mit Ober-Schellen und wird von *Gegenüber* mit Ober-Herz gestochen.

Jetzt ist es vorbei. *Gegenüber* kommt mit 7er-Eichel raus, *Rückhand* sticht mit König-Eichel ein, *Du* gibst 7er-Schellen zu und *Vorderhand* übernimmt mit 8er-Herz.

Jetzt beginnt das Schlachtfest!

Vorderhand zieht mich Ober-Eichel, den Unter-Eichel von *Gegenüber*, *Rückhand* schmiert 10er-Herz und *Du* gibst 8er-Schellen zu.

Danach *Vorderhand* mit Ober-Gras. *Gegenüber* mit 9er-Herz, *Rückhand* gibt Unter-Schellen zu und *Du* hast 9er-Schellen.

Vorderhand spielt Unter-Gras, *Gegenüber* 8er-Eichel, *Rückhand* Unter-Herz und *Du* 10er-Gras.

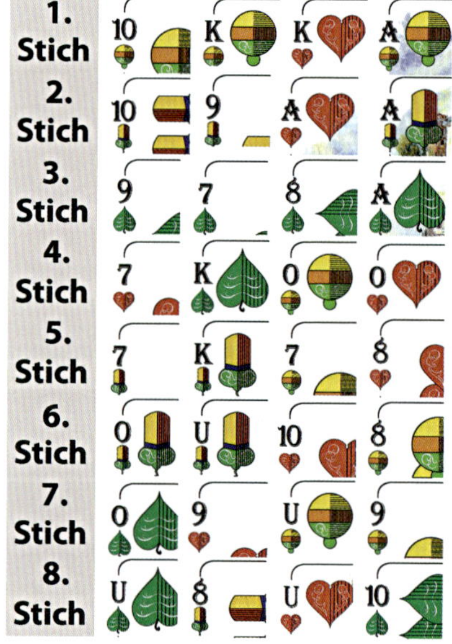

Solospiele

- (Fast) unverlierbares Solo

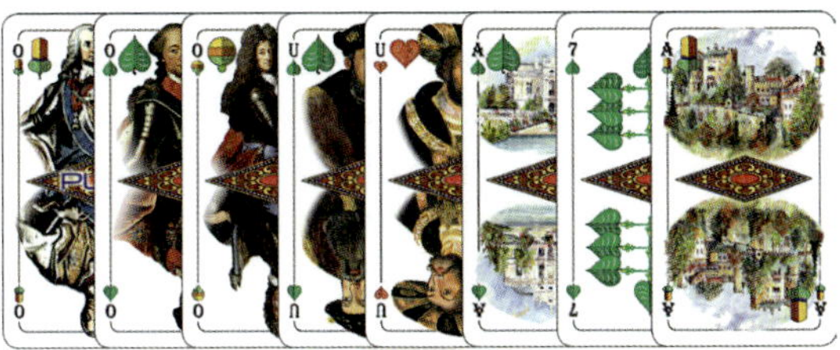

- Sehr gutes Solo

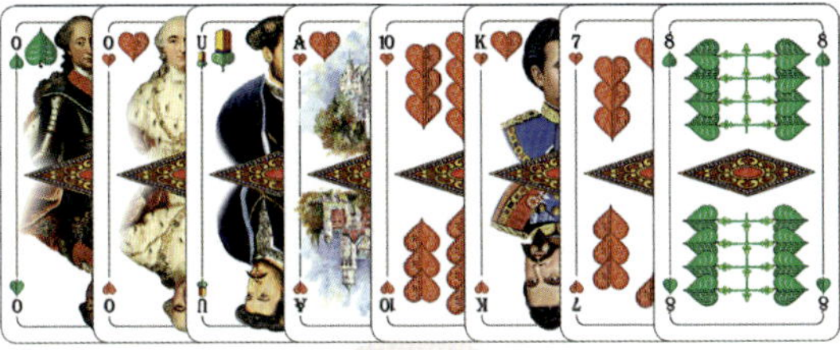

- Mäßiges Solo

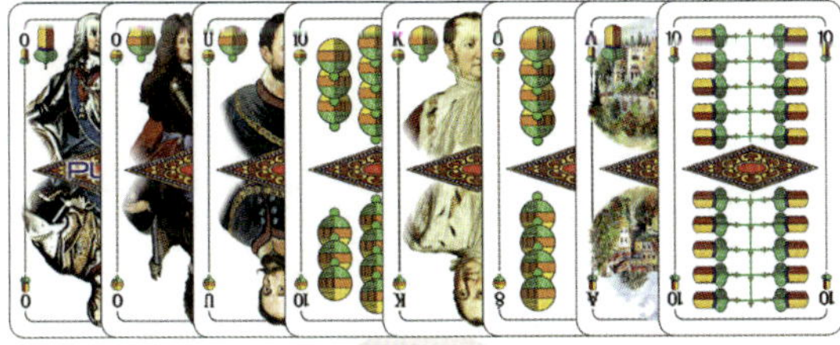

- Schlechtes Solo

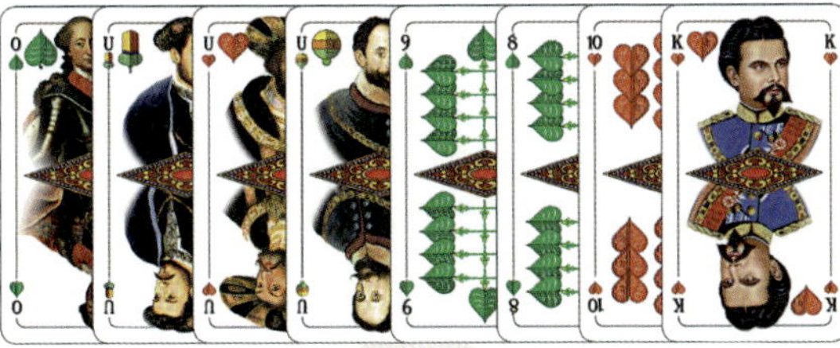

Beim Solo übernimmt das Anspielen eine wichtige Rolle

Mut zum Risiko!
Solche Spiele können grundsätzlich auch ganz unterschiedlich enden und sollten nur vereinzelt gewagt werden, sind aber durchaus überlegenswert, wenn zuvor alle „weiter“ sagen.

Du hast gegeben. *Vorderhand* ist Erster, sagt „weiter“, wie auch *Gegenüber* und *Rückhand*.
Du sagst: „Ich spiele ein Herz-Solo“.
Im ersten Stich spielt *Vorderhand* seine Farbe an (Schellen) die er dreimal hat. *Gegenüber* kann mit König-Herz stechen und *Rückhand*

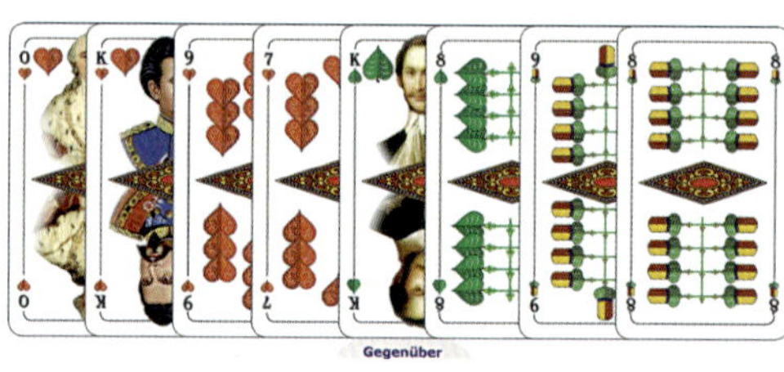

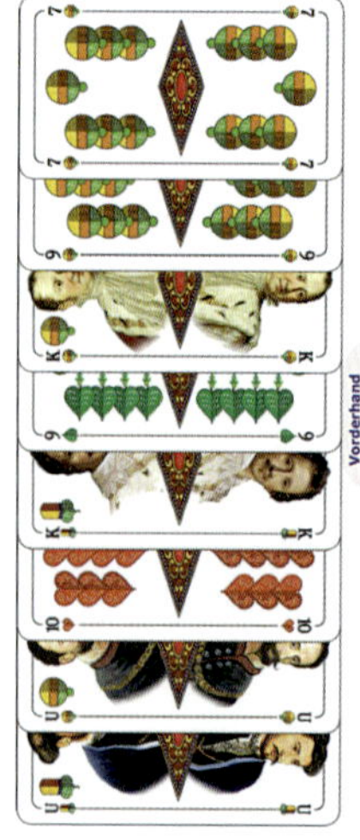

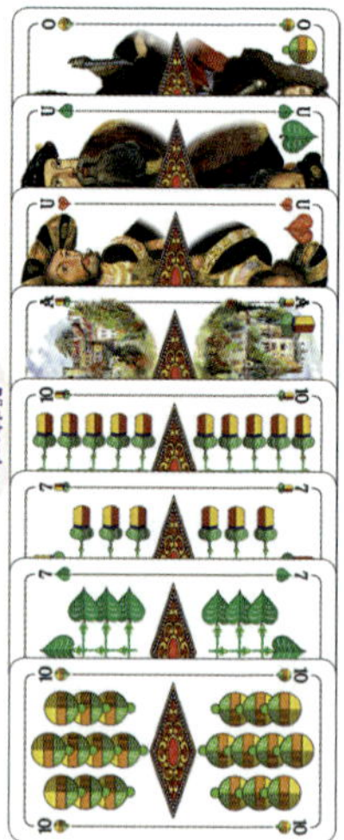

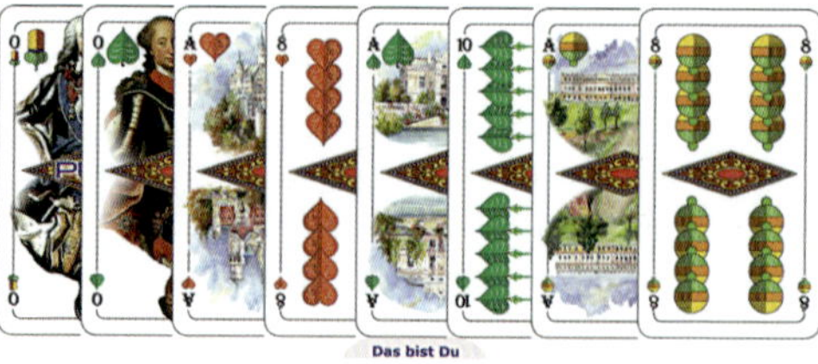

schmiert zwangsläufig den 10er-Schellen. *Du* gibst 7er-Schellen zu.

Nun kommt *Gegenüber* mit 8er-Eichel raus, in der Hoffnung, dass entweder *Du* ein Eichel hast oder *Vorderhand* frei ist. *Rückhand* sticht mit Sau-Eichel. *Du* stichst mit Sau-Herz und *Vorderhand* gibt König-Eichel zu.

Jetzt ziehst *Du* Ober-Gras an (Verwirrung, da die Hoffnung besteht, ein Partner könne den Ober-Eichel haben). Deshalb schmiert *Vorderhand* den 10er-Herz, *Gegenüber* gibt 7er-Herz zu und *Rückhand* bedient mit Unter-Herz.

Du spielst jetzt den Ober-Eichel. *Vorderhand* gibt Unter-Schellen zu, *Gegenüber* 9er-Herz und *Rückhand* Unter-Gras.

Zwischenbilanz: *Du* hast mit 3 Stichen 48 Augen.

Schellen wurde schon mal gespielt, also würde ich die Sau-Gras vorlegen, *Vorderhand* ist mit 9er-Gras dabei, *Gegenüber* gibt 8er-Gras zu und *Rückhand* 7er-Gras. Das sind aber erst 59 Augen. Mit *Deinem* Trumpf sind insgesamt noch 4 Trümpfe im Spiel. Sau-Schellen und 10er-Gras sind in den beiden Farben die höchsten. Nachdem am Anfang alle „weiter" gesagt haben, können wir davon ausgehen, dass keiner mehr als 4 Trümpfe hatte.

Deshalb ziehst *Du* Deinen letzten Trumpf an. Von *Vorderhand* kommt Unter-Eichel, von *Gegenüber* Ober-Herz und von *Rückhand* Ober-Schellen.

Der Ausgang des Spiels hängt jetzt vom *Gegenüber* ab. Spielt er König-Gras, hast Du gewonnen, mit 73 Augen. Besser wäre, er spielt er 9er-Eichel an (was ich tun würde, weil alle 14 Trümpfe weg sind und *Gegenüber* weiß, dass *Du* kein Eichel hast).

Also spielt *Gegenüber* den 9er-Eichel an, *Rückhand* setzt 10er-Eichel, *Du* gibst 10er-Gras zu, in der Hoffnung, dass bei *Rückhand* noch eine der Schellen steht. *Vorderhand* schmiert König-Schellen.

Der Schluss ist klar. *Rückhand* legt 7er-Eichel vor, *Du* gibst Sau-Schellen zu, *Vorderhand* 9er-Schellen und *Gegenüber* König-Gras. *Du* hast mit 59 Augen verloren.

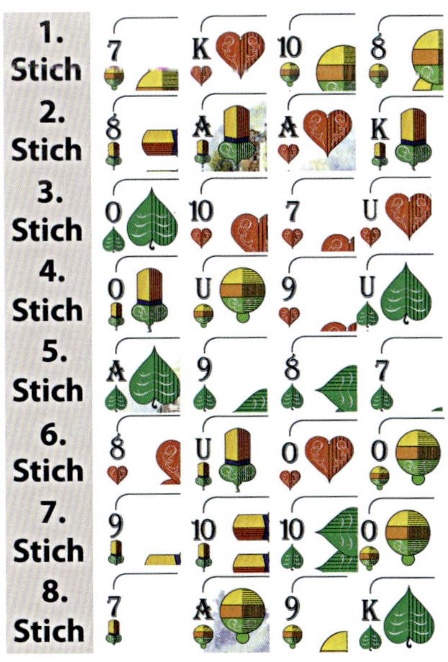

Mir ging es bei dieser Variante darum zu zeigen, dass Sieg oder Niederlage nicht von vorneherein feststehen, da die Entscheidungen der Gegner massiven Einfluss auf den Spielverlauf haben.

Wie wäre das Spiel verlaufen, wenn *Vorderhand* mit Gras rausgekommen wäre? Dann hättest *Du* mit 77 Augen gewonnen. Deshalb ist eine pauschale Kommentierung in jedem Fall zu hinterfragen.

Natürlich ist dies kein Solo, das man immer und überall so spielen muss.

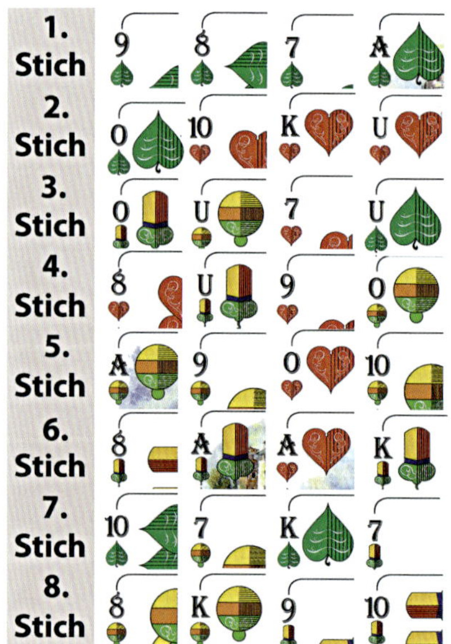

Bei einem Solo sind 2 abzugebende Stiche in Ordnung. Bei 3 Stichen dürfte das Risiko zu hoch sein, dass es verloren wird.

Zumindest sollte die Wahrscheinlichkeit, ein Spiel zu gewinnen, bei über 50% liegen. Dazu muss man aber die kalkulatorischen Fakten kennen.

Beim Solo erst alle Trümpfe ziehen, ehe man Säue anspielt.

Beim Solo als Gegner möglichst früh die Fehlfarbe suchen, solange noch eine Schmier da ist.

Als Solospieler die Fehlfarbe möglichst früh abspatzen, da in den letzten 2 Stichen meist geschmiert wird.

Frühes Abspatzen entscheidet bei Solo oder Rufspiel oft über das Spiel

Beim Solo hat der Spieler meist einen und beim Rufspiel gerne auch 2 Spatzen, von denen man sich freimachen sollte.

Du spielst ein Schellen Solo und der Vordermann kommt raus.

Der Vordermann kommt gleich mit einer Sau raus, die *Du* frei bist. Nun würde ich die Entscheidung davon abhängig machen, wie viele Augen es kostet, sich hier abzuspatzen.

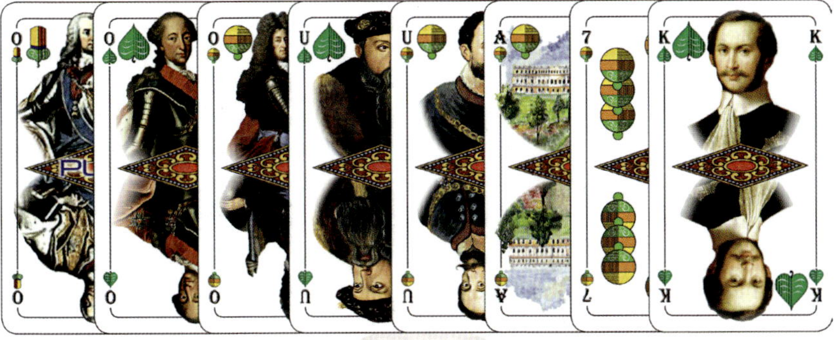

Das bist Du

Grundsätzlich sind weniger als 20 Augen optimal, wenn Du danach wieder wie hier in Hinterhand kommst.
Wird dagegen ein Zehner geschmiert, dann sollte man mit der Trumpf-Sau den Stich nach Hause bringen, da er schon die „halbe Miete“ wäre.

„Beiwerk“ (augenlose Farbkarten) lösen können.

Eine andere Situation wäre, wenn *Du* durch das Abspatzen in die Mittelhand gerätst.

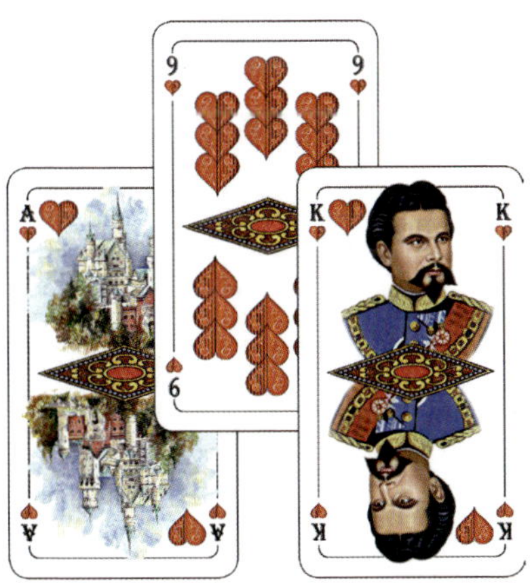

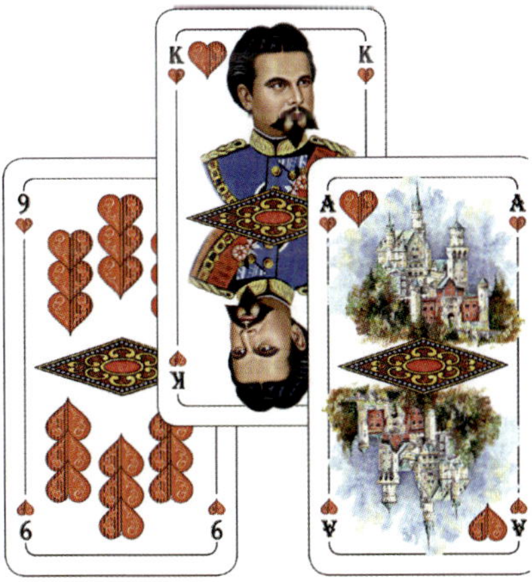

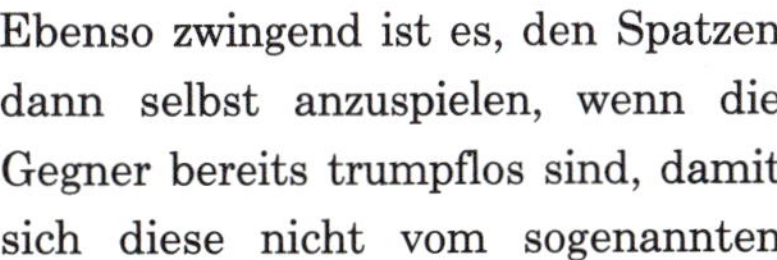

Ebenso zwingend ist es, den Spatzen dann selbst anzuspielen, wenn die Gegner bereits trumpflos sind, damit sich diese nicht vom sogenannten

In diesem Fall würde ich mich nicht abspatzen, sondern ebenfalls mit der Trumpf-Sau stechen. Danach den blauen Ober (Ober-Gras) anziehen.

Sobald der Trumpf-Zehner da ist, den kleinen Trumpf (7er-Schellen) vorspielen, es sei denn, der Ober-Herz oder der Unter-Eichel ist „gefallen“.

Man sieht also, dass für eine Entscheidung die Sitzposition und die Augen sehr wichtig sind, wobei die Vorderhand und die Rückhand eindeutig die besten Positionen sind.

Wasserspritzen

Eine Wasserspritze ist eine schlechte Spritze, die in der Regel verloren wird, da die Partner auch noch von der falschen Annahme ausgehen, der Spritzende sei besonders gut mit Trümpfen bestückt, weshalb gerne im falschen Moment geschmiert wird.

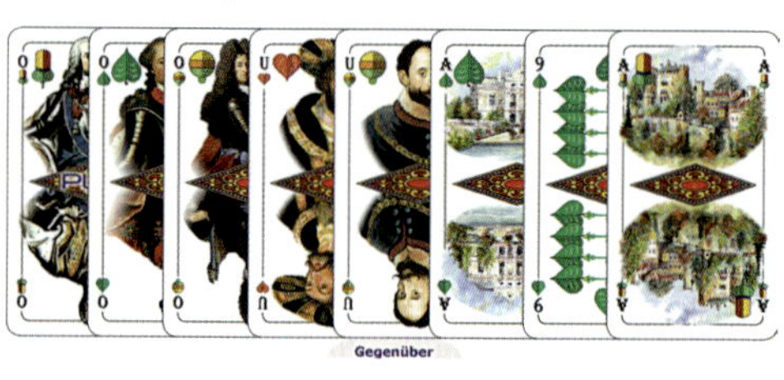

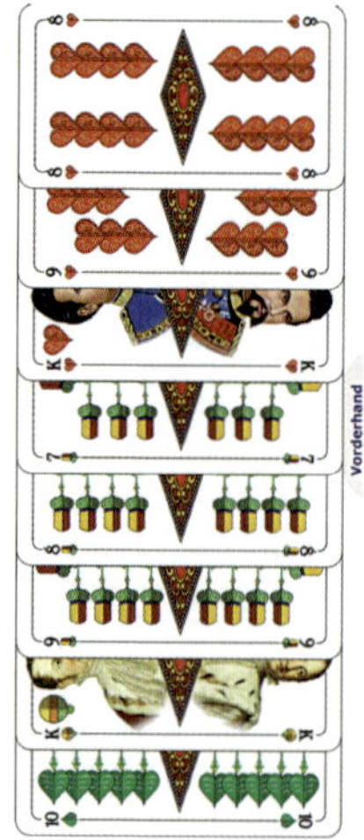

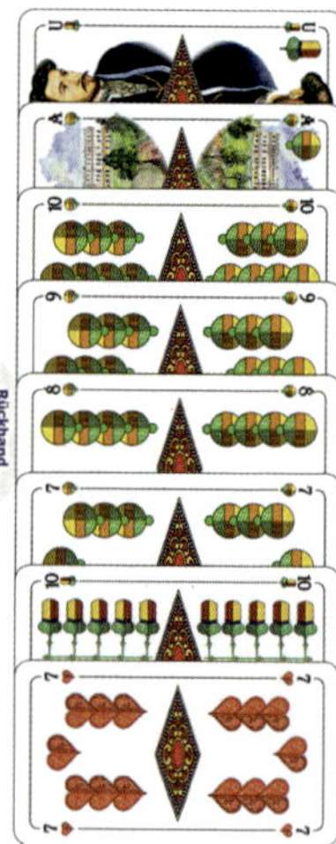

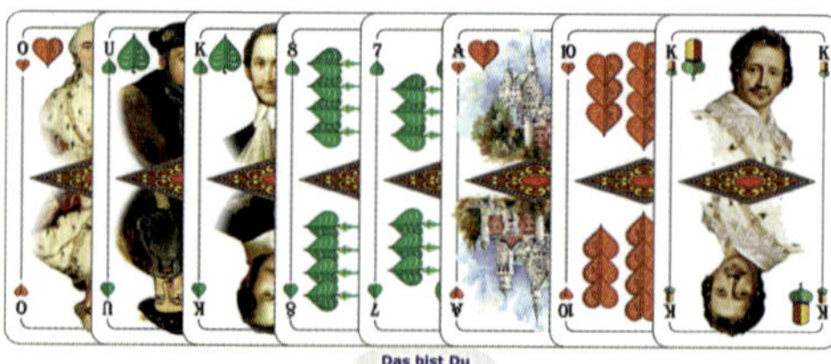

Unter 3 sicheren Stichen niemals spritzen. Auch hier lauert noch die Gefahr, dass der oder die Partner nicht schmieren können, da sie noch kleine Trümpfe haben.

Diesmal kommt *Gegenüber* raus. Er wird gleich ansagen „ich spiele". Die anderen sagen „ist recht". *Gegenüber* sagt „Gras-Solo" an und kommt raus mit dem Ober-Eichel. Ehe eine zweite Karte rausgelegt wird, sagst *Du* „Stopp und Spritze".
Jetzt gibt *Rückhand* den Unter-Eichel zu, *Du* den 7er-Gras und *Vorderhand* den 10er-Gras. Der Solospieler weiß nun, dass neben seinen 6 Trümpfen noch insgesamt 4 Trümpfe im Umlauf sind, wovon noch maximal 2 stechen, sofern sie auf einer Hand sind. Deshalb muss *Gegenüber* den Spritzer zum Stechen provozieren und spielt deshalb den Unter-Herz an. *Rückhand* schmiert Sau-Schellen, *Du* stichst mit Unter-Gras und *Vorderhand* gibt König-Schellen zu.
Du spielst Sau-Herz raus, in der Hoffnung einen Spatzen zu fangen. *Vorderhand* hat selbst 3 Herz und gibt deshalb nur 8er-Herz zu. *Gegenüber* sticht mit Sau-Gras. *Rückhand* gibt 7er-Herz zu.
Gegenüber spielt Unter-Schellen aus, da er damit den Ober-Herz fangen will. *Rückhand* schmiert natürlich 10er-Eichel, weshalb *Du* mit dem Ober-Herz stichst. *Vorderhand* gibt König-Herz zu – und das war's auch schon. Du hast 38 Augen.
Jetzt spielst *Du* in deinem Optimismus König-Eichel raus, *Vorderhand* gibt 7er-Eichel zu, *Gegenüber* sticht mit Sau-Eichel und *Rückhand* schmeißt 7er-Schellen weg.
Nun beginnt das *„alle Gewehre ins Rathaus, nix mehr wird gschoss'n"*! *Gegenüber* spielt Ober-Gras raus, *Rückhand* gibt 8er-Schellen zu, *Du* trennst dich von 8er-Gras und *Vorderhand* wirft 8er-Eichel weg.
Nun folgt von *Gegenüber* Ober-Schellen, *Rückhand* 9er-Schellen, *Du* König-Gras und *Vorderhand* 9er-Eichel.
Gegenüber holt sich mit dem letzten Stich und dem 9er-Gras, den 10er-Schellen von *Rückhand*, den 10er-Herz von *Dir* und den 9er-Herz von *Vorderhand*.
Deshalb Wasserspritzen! Hätte *Gegenüber* auch noch den Unter-Eichel gehabt, dann hätte er dich Schneider gemacht.

Wenz

- **(Fast) unverlierbarer Wenz**

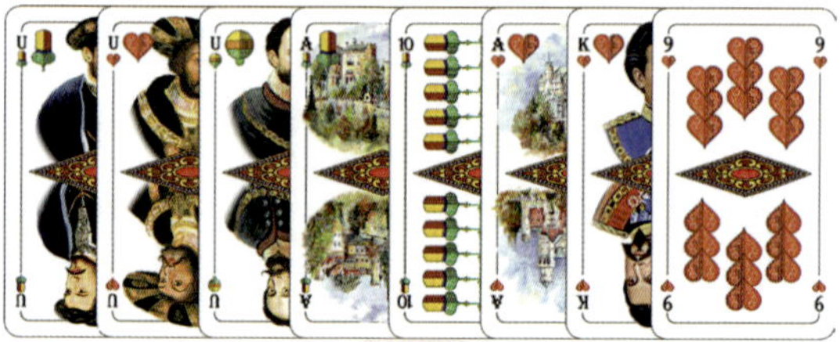

- **Sehr guter Wenz**

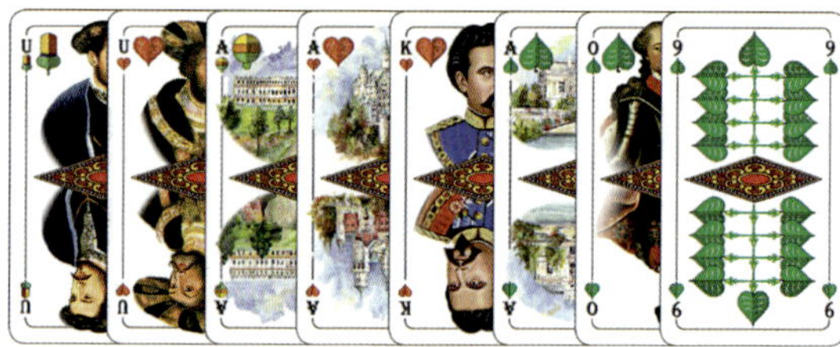

- **Mäßiger Wenz**

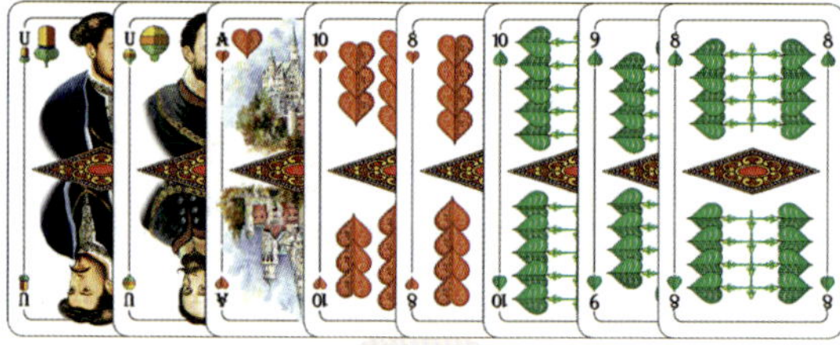

- **Schlechter Wenz**

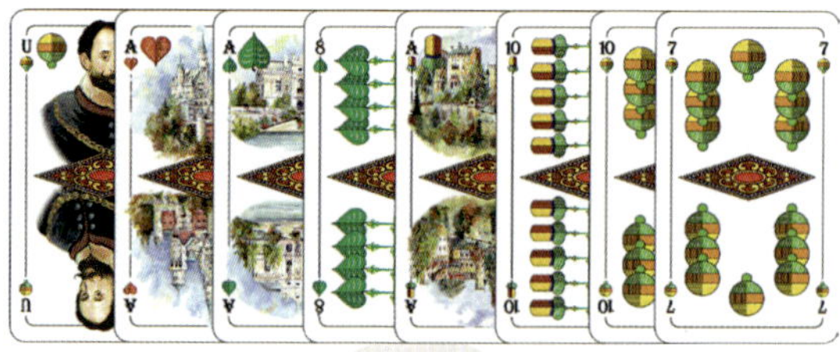

Es gibt Wenzen, die man spielen kann, aber nicht muss!

Der reine Schafkopf kennt keinen Farbwenz.

Bei einem Wenz sollten die Gegner möglichst Säue spielen, da dadurch der Spieler zum Stechen gezwungen wird.

Und was passiert, wenn man diese Regel nicht beachtet?
Vorderhand, *Gegenüber* und *Rückhand* haben „weiter".
Du spielst einen gewagten Wenz, indem *Du* ihn so ansagst: „Ich spiele einen".
Gegenüber kommt raus und spielt 9er-Gras an, was natürlich völlig falsch ist.

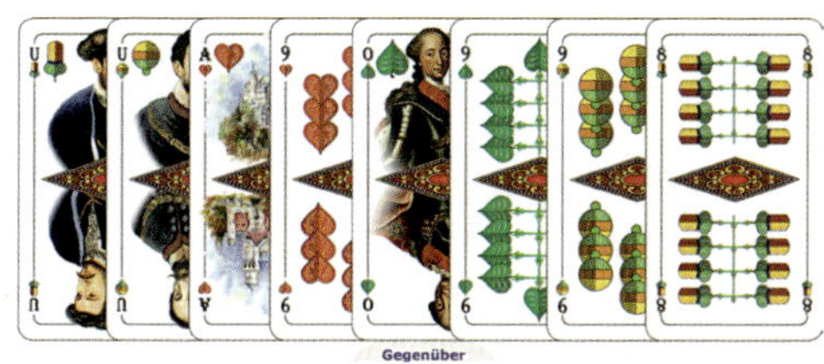

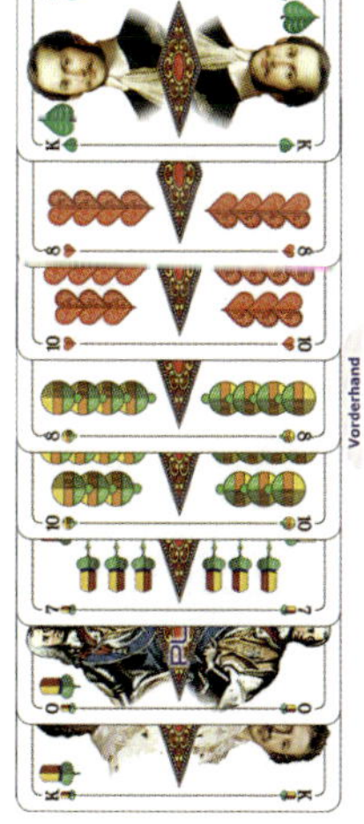

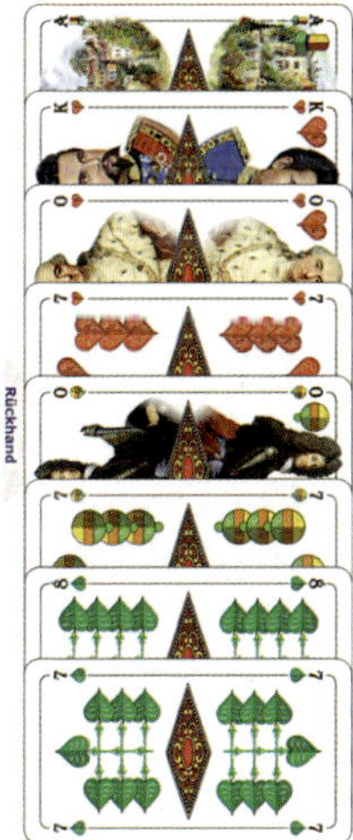

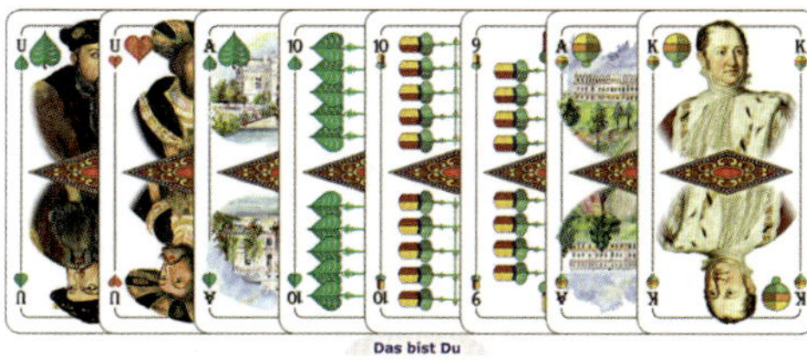

Er hätte Sau-Herz anspielen müssen. Aber *„schau ma moi"*!
Rückhand legt 7er-Gras rein, *Du* stichst mit Sau-Gras und *Vorderhand* hat den König-Gras.

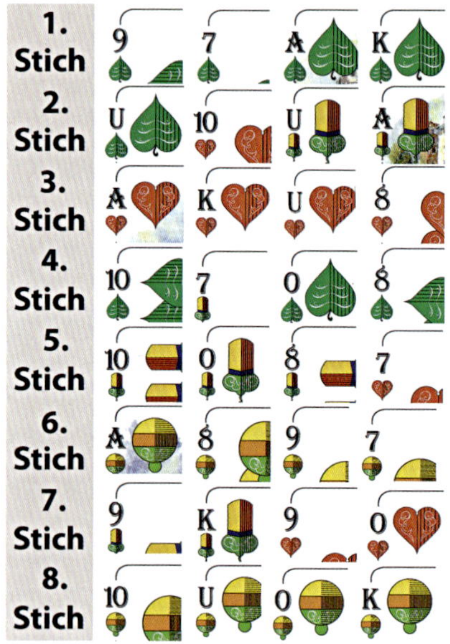

Du kommst mit Unter-Gras raus, in der Hoffnung, dass die Unter auseinander stehen. Aber Pustekuchen.
Vorderhand schmiert 10er-Herz, *Gegenüber* sticht mit dem Unter-Eichel und *Rückhand* schmiert Sau-Eichel.
Nun erst zieht *Gegenüber* die Sau-Herz an. *Rückhand* schmiert König-Herz und *Du* musst mit Unter-Herz einstechen. Von *Vorderhand* kommt 8er-Herz.
Nun spielst *Du* den 10er-Gras vor, damit *Gegenüber* zum Einstechen provoziert wird.

Von *Vorderhand* kommt nur 7er-Eichel, *Gegenüber* gibt Ober Gras zu und *Rückhand* bedient mit 8er-Gras.
Jetzt spielst *Du* 10er-Eichel an. *Vorderhand* gibt Ober-Eichel zu, *Gegenüber* den 8er-Eichel und *Rückhand* 7er-Herz.
Jetzt heißt es Alles oder Nichts. *Du* kommst mit der Sau-Schellen raus. *Vorderhand* gibt 8er-Schellen zu und *Gegenüber* hat noch den 9er-Schellen. *Rückhand* gibt 7er-Schellen zu.
Die Zwischenbilanz sagt 69 Augen. *Du* hast den Wenz gewonnen. Den Rest musst *Du* abgeben.

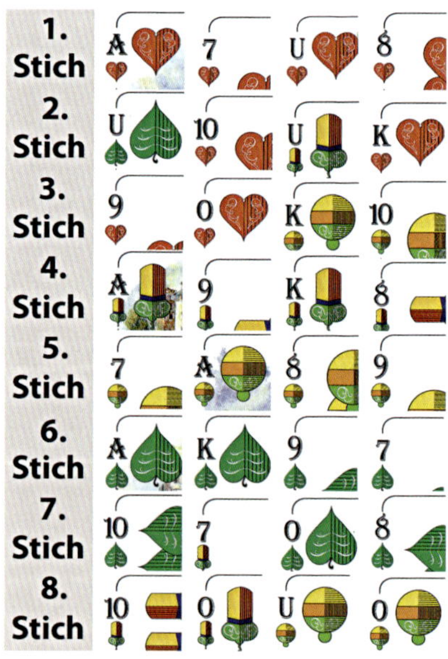

Was wäre passiert, wenn *Gegenüber* richtig die Sau Herz angezogen hätte? Ganz einfach. *Du* hättest verloren, da jetzt die Gegner 68 Augen haben.

Wenz ohne Säue geht (aber nicht immer).

Ich gebe zu, dass dies kein typischer Wenz ist. *Rückhand* hat gegeben, *Du* sagst „ich würde spielen", alle erklären „ist recht" und *Du* kommst raus.
Da die Wahrscheinlichkeit sehr hoch ist, auseinanderstehende Wenzen zu ziehen, legst *Du* den Unter-Eichel vor. *Vorderhand* gibt Unter-Gras, *Gegenüber* 9er-Gras und *Rückhand* den fehlenden Unter-Schellen zu.
Du spielst König-Eichel, *Vorderhand* setzt Sau-Eichel, *Gegenüber* Ober-Eichel und *Rückhand* 7er-Eichel.
Nachdem *Vorderhand* gestochen hat, bringt er jetzt die nächste Sau-Schellen. Von *Gegenüber* kommt 7er-Schel-

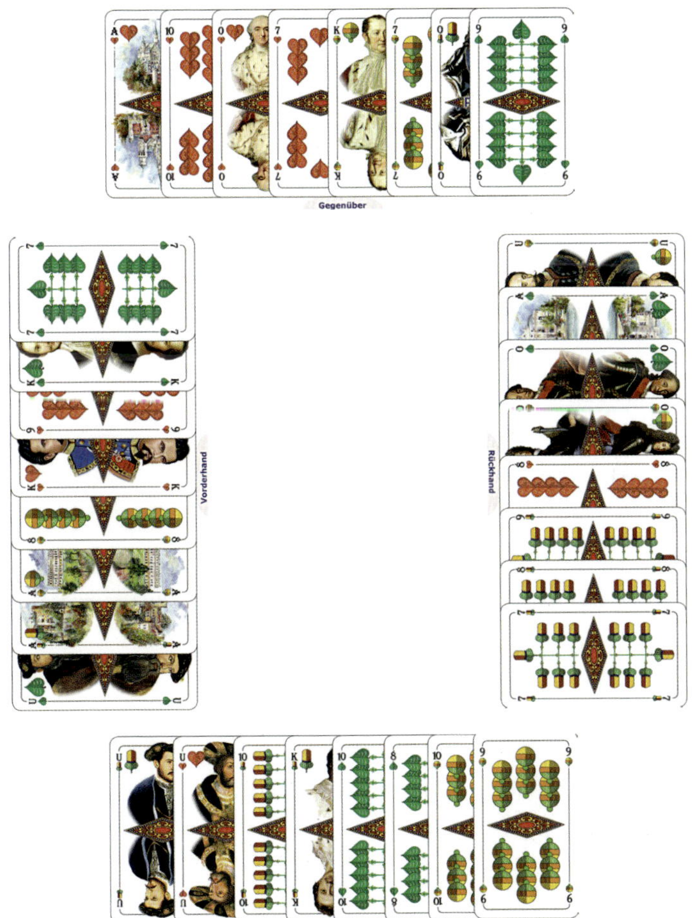

len, *Rückhand* hat Ober-Schellen und *Du* gibst 9er-Schellen zu.
Mit der nächsten Karte wird das Spiel entschieden. *Vorderhand* könnte Herz oder Gras anspielen und meint es mit *Dir* gut, indem 7er-Gras kommt. *Gegenüber* gibt 7er-Herz zu, *Rückhand* die Sau-Gras und *Du* den 8er-Gras.
Das war's! *Rückhand* bringt die vierte Farbe, 8er-Herz, *Du* stichst mit Unter-Herz, *Vorderhand* muss König-Herz zugeben und *Gegenüber* bedient mit 9er-Herz. Die drei Zehner werden jetzt der Reihe nach runtergespielt.
Ich möchte niemanden dazu ermuntern, so einen „Dackel“ zu spielen, aber *Du* hast damit 77 Augen gemacht.

1. Stich	U	U	9	U
2. Stich	K	A	O	7
3. Stich	A	7	O	9
4. Stich	7	7	A	8
5. Stich	8	U	9	O
6. Stich	10	8	K	8
7. Stich	10	K	10	9
8. Stich	10	K	A	O

Spielentscheidungen

Der richtige Anzug

Du kommst raus und spielst ein Eichel-Solo. Fest steht damit von vorneherein, dass 3 Unter, 3 Ober und der

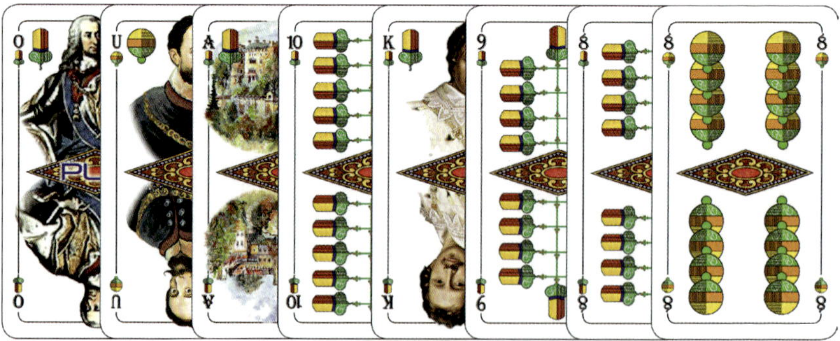

7er-Eichel auf 3 Spieler verteilt sind. Außerdem musst *Du* einen Spatzen abgeben, der mindestens 20 Augen kosten wird.
Deshalb benötigen wir eine Taktik.
Wenn *Du* den Ober-Eichel anziehst kannst du vermutlich 3 Trümpfe fangen, aber *Du* musst dann wieder rauskommen und die trumpffreien Gegner schmieren wie beim Brotstreichen.
Ich würde den 8er-Eichel anspielen und hoffen, dass nicht mehr als maximal 9 Augen für die Gegner zusammenkommen.
Meist wird dann eine Sau gespielt, die für *Dich* den Vorteil hat, dass *Du* sowohl bei der Sau-Gras als auch bei der Sau-Herz entscheiden kannst, ob *Du* den 8er-Schellen abspatzt oder mit der Sau-Eichel stichst, was wiederum von der Sitzposition abhängig ist.
Erst danach würde ich den Ober-Eichel spielen.

Sau- und Zehner-Trumpf fangen

Natürlich würde ich hier auch einen Tout spielen, sofern man selbst rauskommt. Aber wenn man nur ein schönes Solo spielen will, bietet sich an, den Ober-Eichel vorzuspielen und danach den Ober-Herz, da die Gegner den Ober Gras in ihren Reihen vermuten. So kannst *Du* den 10er- und die Sau-Trumpf am ehesten fangen.

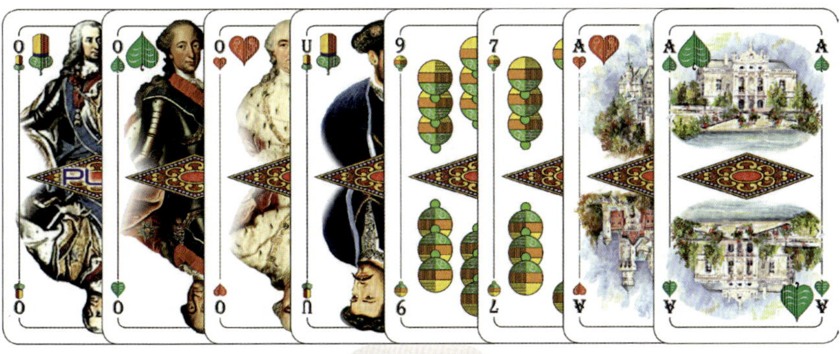

Ausspiel als Gegner bei einem Solo

Rückhand (unser Hintermann) spielt ein Herz-Solo und *Du* kommst raus. Damit sich der Solospieler nicht so einfach abspatzen kann, spiele ich keine Sau an, sondern eine beliebige Farbkarte. Hat ein Partner die Farb-Sau dazu, dann muss der Solospieler entweder stechen oder befindet sich, sofern er sich abspatzt, plötzlich in Mittelhand-Stellung.

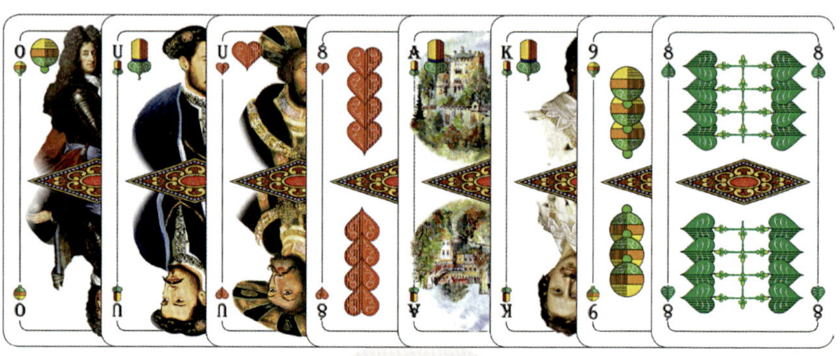

Das Nachspielen hat meist ein Nachspiel!

Nehmen wir an, *Rückhand* spielt ein Solo oder einen Wenz und *Du* kommst

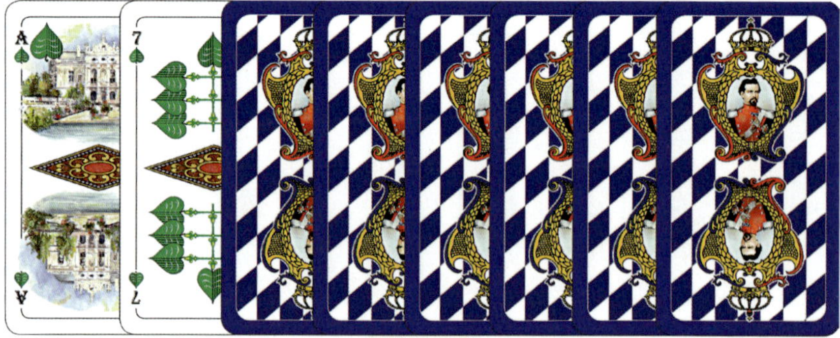

raus. *Du* spielst die Sau-Gras und alle können Gras zugeben. Schön! Würdest *Du* jetzt den 7er-Gras nachspielen, wären zum einen deine Partner in der Zwickmühle und würden rätseln, was sie zugeben sollen. Zum anderen wäre der Solospieler in der komfortablen *Rückhand* und kann in Ruhe entscheiden, ob er sich noch einmal abspatzt oder mit einem hochprozentigen Trumpf (z. B. Sau-Trumpf) sticht. Also sollte unter solchen Umständen auf das Nachspielen verzichtet werden.

Anders sähe es aus, wenn der Solospieler an *Vorderhand* sitzt und wenigstens ein Partner frei wäre, wodurch der Spieler häufig in Entscheidungsnot gerät.

Partner überstechen

Vorderhand spielt ein Gras-Solo und *Gegenüber* kommt mit Schellen raus und *Du* bist frei. In diesem Fall würde ich mit der Trumpf-Gras-Sau stechen und – sofern der Spieler ein Schellen mithat – den Viererzug in Form des 10er-Eichel nachziehen.
Hat der Spieler kein Schellen und sticht ein, dann ist die Sau ohnehin beim nächsten Trumpfanzug weg.

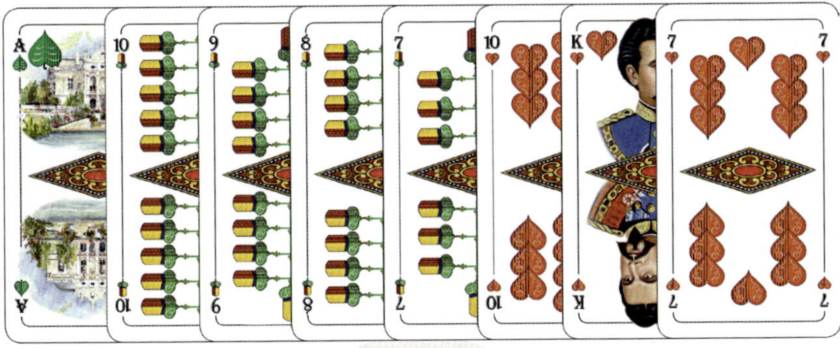

Unüberlegtes Schmieren

Vorderhand spielt ein Eichel-Solo. *Gegenüber* kommt mit der Sau-Schellen raus und *Rückhand* gibt den 7er-Schellen zu. Nachdem *Deine* Schmier auf 25 Augen (ohne Trümpfe) beschränkt ist, würde ich den 10er-Schellen aufsparen und den 9er zugeben.

Schmieren sollte nur bewusst erfolgen, also dann, wenn ich die Schmier nach Hause bringen, oder dann, wenn ich den Gegner damit provozieren kann, indem er beispielsweise mit einem hohen Trumpf „ohne Not" einsticht.

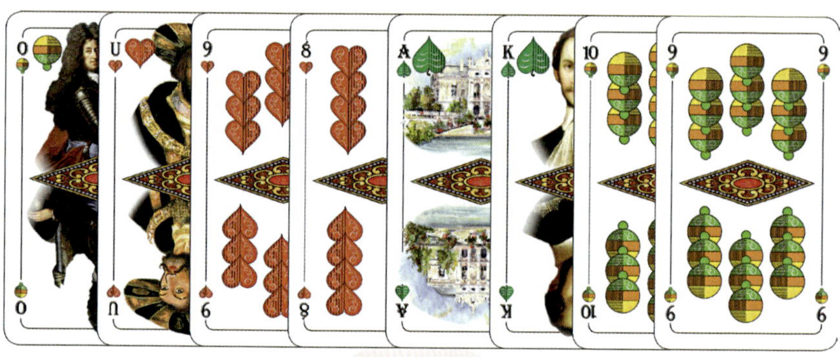

Verschiedene Spielüberlegungen

Solo oder Rufspiel?

Ein Großteil der mir bekannten Schafkopfspieler würde hier ohne mit der Wimper zu zucken ein Herz-Solo spielen.

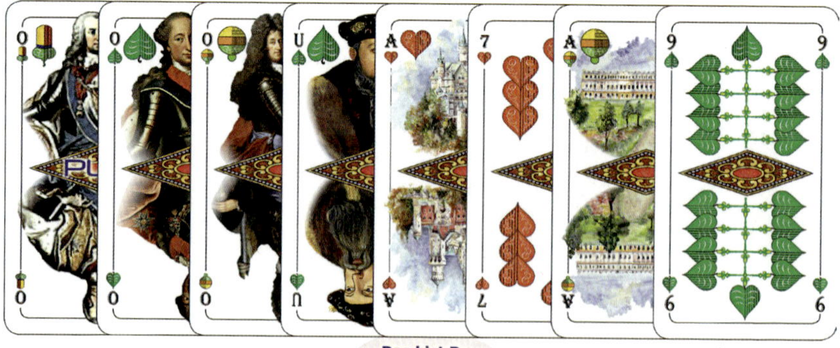

Aber analysieren wir die Karten doch einfach einmal.
Wenn Du rauskommst, kannst Du die Trümpfe natürlich anziehen. Sitzt Du an Rückhand, kommt es auf den Ausspieler an. Schlecht ist Mittelhand.
Ober-Herz und die drei Unter sowie weitere 4 Herz-Trümpfe macht schlappe 8 Trümpfe beim Gegner aus. Hinzu kommt der Gras-Spatz, der gut und gerne mit 25 Augen zu Buche schlägt. Ist zudem einer der Gegner schellenfrei, kann das Solo sogar Schneider verloren gehen.
Läuft das Solo Herz optimal und Du kommst raus, dann sind die Trümpfe so verteilt, dass ein Spieler 2 Trümpfe hat (am besten noch den Ober-Herz) und 2 Spieler je 3 Trümpfe.
Sobald alle Trümpfe zu Hause sind, spielst Du den 9er-Gras – und schon sind die Gegner Schneider. Daran sieht man, wie wichtig die Sitzposition ist.
Ein Sauspiel dagegen wäre da deutlich unproblematischer.
Ob Du ein Solo oder ein Sauspiel ansagst ist nicht wichtig. Entscheidend ist, dass Du Dein Spiel bewusst vorher analysierst. Das macht dann den herausragenden Schafkopfspieler aus.

Solo oder Wenz?

Ein durchaus spielbares Herz Solo. Es fehlen 8 Trümpfe, davon 2 Ober und 2 Unter.

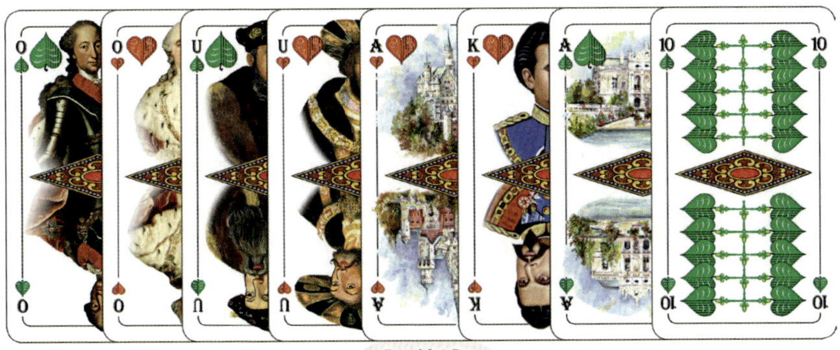

Das bist Du

Schauen wir uns einmal den Wenz an. Hier fehlen uns lediglich 2 Unter, die unter Umständen in einem Stich zusammenfallen. Lassen wir ruhig den 10er-Herz stechen. Alles in allem ist der Wenz die sicherere Variante.

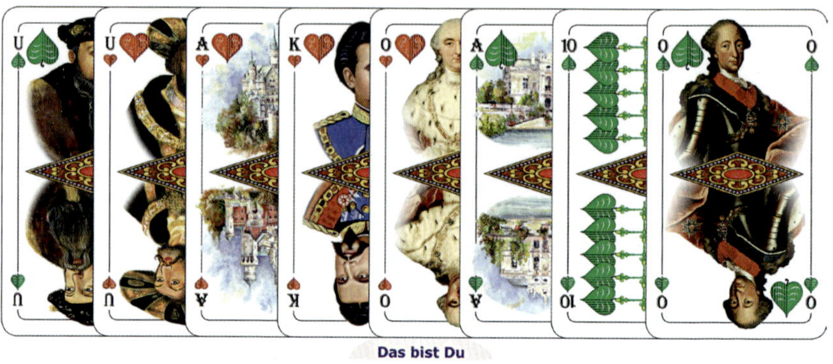

Das bist Du

Solo mit 4 Trümpfen

Bei einem Schafkopfturnier sind in der Regel nur die ersten 3 Plätze interessant. Deshalb gelten hier andere Regeln. Als ich an einem Wochenende an der Schafkopfreise von Sepp Hundegger nach Raith im Alpbachtal (Tirol) teilnahm, nützte auch mein Trostspruch *„Scheene Leit ham schiache Kartn"* (Schöne Leute haben unschöne Karten) nichts mehr. Ich lag nach den ersten Runden gnadenlos unter den letzten von 120 Teilnehmern. Eine Karte wie abgebildet hätte die Sonne für mich wieder aufgehen lassen. Ich spielte kurz gesagt jeden

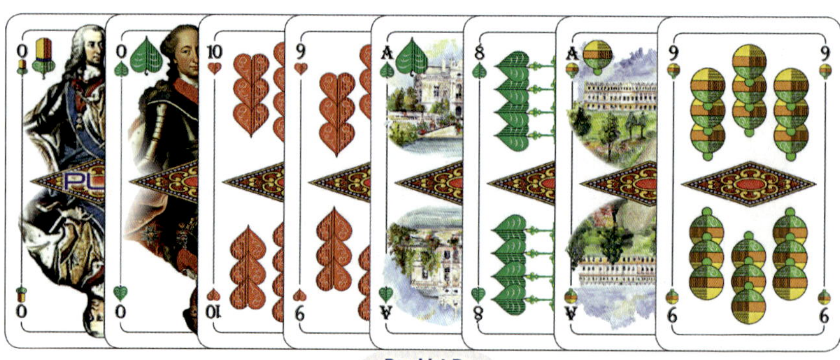

Das bist Du

Hund und landete prompt auf dem letzten Platz.

Üblicherweise werden die ersten drei Preise am Anfang aufgerufen; wenn diese nach dem Siegerfoto ihren Preis abgeholt haben, treten sie sofort die Heimreise an. Nicht so an diesem Tag. Im Lauf von 1 Stunde wurden dann alle weiteren Preise verteilt. Aber viele blieben extra noch da.

Als der letzte Preis aufgerufen wurde und mein Name fiel, was sich offensichtlich schon vorher herumgesprochen hatte, erhielt ich mehr Applaus als der 1. Platz. Vermutlich aus Häme, Schadenfreude oder einfach nur Belustigung.

Sei's drum. Wir spielen mal ein Herz-Solo mit nur 4 Trümpfen und sitzen an Rückhand-Position. Vermutlich spielt der Vordermann eine Sau aus, die nur Eichel heißen kann. Nachdem ich eichelfrei bin, sind 6 Eicheln auf 3 Spieler verteilt. Bei normalem Verlauf kannst Du mit dem 10er-Herz stechen und hast bereits zwischen 21 und 35 Augen daheim. Nun würde ich zweimal die Ober anziehen. Insgesamt fehlen Dir 10 Trümpfe, worunter auch die Sau-Herz wäre. Als nächstes folgen die beiden Säue. Wird eine davon gestochen, reicht es im Idealfall allemal. Aber solche Solos spielt man nur bei Turnieren, wenn man aussichtslos hinten liegt.

Das Rufspiel ist ein Partnerspiel

Wenn alle 3 Säue durchgehen, dann braucht man keinen Trumpf. Eine Sau, in unserem Fall die Sau-Schellen, hat der Partner. Kommt der Partner raus und hat auch noch den Alten, dann schmierst Du auch noch die vierte Sau, die Sau-Herz. Die Sau-Gras steht bei Dir alleine und hat damit eine sehr gute Chance, ohne nass zu werden, nach Hause zu kommen.

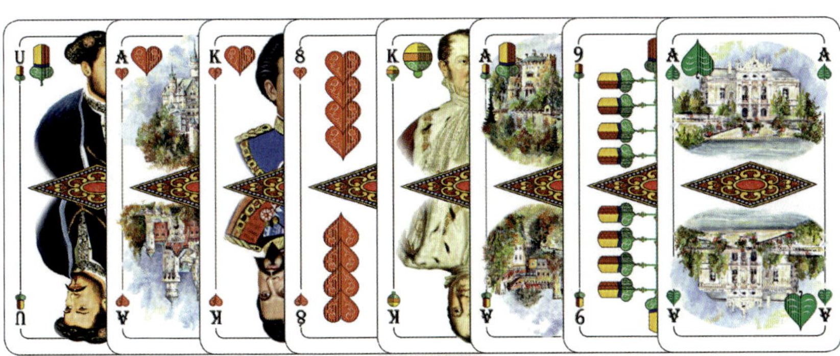

Das bist Du

Rufspiel ohne Herren

In der vorbereitenden Analyse würde ich mir folgende Chancen ausrechnen: Wenn die Sau-Schellen durchgeht, sind 11 bis 25 Augen zuhause. Die Sau-Gras könnte mit dem 10er-Herz heimgehen, was wiederum 21 bis 36 Augen wären. Alles andere ist möglich, hängt aber sehr vom Partner und den Gegnern ab.

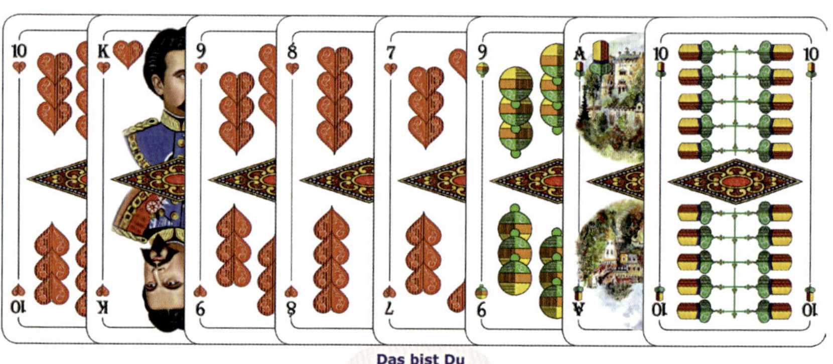

Das bist Du

Oma-Sauspiel

So ein Rufspiel kann natürlich auch verloren werden.

Wenn ich aber an erster Stelle sitze (Ausspieler bin) überschlage ich kurz, dass mir noch 9 Trümpfe fehlen, da ich ja selbst schon 5 habe. Im günstigs-

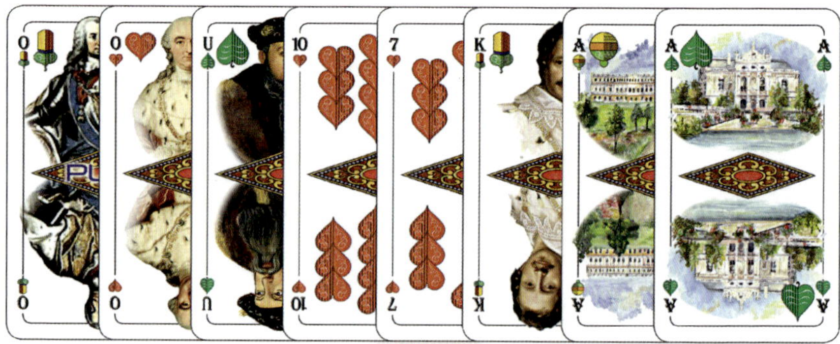

Das bist Du

ten Fall sind die Trümpfe auf 3 Spieler verteilt und nach dreimal Trumpf spielen alle zu Hause. Kommt noch das Glück dazu, dass der Blaue Ober beim Mitspieler steht, geht das Spiel Schneider-Schwarz zu Ende.

Tout ohne Ober-Herz

Das scheint auf den ersten Blick sehr verwegen.

Lassen wir auch noch dahingestellt, ob wir rauskommen oder wo wir sitzen. Wir wissen, dass uns 7 Trümpfe fehlen. Im Idealfall stehen bei jedem Gegner 2 bzw. 3 Trümpfe. Die Wahrscheinlichkeit, dass der Gegenspieler mit dem Ober-Herz mehr als zwei Trümpfe hat, liegt bei 16,9 %.
Schlimmstenfalls müssen wir eine mathematische Vereinigungsmenge bilden, da ja 3 Gegenspieler vorhanden sind, und gelangen immer noch zu einer Wahrscheinlichkeit von 50,8 %, den Tout zu gewinnen.

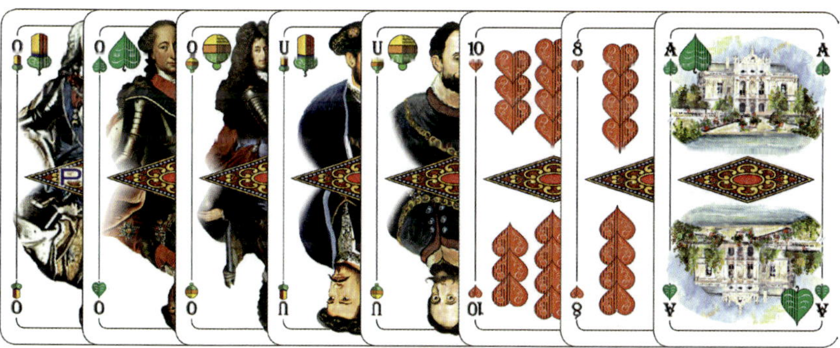
Das bist Du

Wenz-Tout mit nur Eichel- und Schellen-Unter

Von großem Vorteil ist, wenn man selbst rauskommt.

Es gibt hier zwei grundsätzliche Risiken. Stehen die Wenzen auseinander, wofür eine Wahrscheinlichkeit von 69,6 % spricht, kann ich sie mit dem Eichel-Unter ziehen. Problematisch wird es, wenn die Wenzen zwar auseinanderstehen, aber ein anderer herauskommt, der beispielsweise 4 Gras auf der Hand hat und einer der beiden Wenzbesitzer einsticht.

Aber es geht hier auch nicht um die Frage, ob man den Tout ansagen soll, sondern vor allem um das Aufzeigen der Chancen und Risiken.

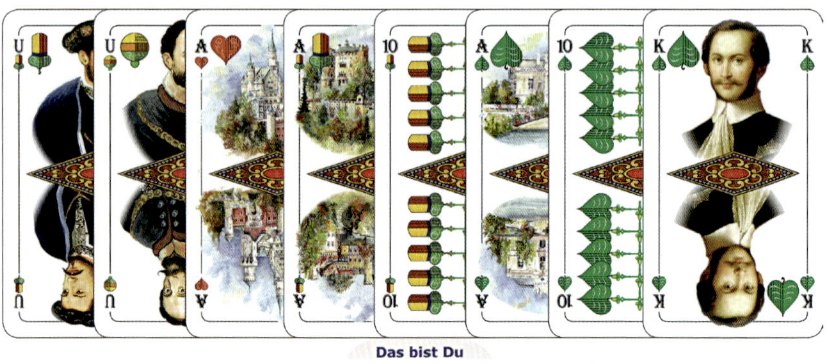

Das bist Du

Sauspiel aus Verzweiflung

Kaum jemand denkt bei diesen Karten über ein Sauspiel nach.

Nachdem man keine Sau hat, kann man auch nicht gerufen werden. Also ruft man selbst eine Sau in der Hoffnung, auf einen trumpfstärkeren Mit-

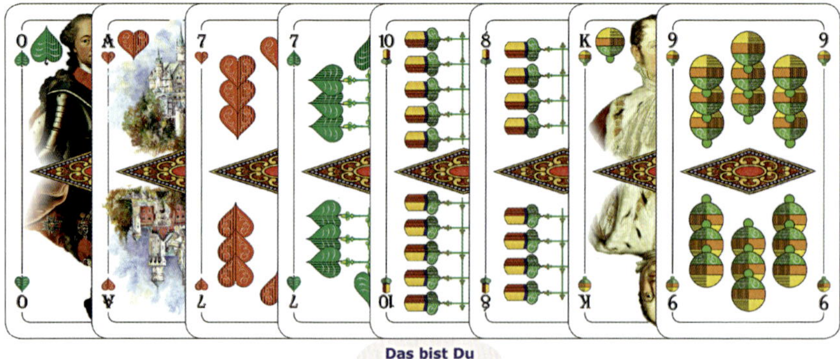

Das bist Du

spieler zu kommen oder einen Partner mit mehreren Schweinen. Würde man nicht spielen, hätte man ohnehin vermutlich verloren, was bei Turnieren allemal eine Option ist. Macht einen aber nicht sehr beliebt bei Mitspielern.

Du bist Sauspiel-Partner ohne Trumpf

Du hast die gerufene Sau-Gras, kommst raus und hast keinen Trumpf. Hier würde ich ausnahmsweise die Rufsau selbst anspielen, um meinem Partner zum einen meine Trumpfarmut zu zeigen und zum anderen keine Falle zu bauen, indem ich eine andere Sau anspiele und der Partner, sofern er in Mittelhand sitzt, unnötig einsticht.
Positiv ist auch noch, dass Du den 10er-Gras selbst hast und damit nicht allzuviel zusammenkommen dürfte.

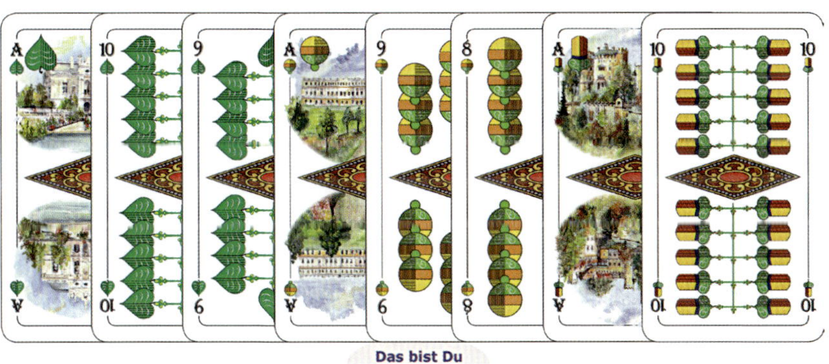

Keine Regel ohne Ausnahme!

Online-Schafkopfen

Die bekannteste Plattform im Internet ist *www.sauspiel.de.* Sauspiel wurde Anfang 2007 in Berlin während der Studienzeit von Agnes Reissner, Martin Kavalar, Jan Bromberger und Stephan Eichler ins Leben gerufen. Während Jan und Stephan sich inzwischen anderen Projekten widmen, arbeiten Agnes und Martin mit 14 Kollegen an der Weiterentwicklung des Spiels und der Betreuung der Schafkopfer.

Auf der Plattform „Sauspiel – Schafkopf für Freunde" finden inzwischen 550.000 Schafkopfspieler weltweit eine Heimat im Internet.

Von Beginn an war es den Initiatoren wichtig, online eine authentische Spielerfahrung anzubieten. Mit viel Liebe zum Detail wurde der Spielraum eingerichtet. In einer virtuellen Wirtschaft sitzt man in Tracht an gemütlichen Biertischen und über den Chat kann man nach Herzenslust tratschen, granteln und sich kennenlernen.

Die Schafkopfer können dort mehr als nur Onlinespielen. Es ist sogar eine „aktive Vernetzung" möglich. Jeder Spieler kann seinen Wohnort angeben und in der unmittelbaren Umgebung nach Mitspielern und Veranstaltungen suchen.

In beinahe jeder größeren Stadt finden regelmäßige Sauspieler-Treffs statt, und auch der Weltrekord im Dauerkartenspielen wird von Sauspiel-Schafkopfern gehalten. Bei Sauspiel online haben sich unzählige Menschen kennengelernt und dann am echten Spieltisch wiedergesehen – das funktioniert so gut, dass Sauspiel voller Freude auf zahlreiche Freundschaften und einige Familiengründungen in der Sauspiel-Community blicken kann.

Sauspiel hat verschiedene Bereiche:

Der Community-Bereich

Bei Sauspiel können sich die Spieler *mit einer eigenen Profilseite* der Community vorstellen. *Diese* Seite beinhaltet neben einem Bild und Angaben zur Person auch ein Gästebuch. Für *persönliche Nachrichten* besitzt jeder Spieler ein eigenes Postfach. Zusätzliche Unterhaltung wird durch die Speichermöglichkeit von *Lieblingsspielen* geboten. So können die schönsten und waghalsigsten Spiele immer wieder aufgerufen und anderen Community-Mitgliedern präsentiert werden. Außerdem findet sich auf der Profilseite eine *Liste aller Freunde,* die man sich bei Sauspiel gemacht hat.

Neben den Profilen gibt es weitere Bereiche zum Kennenlernen und Tratschen: Im Forum können *Fragen zur Spieltaktik* intensiv diskutiert werden und man findet *Hilfe bei technischen Fragen* oder anderen Problemen. Nicht zuletzt können die Spieler über das Forum dem Team von „Sauspiel – Schafkopf für Freunde" auch Wünsche und Vorschläge unterbreiten.

Die Wirtschaft

Die *virtuelle Wirtschaft* von „Sauspiel – Schafkopf für Freunde" steht *jederzeit und für jedermann offen* – insbesondere, wenn man mal nicht drei Freunde für eine Runde Schafkopf um sich hat. Während der Stoßzeit in den Abendstunden tummeln sich in der Wirtschaft *bis zu 1500 Spieler gleichzeitig*. Man kann sich zu jeder Tages- und Nachtzeit an einen Tisch setzen, die eine oder andere Runde spielen und nebenbei über den Chat tratschen, granteln und das Spielgeschehen kommentieren.

Das Vereinsheim

Für die wahren Schafkopf-Freunde wurde ein *„Vereinsheim" als eigener Spielbereich* geschaffen. Der Zutritt zu diesem abgeschlossenen Bereich wird gegen einen geringen monatlichen Beitrag gewährt. Die Atmosphäre im Sauspiel-Vereinsheim ist persönlicher, da es insbesondere die leidenschaftlichen und erfahrenen Vielspieler anzieht. Es stehen verschiedene Extras zur Verfügung wie ein *Voice-Chat*, eine *ausführliche Statistik zur Spielstärke eines jeden Spielers* oder die Möglichkeit, *private Tische* zu eröffnen. *Vereinsheim-Mitglieder* erkennt man dadurch, dass ein *Glas Bier* vor ihnen auf dem Tisch steht und auch ihr Profilbild mit einer der vier Schafkopf-Farben gekennzeichnet ist.

Die Zockerstub'n

Um den Spielspaß zu erhöhen, ist bei Sauspiel seit Januar 2008 in einem weiteren Spielbereich auch das *Spielen um echtes Geld* möglich: Willkommen in der Zockerstub'n! Ob „kurze" oder „lange" Karte, mit oder ohne Klopfen, in der Zockerstub'n findet sich für jeden Geschmack immer ein freier Platz am Tisch – Nervenkitzel inklusive.

Die Sauspieler-Karte

Bei der Registrierung auf Sauspiel.de kann man die *eigene Adresse* auf der so genannten „Sauspieler-Karte" eintragen. Auf der Karte kann man sehen, wo Sauspieler in Bayern und überall auf der Welt zuhause sind. Mit Hilfe einer *Umkreissuche* können *Mitspieler in der unmittelbaren Umgebung* gefunden und Kontakte geknüpft werden. Besonders für Spieler ohne eine feste Schafkopfrunde ergibt sich auf diesem Weg die Möglichkeit, sich im Wirtshaus auf eine gemütliche Runde zusammenzusetzen – und das macht unserer Meinung nach immer noch am meisten Spaß.

Das Offline-Schafkopfen

„Sauspiel-Schafkopf für Freunde“ beschränkt sich nicht nur auf das Schafkopfen im Internet. Für die Initiatoren ist es *ein besonderes Anliegen, die Spieler auch im „echten“ Leben zusammenzuführen*. Wenn man mehrere Wochen lang miteinander im Internet gespielt hat und neue Freundschaften entstanden sind, wächst die Neugier. Die Spieler fragen sich, wer sich hinter den Fotos und den Avataren am virtuellen Spieltisch verbirgt. Aus diesem Grund veranstaltet Sauspiel seit Mitte 2007 *regelmäßig Turniere* in Bayern und anderswo. Im Sommer 2008 holte sich „Sauspiel – Schafkopf für Freunde“ im Zuge einer großen einwöchigen Schafkopfveranstaltung sogar den *Guinness Weltrekord im Dauerkartenspielen.*

Das Besondere an „Sauspiel – Schafkopf für Freunde“

Mit diesem großen Angebot rund um den bayerischen Schafkopf ist „Sauspiel – Schafkopf für Freunde“ einzigartig. Spiele im Internet erfreuen sich zunehmender Beliebtheit, besonders der Poker. „Sauspiel – Schafkopf für Freunde“ soll auch einen sympathischen Gegenentwurf dazu darstellen. Der Anspruch seit dem ersten Tag lautet also, ein *professionelles Spielan-*

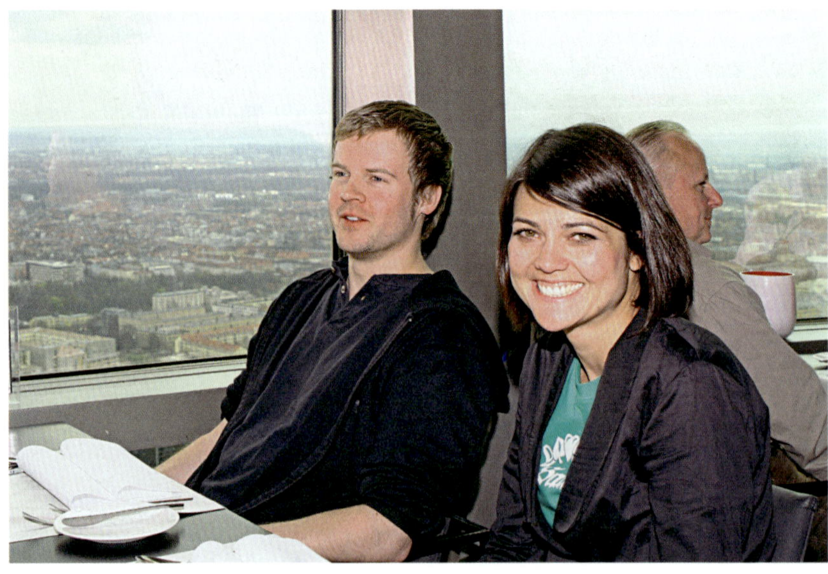

gebot wie auch eine *ansprechende und moderne Umgebung für den Schafkopf* und seine Anhänger zu schaffen. „Sauspiel - Schafkopf für Freunde“ ist es bereits nach wenigen Monaten online gelungen, die *größte Community für Schafkopf im Internet* zu werden.

Zur Schafkopfschule e.V. bestehen sehr gute Kontakte und es wird eine rege Kommunikation untereinander gepflegt.

Weitere Online-Plattformen sind:

www.internet-Schafkopf.de

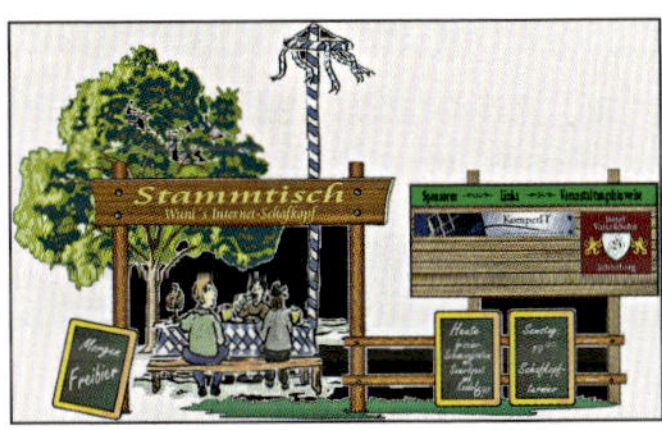

www.schafkopf-palast.de

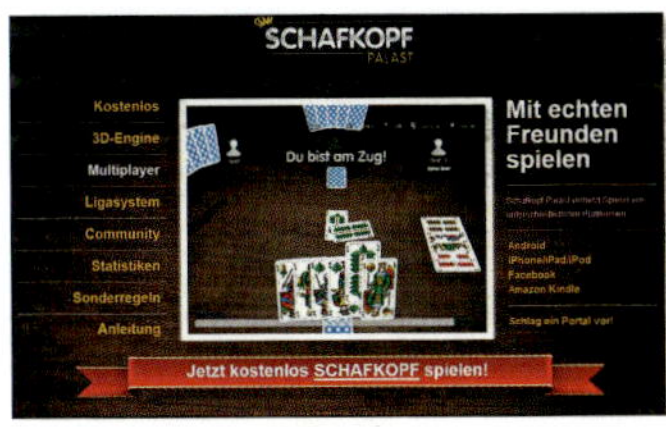

www.schafkopfen-1.de

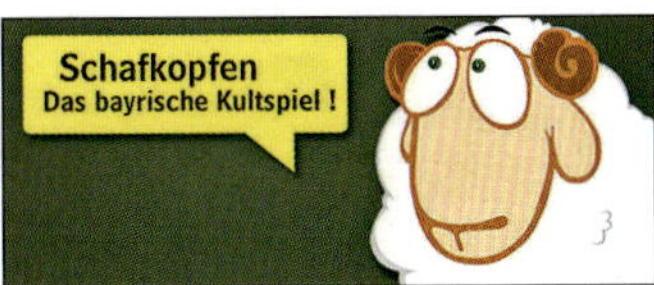

www.spin.de/spiele/schafkopf

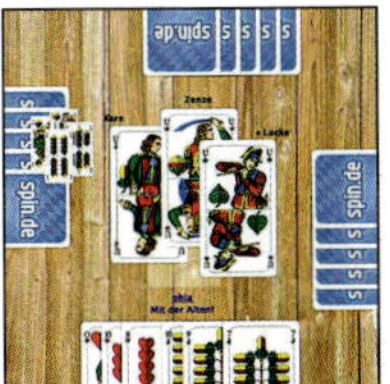

www.schafkopf.de

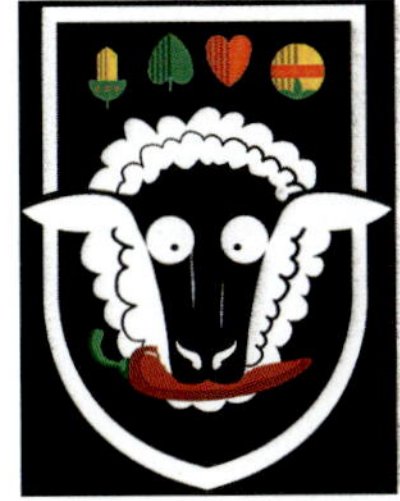

www.schafkopf-app.de

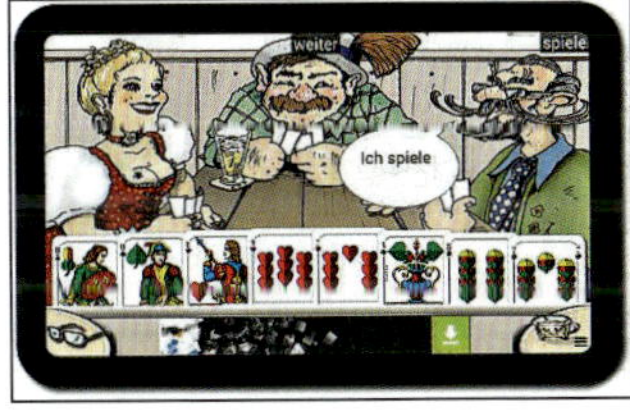

www.raschesspiele.de

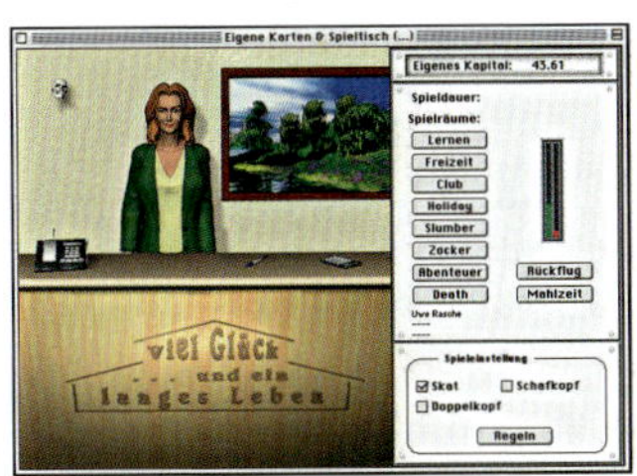

Um keinen falschen Eindruck zu erwecken: Es gibt noch mehr Plattformen zum Online-Schafkopfen und es wird auch künftig noch weitere Anbieter geben. An dieser Stelle soll aber auch keine Bewertung stattfinden, wenngleich hier einige Punkte angesprochen werden sollen, die Dir eine Entscheidung vereinfachen:

Merkmale, auf die man achten sollte:

- Kosten, z. B. auch Spiel um Geld, oder nur „Fun“
- Systeme, z. B. Macintosh, möglich
- Anzahl der Spielvarianten (z. B. Geier, Bettel usw.)
- Spielkartenwechsel möglich? (z. B. 3D-Oberfläche animiert)
- Sind eigene Tische möglich? Sperren der Plätze
- Geschwindigkeit des Spiels
- Art der Kartenverteilung
- Anfängermodus möglich? Mit welchen Schwierigkeitsstufen?
- Anzahl der Mitglieder?
- Gibt es positive Kommentare über die Plattform?
- Ton/Sprache (Qualität)
- Gibt es auch eine Android-App?
- Welche Überwachungsmöglichkeit nutzt der Betreiber gegen Manipulationen (Zusammenarbeit von Spielern)?

Online-Schafkopf hat aber auch eine sehr wichtige soziale – und konkurrenzlose – Komponente, da auch Behinderte, Kranke und das Haus aus anderen Gründen nicht verlassen könnende Menschen daran teilnehmen können.

Negativ hingegen ist die Tatsache, dass Spieler während des Spieles aussteigen können, selten ein Tisch mit Spielern gleicher Spielstärke zusammenfindet und leider häufig blutige Anfänger ständig nörgelnden und besserwissenden Spielern gegenübersitzen, was offensichtlich mit der bildlichen Anonymität zusammenhängt.

Der unreine Schafkopf

Das Schafkopfspiel ist durch seine 99 Billiarden Varianten ein sehr vielseitiges Kartenspiel. Aber offensichtlich reicht das noch nicht. Landauf, landab haben sich viele Spieler auch noch ganz interessante Sonderspiele einfallen lassen. Diese nennt man dann „unreine Schafkopfspiele".

Die Grundregeln sind gleich, weshalb die Erklärungen auf die Besonderheiten beschränkt werden können.

In den vergangenen 200 Jahren wurden sehr viele unterschiedliche Varianten, Unterarten und Eigenkreationen des Schafkopfspiels entwickelt. Das heißt natürlich nicht, dass ein „unreiner" Schafkopf etwas Schlechtes ist. Im Gegenteil! Die Konzentration wird dabei noch sehr viel mehr gefordert als beim „reinen" Schafkopf.

Farb-Wenz

Der Farb-Wenz wird wie der Wenz gespielt. Es wird lediglich eine Farbe zur Trumpffarbe (z.B. Schellen-Wenz) erklärt, die wie beim Solo sticht. Der Farb-Wenz beinhaltet 11 Trümpfe (4 Unter und in der Trumpffarbe Sau, Zehn, König, Ober, Neun, Acht und Sieben). Damit sind 11 Laufende (absolut theoretisch) möglich. Bezahlt wird erst ab 3 Laufenden.

Geier

Der Geier ist ein reines Ober-Solo, bei dem die Unter zwischen König und Neuner eingeordnet werden. Er ist vollkommen identisch mit einem Wenz, es sind aber – statt des Unters – die Ober die einzigen Trümpfe. Bezahlt wird der Solo-Tarif ab 2 Laufenden. Es gibt nur 4 Trümpfe.

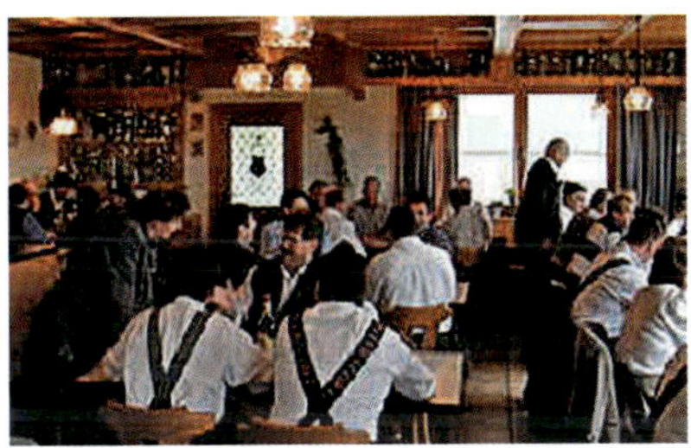

Farb-Geier

Er gleicht dem Farb-Wenz, hat aber die Besonderheit, dass statt der Unter die Ober sowie eine beliebige Farbe Trumpf sind. Der Farbgeier wird meist ab zwei Laufenden bezahlt. Insgesamt sind 11 Laufende möglich.

Hochzeit

Wird eine Hochzeit vereinbart, unabhängig davon, ob einer ein Spiel ansagt, so kann derjenige, der nur einen Trumpf besitzt, diesen verdeckt in die

Mitte legen und erklären, dass er „eine Hochzeit anbietet“. Hat nun ein Spieler relativ viele Trümpfe, dann kann er die Hochzeit annehmen („ich nehme an“). Jedes andere Spiel geht einer Hochzeit vor.

Wird die Hochzeit angenommen, dann schiebt der Annehmende eine Karte an den Hochzeiter weiter, die er nicht benötigt. Bei der Hochzeit sind die Trümpfe wie beim Rufspiel. Die einzige Ausnahme ist, dass es keine Ruf-Sau gibt, was ja auch nicht notwendig ist, da man ohnehin weiß, wer zusammengehört.

Wird die Hochzeit von keinem Mitspieler angenommen oder erklärt ein anderer, dass er spielen wird, so nimmt der Hochzeiter seine herausgelegte Karte wieder zurück.

Die Hochzeit wird mit 5 Zähleinheiten (z.B. 50 Cent) bewertet, zzgl. „Musik“ – das sind Schneider, Schwarz und Laufende.

Bauernhochzeit

Diese wird wie eine Hochzeit gespielt, mit der Variante, dass der Hochzeiter zwei Karten weitergibt.

Werden Geier, Farb-Geier, Farb-Wenz und Hochzeit zugelassen, dann gilt folgende Rangfolge:

Sie
Farb-Solo-Tout
Wenz-Tout
Geier-Tout
Farb-Wenz-Tout
Farb-Geier-Tout
Solo (Farb-Solo)
Wenz
Geier
Farb-Wenz
Farb-Geier
Hochzeit
Rufspiel

Stock

Ergibt sich in einer Runde kein Spiel, da alle „weiter“ sagen, so kann vereinbart werden, dass ein „Stock“ einbezahlt wird. Jeder Spieler zahlt eine Zähleinheit (z.B. 10 Cent) auf seiner Tischseite in die Mitte ein.

Der Stock kann nur durch ein Rufspiel aufgelöst werden. Wird in der nächsten Runde wieder „weiter“ gesagt, so wird der Stock wieder um die gleiche Zähleinheit aufgefüllt.

Wird ein Rufspiel vom Spieler, also demjenigen, der das Rufspiel angesagt hat, gewonnen, dann darf er je zur Hälfte mit seinem Partner den Stock „herausnehmen“. Umgekehrt müssen beide, wenn sie verlieren, den Stock verdoppeln. Die reguläre Vergütung ist trotzdem immer zu zahlen; der Stock ist nur ein „Zubrot“.

Muss-Spiel

Vereinbaren die Spieler vorher ein Muss-Spiel, so muss für den Fall, dass alle vier „weiter“ sagen, derjenige ein Rufspiel ansagen, der den „Alten“ (Eichel-Ober) hat.

Das Muss-Spiel hat zur Folge, dass der Muss-Spieler ausschließlich ein Rufspiel ansagen darf, er dafür andererseits aber keinen Stoß bekommen kann.

Hat der Muss-Spieler 1 oder 2 Säue selbst und kann nicht suchen, da er keine Farbe ohne Sau hat, dann spielt er eine Renonce auf eine Sau, die er selbst nicht hat. Dazu muss vorher deutlich angesagt werden, dass man eine Renonce (z.B. auf die Schellen-Sau) spielt.

Ist der Muss-Spieler gesperrt, hat also alle 3 Säue selbst, so muss er auf einen Zehner spielen. Hat er auch den Zehner selbst besetzt (in seinen Karten), so spielt er auf den König und so weiter, in der Reihenfolge nach unten.

Der Muss-Spieler braucht zum Siegen auch 61 Punkte, egal wie viele Trümpfe er hatte. An manchen Orten hatte er bereits mit 60 Augen gewonnen, wenn er nicht mehr als 3 Trümpfe hatte. Diese Spielweise findet man heute aber kaum noch.

Renonce

Eine Renonce steht im Zusammenhang mit einem Muss-Spiel.

Ramsch

Ramsch kann nur vom letzten Spieler angesagt werden, wenn alle zuvor ein „Weiter“ haben.

Jeder spielt beim Ramsch für sich alleine. Es gelten die gleichen Trümpfe wie beim Rufspiel.

Nur die Punkte wirken jetzt konträr. Verloren hat, wer die meisten Punkte erreicht. Sieger ist, wer die geringste Punktzahl hat und am besten keinen einzigen Stich für sich verbuchen konnte – mit einer Ausnahme: Erreicht ein Spieler 120 Punkte – es können stattdessen auch 100 Punkte vereinbart werden –, also alle Stiche (Durchmarsch), dann hat dieser alleine gewonnen.

Bei Punktgleichheit zählt die Anzahl der Stiche. Ist die Anzahl der Stiche ebenfalls gleich, entscheidet die Anzahl der Trümpfe in den Stichen. Und wenn auch diese noch identisch sind, verliert derjenige, der den höchsten Trumpf in seiner Karte hat.

Der Ramsch-Verlierer zahlt alle drei Mitspieler mit je 2 Zählwerten (z.B. 20 Cent) aus. Zusätzlich erhält der Spieler, der keinen einzigen Stich bekam (Jungfrau) vom Verlierer – also dem Spieler, der die meisten Punkte hat – 4 Zählwerte (z.B. 40 Cent).

Ein Durchmarsch (Schwarz) wird mit 7 Zählwerten (z.B. 70 Cent) je Spieler an den Ramsch-Sieger (Ausnahmesieger) bezahlt. Laufende werden beim Ramsch nicht bezahlt.

Bettel

Der Bettel ist ein Solo ohne Trümpfe und ohne Punktezählung. Ober und Unter werden in der Farbreihenfolge eingeordnet. Die Rangfolge weicht völlig vom gewöhnlichen Rufspiel ab und lautet folgendermaßen: Sau, König, Ober, Unter, Zehner (!), Neuner, Achter, Siebener. Der Spieler darf keinen einzigen Stich erreichen.

Beim Bettel gibt es nur einen Tarif: 3 Zählwerte (z.B. 30 Cent) je Spieler. Der Spieler hat, wenn er auch nur einen einzigen Stich macht, verloren.

Bettel-Brett

Funktioniert wie der normale Bettel, jedoch muss der Spieler des Bettels nach dem ersten Stich alle Karten offenlegen. Ein Bettel-Brett ist mit einem Wenz-Tout gleichwertig. Der Tarif entspricht dem 2-fachen eines Bettels.

Pfd

Einzelspiel, bei dem der Alleinstecher nicht stechen darf. Im Gegensatz zum Bettel behalten alle Karten und Trümpfe ihren ursprünglichen Rang.

Hatschate

Nach einem verlorenen Solo muss eine Runde lang jeweils der erste spielen und erhält automatisch von der Gegenspielerpartei einen Stoß.

Steigern

Das Steigern kommt zum Tragen, wenn mehrere Spieler gleichzeitig ein Solospiel (z.B. Wenz, Geier, Farbgeier) anmelden. Der erste Spieler, der ein Spiel angemeldet hat, treibt den hinter ihm Sitzenden durch „steigern" in die Höhe, indem er „70" sagt.

Die Zahl „70" bedeutet, dass derjenige, der das Spiel ersteigert hat, erst mit „70" Augen (Spieler 71 Punkte und Nichtspieler 70 Punkte) gewinnt.

Der hintenanstehende Spieler kann nun „hab ich" erklären, was ihm das Vorrecht zum Spielen einräumt, womit sich der erste durch die Aussage „gut" einverstanden erklärt.

Denkt der erste Spieler, dass er ein besseres Blatt hat, dann kann er den nachrangigen Spieler mit den Worten „habe ich selbst“ abweisen. Dann muss er spielen und benötigt ebenfalls 71 Punkte für einen Sieg, hat aber das Vorrecht.

Trotzdem kann danach der Hintermann wieder versuchen das Spiel zu machen, indem er noch eins draufsattelt und „80“ erklärt. So geht das weiter (in Zehnerschritten), bis zu maximal 120 Punkten, was in der Regel ein Tout ist.

Schneider und Schwarz werden wie im sonstigen Spiel gewertet und bezahlt. Bei jeder Steigerung (z.B. von 60 auf 80 = 2 Steigerungen) wird je 1 Zählwert (z.B. 10 Cent) pro Steigerung dazubezahlt.

Beim Steigern ist es gleichgültig, ob jemand ein höherwertigeres Spiel hätte. Es zählt nur die gesteigerte Punktzahl.

Legen

Ehe ein Spieler seinen 2. Kartenstapel ansieht, kann er mit den ersten vier Karten „legen“. Dies geschieht durch herauslegen eines Geldstücks (beliebiger Wert), verbunden mit den Worten „ich lege“.

Der nächste Spieler kann ebenfalls legen und der darauffolgende auch.

Der Geber darf, da er ja die Hand voll hatte, statt den ersten vier Karten die letzten vier anschauen und „legen“.

Das „legen“ hat zur Konsequenz, dass jedes herausgelegte Geldstück zu einer weiteren Verdoppelung des gewöhnlichen Tarifs führt.

Spielt der Spieler Nummer eins beispielsweise ein Solo mit drei Laufenden und gewinnt es mit 91 Punkten (zuvor von allen vieren „gelegt“), so erhält er von den drei anderen folgende Werte: 5 Zählwerte (z.B. 50 Cent) für das Solo, 1 Zählwert (z.B. 10 Cent) für Schneider, 3 Zählwerte (z.B. 30 Cent) für die Laufenden und das ganze mal 2 für das erste „legen“ (z.B. 50 Cent + 10 Cent + 30 Cent = 90 Cent x 2 = 1 Euro 80 Cent).

Für das zweite „legen“ gibt es 3 Euro 60 Cent, für das dritte „legen“ 7 Euro 20 Cent und für das vierte „legen“, 14 Euro 40 Cent.

Blind verdoppeln

Es wird ein Geldstück herausgelegt, bevor man seine ersten Karten gesehen hat. Dies verdoppelt den Zählwert. Man kann aber trotzdem immer noch nach Aufnahme der ersten Hand (erste Karten) legen.

Bock

Vorher wird vereinbart, wann eine Bock-Runde eingelegt wird. Das kann nach jedem „Tout“ oder jedem „Solo-Schwarz“ oder jeder gewonnenen Spritze sein.

Bei der Bock-Runde wird eine Runde (4 Spiele) lang zum doppelten Tarif gespielt. Dabei werden alle Zählwerte einfach verdoppelt.

Bock-Legen

Ergibt sich kein Spiel in einer Runde, da alle „weiter“ sagen oder keiner gelegt hat, so wird ein Bock in Form eines Geldstücks gelegt. Nach einem gespielten Spiel wird eine Schicht abgebaut. Ein liegender Bock verdoppelt den Zählwert.

Kreuz-Runde

Es wird vorher ausgelost, wer mit wem spielt, indem man jeweils eine Karte vom gemischten Stapel offen vor die einzelnen Spieler legt. Dies wiederholt sich so lange, bis ein Spieler die erste Sau erhält. Dieser Spieler bleibt sitzen. Dann geht es mit den verbleibenden Spielern so weiter, bis einer der drei Spieler die nächste Sau erhält. Dieser Spieler setzt sich dem Spieler mit der ersten Sau gegenüber. In einer Kreuz-Runde spielen die beiden dann eine Runde lang zusammen gegen die anderen zwei Spieler. Üblicherweise wird die Kreuz-Runde nach einem Solo gespielt.

Als Trümpfe zählen Ober, Unter und Herz.

Das Legen und das Bock-Legen werden in einer Kreuz-Runde besonders behandelt.

Legen: Kann einer der beiden Partner von vornherein legen, legt der andere grundsätzlich mit. Es sei denn man kündigt an, dass man alleine legt. In diesem Fall bleibt dem Mitspieler überlassen, ob er mitlegt. Das gilt für beide Parteien.

Bock-Legen: Falls keiner oder nur einer legt, wird ein Bock gelegt und der Geber mischt erneut.

Schieber

Wird eine Schieber-Runde gespielt, die zu einem bestimmten Anlass (z. B. Tout) vereinbart werden kann, so werden die zwei höchsten Trümpfe (Eichel-Ober und Gras-Ober) an den ersten Spieler ausgegeben.

Danach werden, beim ersten Spieler beginnend, an jeden Spieler zweimal vier Karten ausgeteilt. Der Geber hat zwangsläufig nun zwei Karten weniger.

Der erste Spieler bekommt das Entscheidungsvorrecht, die beiden Ober aufzunehmen und zwei „schlechte“ Karten an seinen Hintermann verdeckt weiterzureichen. Nimmt der erste Spieler die Karten auf, so muss er ein Solo spielen.

Denkt er, dass er trotz der beiden Ober kein Solo spielen kann, so schiebt er die beiden Ober an seinen Hintermann, der nun das Entscheidungsvorrecht erhält. So kann es weitergehen bis zum letzten Spieler, dem Geber.

Der Spieler gibt also in jedem Fall zwei schlechte Karten weiter; der nächste in der Kette ebenfalls, sodass der letzte (der Geber) ebenfalls 8 Karten hat.

Schieber werden wie gewöhnliche Solos bezahlt. Die Vereinbarung, dass der Schieber doppelt zählt, kann vorher getroffen werden.

Teufels-Runde

Eine Teufels-Runde ist, wenn der erste Spieler nach dem Geber Eichel-, Gras-, Schellen-Ober und Eichel-Unter bekommt. Dieser muss sein Solo ansagen, noch bevor er seine weiteren Karten gesehen hat.

Zupf-Solo

Ein Spieler, der ein Solo ansagt, darf bei einem Spieler seiner Wahl eine Karte ziehen (zupfen). Er gibt dafür eine eigene Karte nach seiner Wahl an diesen zurück.

Klopfen

Ist ein Spieler mit dem Abheben an der Reihe, so kann er stattdessen klopfen. Er darf dann die Reihenfolge des Gebens und die Anzahl der jeweils zu gebenden Karten völlig frei bestimmen. Im Falle des Klopfens wird vom Klopfer ein Klopfer (Geldstück) gelegt, der den Zählwert des nachfolgenden Spiels verdoppelt. Falls kein Spiel zustande kommt, verfällt dieser Klopfer allerdings wieder.

Kurze Karte

Für die kurze Karte, die gerne in Franken gespielt wird, werden alle Achter und Siebener herausgenommen, sodass 24 Karten übrigbleiben. Es gelten die gleichen Regeln wie bei der langen Karte (32 Karten).

Es werden 2 mal 3 Karten ausgeteilt. Der Tarif ist ebenfalls identisch.

Dreier

Beim Dreier werden auch alle Achter und Siebener beiseitegelegt. Gegeben werden 2 mal 4 Karten.

Der Dreier bietet sich dann an, wenn keine vier Spieler zusammenkommen. Es sind keine Rufspiele möglich, sondern ausschließlich Einzelspiele.

Fünfer

Der Schafkopf-Fünfer ist ein gewöhnlicher Schafkopf, bei dem der jeweilige Geber ein Spiel aussetzt. So kommt jeder einmal an die Reihe.

Spiel zu fünft

Jeder Spieler erhält sechs Karten (zweimal drei). Nachdem die Spieler die erste Gebefolge erhalten haben, werden zwei Karten verdeckt dem Spieler links vom Geber angeboten. Danach wird die zweite Gebefolge ausgeteilt, die aber noch nicht aufgedeckt wird.

Möchte der Spieler die beiden Karten nicht aufnehmen, gibt er weiter. Geben alle Spieler weiter, kommt kein Spiel zustande.

Der Spieler, der die umgedrehten Karten aufnimmt, wird zum „Spielmacher“ und fügt die beiden Karten den eigenen Karten hinzu. Dann legt er zwei Karten ab, um die Anzahl der Karten, die er in Händen hält, wieder auf sechs zu reduzieren. Der Spielmacher bestimmt dann sein Spiel (z.B. Rufspiel, Wenz usw.) Die abgelegten Karten zählen zum Schluss als Teil der Gesamtpunkte des Spielmachers.

Anmerkung: Der Spielmacher darf keine Sau rufen, die er abgelegt hat, und es kann vorkommen, dass ein Spielmacher als einzige Nichttrumpfkarte eine Sau besitzt. In diesem Fall zieht der Spielmacher eine Karte aus seiner Hand (umgedreht) und legt diese umgedreht vor sich hin. Dann benennt er eine Sau, die er selbst nicht besitzt. Die umgedrehte Karte gilt dann als niedrigste Karte der genannten Farbe. Sie muss gespielt werden, wenn die Farbe zum ersten Mal ausgespielt wird. Nur der Spieler, der den Stich macht, sieht, um welche Karte es sich in Wirklichkeit handelt.

Solo-Runde

Das Ende einer fröhlichen Schafkopfrunde wird gerne mit den Worten „der Alte gibt die letzte Runde“ eingeleitet, was bedeutet, dass bei demjenigen, der in einem Rufspiel den Eichel-Ober in seiner Karte hat, die letzte Runde beginnt. Bei ihm endet dann auch das letzte Spiel.

In der Solo-Runde – meist der letzten – sind ausschließlich Solos erlaubt, sozusagen als Krönung des Tages.

Offiziers-Schafkopf

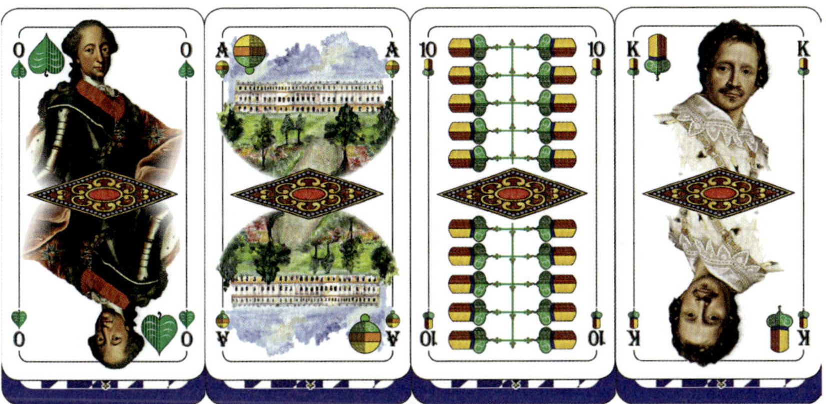

Man spielt ihn zu zweit (auch Bauern- oder Räuber-Schafkopf genannt). Vom Geber werden je 4 Karten verdeckt vor die beiden Spieler auf den Tisch gelegt. Danach werden weitere 4 Karten offen auf die verdeckten Karten gelegt. Beim Offiziers-Schafkopf muss nun der dem Geber Gegenübersitzende ein Spiel ansagen, obwohl er nur die 4 aufgedeckten Karten kennt. Als Nächster erhält der Geber 4 offene Karten, die ebenfalls auf die verdeckten Karten gelegt werden. Hat einer ein Spiel angesagt, kann der andere spritz'n.

Für das weitere Vorgehen gibt es 2 Varianten: Entweder gibt man die restlichen 16 Karten so aus wie die ersten (also jeweils 4 verdeckt und 4 offen) oder man nimmt jeweils 8 Karten in die Hand. Wird eine offenliegende Karte zugeben, so wird die verdeckt darunterliegende aufgedeckt.

Alle unreinen Schafkopfspiele müssen unmissverständlich vorher vereinbart oder durch das Reglement vorgegeben werden.

Die Vereinbarung muss beispielsweise „mit Farb-Wenz, Geier und Hochzeit" oder „mit Muss-Spiel und Renonce" lauten. Die Basis bleibt das „reine" Schafkopfspiel; es wird nur um die unreine Variation erweitert.

Sprache und Weisheiten des Schafkopf

Der Frauenanteil unter den Schafkopfern dürfte je nach Region, Turnier oder Personenkreis eine Durchschnittsgröße von deutlich über 20 % erreicht haben; beim Internet-Schafkopf liegt er sicherlich noch höher. Die Spielqualität der Schafkopferinnen steht der der Männern in nichts nach. Anfängerkurse im Schafkopf werden sogar zu mehr als der Hälfte von weiblichen Teilnehmern besucht.

Auch die Jugend hat dieses Spiel für sich entdeckt.

Die Sprache am Schafkopftisch, in manchen Wirtshäusern und in Turnieren in Bierzelten ist deftig und entspricht nicht einer vornehmen Sprachweise. Sie ist zwar sehr rau, aber durchaus herzlich.

Manche Spieler jedoch nehmen diese Art des Umgangs persönlich und fühlen sich vielleicht sogar beleidigt. Andere verunsichern unerfahrene Spieler bewusst, um ihnen dadurch den Schneid abzukaufen. Am besten ist es, einfach ruhig weiterzuspielen, gelassen zu bleiben und sich die lustigen und frotzelnden Sprüche zu merken.

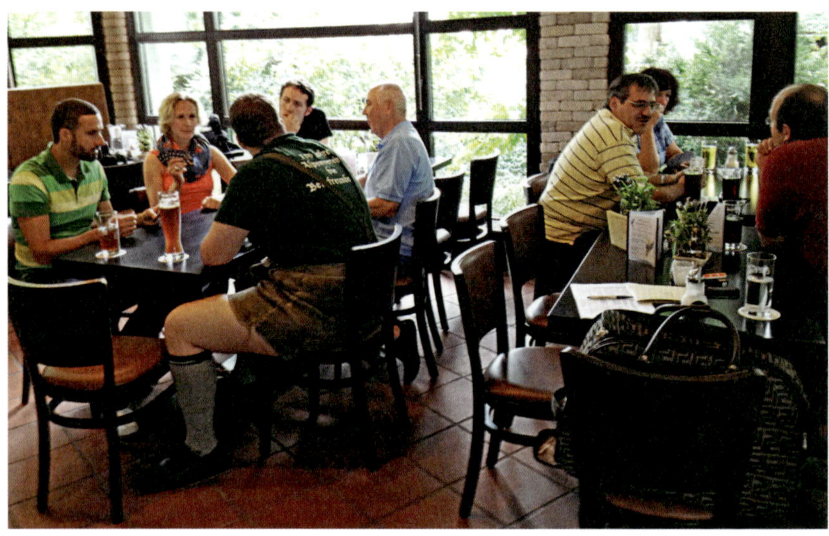

Die Sprüche sind häufig aus einer bestimmten Situation heraus entstanden und spiegeln den Gemütszustand des Einzelnen wieder. Es ist eine eigene Sprache; nur der Eingeweihte kann unmittelbar erkennen, ob er gerade gelobt oder getadelt wird – oder ob nur ein belangloser Spruch auf seine Kosten gemacht wird. Einige Weisheiten und Sprüche sind sehr tiefsinnig, nachdenkenswert und lehrreich. Andere dafür überflüssig, nichtssagend und einfältig. Letztere sollen den Tisch nur unterhalten und haben keinerlei „Nährwert", wie beispielsweise *„I hob scho schafkopfd da bist du no mitm Butterbrot in der Hand barfuass da Blechmusi nachgrennt"* [Ich habe schon Schafkopf gespielt, da bist Du noch mit dem Butterbrot in der Hand barfuß der Blasmusik hinterhergerannt], oder *„Bis Du Apfe sagst, hab'n i scho lang g'essn"* [Bis Du Apfel sagst, hab ich ihn schon lange gegessen].

Nicht jeder, der die Schafkopfsprache beherrscht, ist zwangsläufig ein versierter Spieler, selbst wenn dies den Eindruck vermitteln soll.

Regionale Kartennamen

Sau Eichel: *„Alte", „Eins", „Oide mach an Buckl", „Alte Liebe rostet nicht", „Mit da Oid'n gehts aufs Dorffest", „Eichulia die Waldschnepfe", „Waldsau", „Haussau", „dahoam liegts", „mit da Oidn"*

Sau Gras: *„Blaue", „Blaue Adria", „Moser Julie", „Frau Förster", mit der Blauen, der Genauen", „alte Frau Landrat", „Gärtnerin", „Mary Lu", „Förster Christl", „mit der Mannschaftsaufstellung" (in Anlehnung an die ehemalige Stadionzeitschrift des TSV 1860 München)*

Sau Herz: *„Rote", „Bluadssau"*

Sau Schellen: *„Kugl", „Bumpe", „Kuglbauer Theres", „Hundsgfickte", „Bumps", „Geidsau", „d'Bumpe treibt d'Oba zam", „Bucklate", „Schlass", „Lumpate", „De, da wo da Hund draufsitzt", „Rapunzel"*

Zehner, 10er: *„Eisnbahna", „Schwellnhupfa"*

7er, 8er, 9er: *„Spatzn", „Lusch'n", „Nixer", „Faule"*

Sau, Zehner: *„Schmier", „Volle" „Augn", „Pfund"*

Ober: *„Haxn", „Herren", „Bauern", „Oida" = Ober Eichel, „da Blaue" = Ober Gras, „da Rode" = Ober Herz, „Bremse, Zoibremsa" (Zahlbremser) = Ober Herz oder Schellen"*

Unter: *„Wenz", „Buam"*

Die legendäre Schafkopfweisheit *„Jeds Spui is anders"* ist auf die 99 Billiarden möglichen Spielvarianten zurückzuführen. Dabei bleibt noch völlig außer Betracht, dass jeder Schafkopfspieler mit den Karten, die er auf der Hand hat, etwas anderes macht. Die Zahl selbst steht nur für die möglichen Kartenkombinationen.

Verschiedene Stammtischsprüche finden sich in regionalen Runden, Turnieren und Wirtshausgesprächen. Besonders ältere Spieler kennen noch Sprüche, die nur mit Übersetzung das Gehirn des Empfängers erreichen, wie

Eichel Solo Ankündigung: *„Oache bis d'Nuss zeitig wer'n"*

Gras Solo Ankündigung: *„Grün scheiß'n Gäns", „a Greans in da Suppn"*

Herz Solo Ankündigung: *„mit da Herz Sau", „Herzlich lacht die Tante"*

Schellen Solo Ankündigung: *„Schellinski war ein Pole"*

Wenz Ansage: *„Einen", „wenn a gang", „an Wendolin", „Nua de Unta"*

Rufspiel Ansage: *„i dad", „d'Oide huift zoin" = mit der Sau Eichel*

Ansage für Nichtspielen: *„weida", „weg", „i ned",*

Während des Spiels gehört es zu den elementaren Schafkopfregeln, sich mit Bemerkungen zurückzuhalten und Kommentare auf die Misch- und Zählphase zu beschränken, also so lange seinen Mund zu halten, bis das Spiel vorbei ist. Älteren Spielern ist dies jedoch nicht immer zu vermitteln, insbesondere dann, wenn sie gewöhnt sind, immer zu „quatschen". So lange keine spielaufklärenden Aussagen kommen – na ja gut.

Ein paar Beispiele, wenn der Gegner das Spiel zu gewinnen scheint: *„Z'erst gwinna d'Narrn, dann fahrns hoam mitm leera Karr'n"* [Zuerst gewinnen die Narren, dann fahren sie nach Hause mit dem leeren Karren], oder *„Ersta Gwinn machts Sackal gring"* [Erster Gewinn hält den Geldsack klein] und *„d'erstn Pflauma san scho oiwei madig"* [Die ersten Pflaumen waren schon immer madig].

Mein Lieblingsspruch ist seit jeher *„Scheene Leit ham schiache Kartn"* [Schöne Leute haben hässliche Karten].

Banale Sprüche, die einfach nur so dahingesagt werden, sind:

„Auf Herz ghört Schelln in tausend Fäll'n" [Auf Herz gehört Schellen in tausend Fällen],

„Wer mit da Oidn spuit, hat scho vaspuit" [Wer mit der Sau Eichel spielt, hat schon verspielt],

„Wenn'st mi fragst, dann spuist was'd magst" [Wenn Du mich fragst, dann spielst Du, was Du magst],

„was ma ko, soll ma doa" [Was man kann, soll man tun],

„Wennst nix woast, spuist a Gras" [Wenn Du nichts weist, dann spiele Gras],

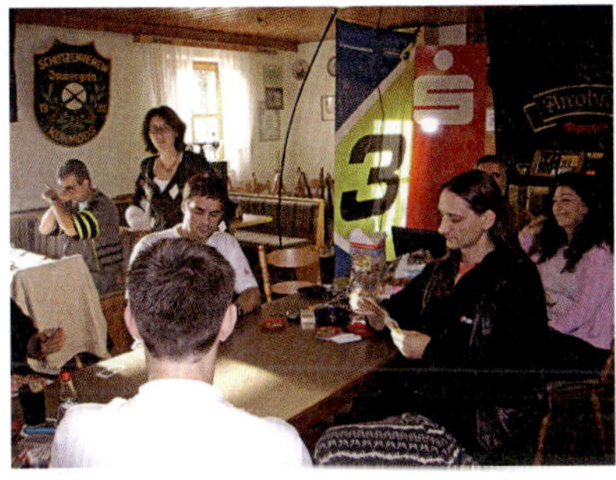

„Mit'm Oidn bist guat ghalt'n" [Mit dem Ober Eichel bist Du gut gehalten],

„Trumpf wegschmeißn und ned stecha is a Sünd" [Trumpf weggeben und nicht stechen ist eine Sünde],

„mit de Gloana ziagt ma die Groß'n" [Mit den Kleinen zieht man die Großen],

„z'gloa sans glei" [Zu klein sind sie gleich],

„an Kini leid's, vier Aug'n sans a" [Einen König ist es mir wert, da er vier Augen zählt],

„Schmierst ned vui und schmierst ned wenig - schmierst an Kini" [Schmierst nicht viel und schmierst nicht wenig - schmierst einen König],

„wenn'st bloß neifurzt, dann glangt's da nia ned" [Wenn Du nur hineinfurzt, dann reicht es Dir niemals],

„einmal hoch und einmal nieder ist der Arsch vom Onkel Frieder",

„des san heit wieda oreidige Drecksmistkarten" [Das sind heute eklige Drecksmistkarten],

„wenns Wasser kocht kearn Knödl eiglegt" [Wenn das Wasser kocht, gehören Knodel eingelegt]

„solang in da Kirch no g'orglt wird, is d'Mess no ned vorbei" [Solange in der Kirche noch die Orgel spielt, ist die Messe noch nicht zu Ende],

„grässa werns von seiba" [Größer werden sie von selbst],

„ned mehra ois Wert is" [Nicht mehr als es Wert ist],

„mit volle Hosn kon ma guad stink'n" [Mit vollen Hosen kann man gut stinken].

Bestimmte Spielsituationen kennen ganz eigene Ausdrücke und Kommentare. Erhält ein Spieler eine Spritze, kommt nicht selten *„ja duat ma denn as Herrle obelln?"* [Ja bellt man denn das Herrchen an?] oder *„Des is jetzt as Unglück über Feldmoching"* [Das ist jetzt das Unglück über Feldmoching – Münchner Stadtteil]. Gerne auch *„Jetz kimmts Gwitta von hint"* [Jetzt kommt das Gewitter auch noch von hinten] oder *„Herzhaft sans in'd Hosn gschloaffa"* [Herzhaft sind sie in die Hosen geschlüpft].

Da eigentlich jeder gegen jeden spielt, hat man nach einem Spiel nur Gegner. Der Bayer ist ein Profi im Umgang mit seiner Schadenfreude – und es kann jeden treffen. Besonders motivierend ist es, dem Gegner vor dem Ende noch Stiche abzunehmen und dazu schadenfroh und süffisant zu bemerken: *„Da san's hintnaus no eibräselt"* [Da sind sie hintenhinaus noch eingebröselt], oder *„wer sagt, dass Kia koa Schmalz fressn?"* [Wer sagt, dass Kühe kein Schmalz fressen]. Da man jedes Auge und jede Karte mitgezählt hat *„jetzt geht's nimma genau"* [Jetzt geht es nicht mehr genau] oder *„da Sack is zua"* [Der Sack ist zu]. Am Ende eines für den Gegner verlorenen Spiels: *„Des war a bsonders schene Leich"* [Das war eine besonders schöne Beerdigung].

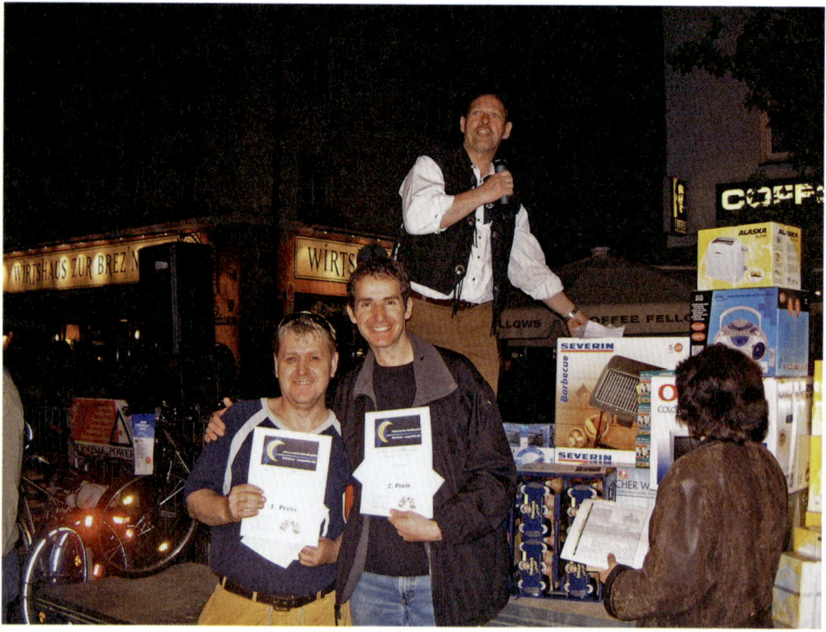

Sofern der Gegner kurz vor dem Sieg noch verliert: *„Jetzt hast vorm Scheisshaustürl no in'd Hos'n gschissn"* [Jetzt hast Du vor der Toilettentüre noch in die Hose geschissen]. Besonders frech ist *„Imma sche lächeln beim zoin"* [Immer schön lächeln beim zahlen].

In Wirtschaften sitzen gerne Zuschauer dabei. Kommen von denen häufiger Kommentare, dann gibt es durchaus kritische Bemerkungen wie *„der fünfte Mann ghört unter'n Tisch"* oder auch *„dem Kibitz is koa Spui zu deia"* [Dem Kibitz ist kein Spiel zu teuer].

Anfänger haben noch nicht die Erfahrung und Routine und brauchen auch mitunter länger zum Karten mischen. Dann hört man gerne *„du, in Obamenzing had's a moi oan gebn ..."* [Du, in Obermenzing hat es einmal einen gegeben ...], oder *„im Nachbardorf hams oamoi oan d'Kartn aus de Händ opariert, der hat a so lang gmischt"* [Im Nachbardorf haben sie einmal einem die Karten aus den Händen operiert, der hat auch so lange gemischt].

Fehler werden, besonders von älteren Spielern, getadelt. Kritiken sind dann zweideutig gemeint. Zum einen will der Kritisierende dem anderen verdeutlichen, was derjenige falsch gemacht hat; andererseits aber ist eine spieltechnische Rüge meist auch eine Geringschätzung des Gegenübers, wenn dieser sagt *„I woas ja ned was Du für a Zeug nimmst, es is hoid einfach zvui"* [Ich weiß ja nicht, was Du für ein Zeug nimmst, es ist aber eben einfach zuviel].

Ungut ist es für den Mitspieler, wenn der Spielmacher selbst nicht viele Trümpfe hat und er dies erkennen muss – *„des werd a schwere Geburt!"* [Das wird eine schwere Geburt] – oder er ein angriffslustiges *„was hast denn heit wieda für an schwangern Hund?"* [Was hast Du denn heute wieder für einen schwangeren Hund?] einstecken muss.

Ist der Mitspieler mit dem angespielten Trumpf nicht zufrieden, hört man *„Anno Domini war der was ganz groß"* [Anno Domini war der was ganz Großes].
Erweist es sich, dass der Spieler mit allen Farben spielt, muss er sich *„von jed'm Dorf an Hund"* oder *„hast denn Du koa Messa?"* gefallen lassen.

Die Kritik trifft auch Mitspieler, wenn diese nicht genügend schmieren. *„Nimmst Du Stund'n oder spuist Du von Haus aus so"* [Nimmst Du Unterricht oder spielst Du schon immer so]? *„Wuist as mit eigrab'n lassen?"* [Willst Du sie (die Schmierkarten) mit eingraben lassen]? Als Antwort für unberechtigte Kritik eignet sich *„Du machst doch scho beim Zuaschaugn*

Fehla" [Du machst doch schon beim Zuschauen Fehler].

Man muss keinen Sprachunterricht nehmen, um Schafkopfen zu können. Es genügt, wenn man hin und wieder den älteren Spielern in einer Schafkopfrunde zuhört. Selbst Bemerkungen wie *„Des is doch koa Bauernsprechstund"* [Das ist doch keine Bauernsprechstunde] oder *„bewirb di doch ois Leichenredner"* [Bewirb Dich doch als Leichenredner], wenn zu viel geredet wird, sind nicht so ernst gemeint, wie es sich anhört.

Will der Kritisierende verdeutlichen, was falsch gemacht wurde, *„weil jed's Aug zählt, schaugst nächs'ts moi genau hi"* [Weil jedes Auge zählt, schaust Du nächstes Mal genau hin] oder wenn der Spieler die Rufsau selbst sucht *„a dumma suachts seiba"* [Ein Dummer sucht die Rufsau selbst] – für jede Situation gibt es mehrere Sprüche.

Einmal ist es richtig und ein anderes Mal falsch *„Mittelhand schind ma ned"* [Spieler, die in der Reihenfolge des Herauskommens an Mittelhand, also mittendrin sitzen, sollten Schmierkarten nicht zurückhalten].

Pure Resignation, wenn man verliert: *„Gega a Odlgruabn konst einfach ned ostinka"* [Gegen eine Odelgrube kannst Du einfach nicht anstinken] oder *„des hab ich glei grocha, was i für oan Mist in de Kartn kriagt hab"* [Das habe ich sofort gerochen, was ich für einen Mist an Karten bekommen habe]. An den Gegner: *„Du bist doch scho so tot, dass ma gleich an Pfarra ruafa kenna"* [Du bist doch schon so tot, dass wir gleich einen Pfarrer rufen können].

Will ein Spieler vorwerfen, ehe er an der Reihe ist: *„So geht da Pfarra in da Kirch rum!" (kombiniert mit einer Handbewegung).*

Drückeberger beim Geben werden mit den Worten *„geben ist seeliger denn nehmen"* ermahnt, eine Äußerung, die durchaus steigerungsfähig ist: *„Magst ned gebn oder konnst ned gebn?"* [Magst Du nicht geben, oder kannst Du nicht geben]. Hilft auch das noch nicht, dann könnte *„No oamoi und i steht auf und fuata meine Kiah"* [Noch einmal und ich stehe auf und füttere meine Kühe] folgen.

Erhält der Spieler ein gutes Solo, erklärt er voller Inbrunst: *„Des Solo spui i imma bis i stirb und no lang drüba naus"* (So ein Solo spiele ich immer, bis ich sterbe und noch lange darüber hinaus] und der Gegner pflichtet mit einem *„wennst as weggworfa hättst, dann hätt i's aufghobn"* [Wenn Du das Solo weggeworfen hättest, dann hätte ich es aufgehoben].

Sagt ein Spieler ein Herz-Solo an, dann kommt vom Ausspieler *„auf Herz ghört a Schelln"*. Wird in einem Sauspiel die Rufsau gesucht, so kann dies mit den Worten erfolgen *„d'Schellnsau zoid mit"* [Die Schellensau zahlt mit, wenn das Spiel verloren wird]. Wird die Rufsau überhaupt gesucht, heißt es *„raus mit da Hur aus'm Pfarrhof"* [Raus mit der Hure aus dem Pfarrhof]. Ist sich der Ausspieler gar nicht sicher, ob die Sau durchgeht *„am Disch miass'ns varecka"* [Am Tisch müssen sie (die Karten) sterben], beschwört dieser im Vorfeld schon mal, dass sie gestochen werden sollen.

Sticht man in Mittelhand mit einem Unter, so dass die Gegner nicht mit 10er- oder Sau-Trumpf stechen können, sagt man *„Mit oam Unta gehst ned unta"* [Mit einem Unter gehst Du nicht unter]. Stechen die Partner abwechselnd, heiß es *„da oane draht und da anda schleift"* [Der eine dreht und der andere schleift].

Treu einer alten Schafkopfregel *„wenn'st zuamacha konst, dann mach zua"* [Wenn Du zu machen kannst, dann mach zu] – und etwas schlüpfriger zu einer Dame: *„Hätt'st zua gmacht, dann warst heit no a Freilein"*.

Spielt ein Mitspieler einen kleinen Trumpf an, *„bist du a ehrlicher Bandit?"* oder auch *„auf des magerste Pferd setzn se die meist'n Flieg'n"* sowie *„trau, schau wem"*.

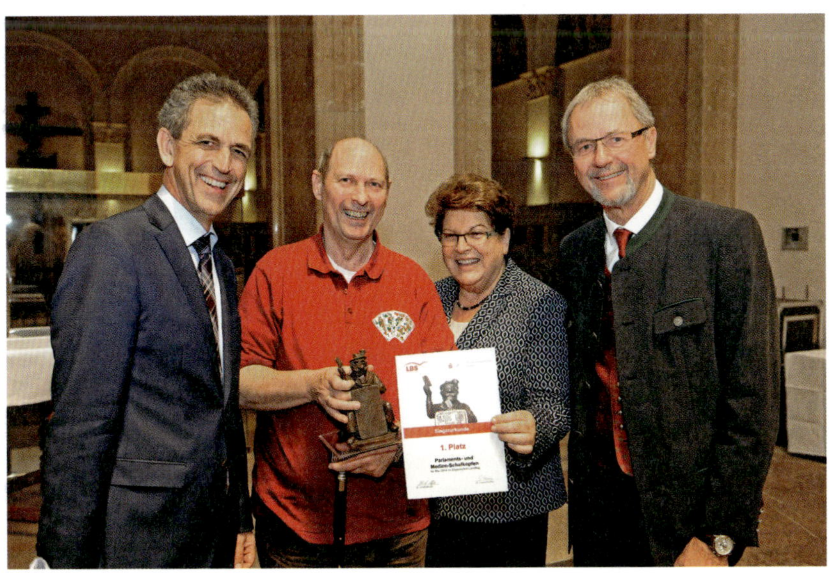

War man mit dem Ausspiel des Mitspielers zufrieden: *„No moi sagt de Braut in da Hochzeitsnacht“*.

Genauso passt der Spruch *„raus muaß a sagt da Zahnarzt“*. Wurde die Sau Eichel gerufen und angespielt, dann kommen Kommentare wie *„a oide Henna gibt a guade Supp'n“* oder *„ohne an Oid'n ned zum hoiten“* [ohne Ober Eichel ist der Stich nicht zu halten].

Aus dem Bereich der Hoffnung *„mit da Schelln konst as prelln“* [mit der Sau Schellen kannst Du den Gegner reinlegen], gerne auch *„a Herz hat a jeda“* [Ein Herz hat jeder].

Der Weisheit letzter Schluss ist *„da Oide sticht a nua oamoi“* [Der Ober Eichel sticht auch nur einmal]. Ist der Ausgang fraglich, dann *„Katz oda Kata“*.

Das Thema „zahlen, stechen oder Punkte“ ist mit Sprüchen sehr ergiebig – *„drei und Schneida, scho geht's weida“* – damit der Verlierer sofort weiß, was es kostet. Macht der Gegner überhaupt keinen Stich: *„Drei und nicht, da vaziagts d'as G'sicht“* [Drei und nicht, da verzieht es dir das Gesicht]. Damit das Bezahlen der Laufenden nicht vergessen wird, *„derts as Kindageid ned vergess'n“* oder *„in dera Hos'n hänga a no a paar Haxn“*.

Gewannen die Gegner ohne Laufende, so passt *„heit is da billige Jakob da“* oder *„a Oba und a Stich“*; schneiderfrei kann auch heißen *„drauss samma“*. Kommen in einem Stich mehr als dreißig Augen zusammen: *„Des is de hoibe Miete“*. Auch für die Pattsituation hat die Schafkopfsprache einen Spruch: *„Da Arsch hat a zwoa Hälftn“*.

Zu allem muss man sich die launige Stimmung vorstellen, die herrscht, wenn Schafkopfspieler mit unterschiedlichsten Charakteren, Altersstrukturen, Spielstärken und Bildungen aufeinandertreffen. Aber das macht dieses Spiel gerade so abwechslungsreich und interessant.

Grasoberln

...oder auch „Graseberla“, „Grasobern“ oder „Grünobern“ genannt ist ein verwandtes Kartenspiel, das leider vom Aussterben bedroht ist. Man findet es noch vereinzelt im Isartal, um Lenggries, Altötting, Rosenheim und im Bayerischen Wald.

Gespielt wird mit den gleichen 32 Karten wie bei Schafkopf, vorzugsweise zu viert.

Im Gegensatz zum Schafkopf kennt das Grasoberln keine Trümpfe und nicht die Schafkopf-Zählwerte. Es ist ein reines Stichspiel.

Gegeben wird im Uhrzeigersinn. Jeder Spieler erhält 2 x 4 Karten – also alles genau wie beim Schafkopfen.

Die Wertigkeit der Karten kennt vier gleichrangige Farben in Eichel, Gras, Herz und Schellen und unterteilt in Sau, König, Ober, Unter, 10er, 9er, 8er und 7er.

Es gibt verschiedene Spiele, die „Mord“, „gelegter Mord“ oder „Rufmord“, „Bettel“, „gelegter Bettel“, „Schleicher“ oder „Schleichmord“ heißen.

Beim Normalspiel spielen 4 Spieler, jeder gegen jeden. Der links neben dem Geber Sitzende spielt eine Karte aus, die dann alle in der gleichen Farbe bedienen müssen. Sollte ein Spieler keine Farbe bedienen können, so muss er den Ober-Gras zugeben, falls er ihn hat. Andernfalls kann man eine beliebige Farbe (Karte) zugeben.

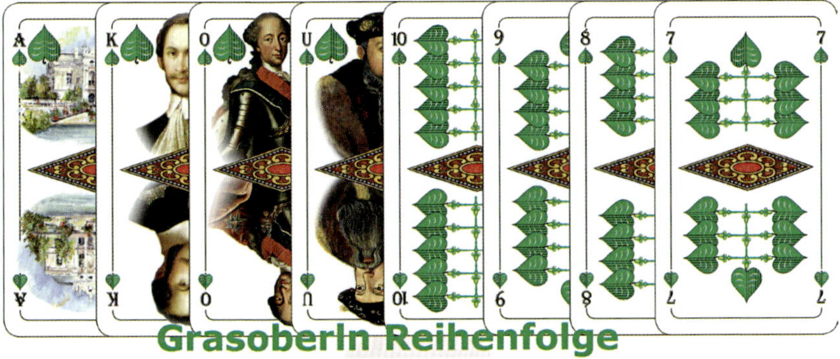

Grasoberln Reihenfolge

Der Ober-Gras muss aber auch zugegeben werden, wenn Sau-Gras oder König-Gras angespielt werden. Hier noch einmal die bildliche Reihenfolge. Sau-Gras sticht König-Gras und alle anderen Graskarten. 8er-Gras sticht nur 7er-Gras.

Derjenige, der den ersten Stich macht, zahlt einen zuvor festgelegten Betrag (z.B. 10 Cent) in einen gemeinsamen Stock. Dasselbe (1 Zähleinheit) muss derjenige bezahlen, der mit dem Ober-Gras sticht; außerdem derjenige, der den letzten - also 8. - Stich macht.

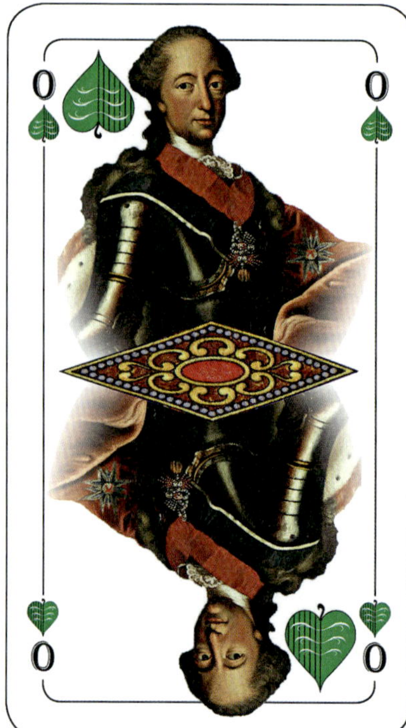

Kurfürst Maximilian III, Joseph

Sinnvoll ist es daher, den Ober-Gras möglichst schnell loszuwerden, indem dieser dann abgespatzt wird, wenn man eine Farbe frei hat und eine beliebige Karte zugeben darf. Als nächstes sollte man dann alle möglichst alleinstehenden hohen Karten (Säue, Könige usw.) zugeben.

Ziel des Spiels ist also das Vermeiden des ersten und des letzten Stichs. Außerdem gilt die Vermeidung des jeweiligen Stichs, der den Gras-Ober enthält.

Mord

Beim Mord muss der Spieler ähnlich wie beim Solo-Tout alle Stiche machen. Dies muss er vorher ansagen, darf sich aber eine beliebige Karte dazurufen oder wünschen. Der Spieler mit der gerufenen Karte (z.B. „ich brauche die Sau-Schellen") gibt diese dem Spieler und erhält dafür im Austausch verdeckt eine andere (niedrigwertigere) Karte von diesem Spieler. Es kommt der Solo-Spieler raus, an welcher Position er auch sitzt.

Gewinnt der Mord-Spieler, indem er alle Stiche macht, so erhält er von jedem Spieler einen vorher vereinbarten Betrag (z.B. 50 Cent). Verliert er das Spiel, indem er mindestens einen Stich abgeben muss, so zahlt er den gleichen Betrag an jeden einzelnen Spieler.

Gelegter Mord

Im Gegensatz zum normalen Mord darf der Spieler hier keine Karte rufen und muss seine acht Karten offen auf den Tisch legen. Dafür wird der Tarif auch verdoppelt.

Bettel

Sagt ein Spieler einen Bettel an, dann darf er überhaupt keinen Stich machen. Beim ersten Mal kommt er raus und wird dann versuchen, alle höheren Karten in Farben abzuspatzen, die er nicht hat. Dafür gibt es in der Regel von jedem Spieler einen vorher festgelegten Tarif (z.B. wie bei Mord), der aber auch dann gezahlt werden muss, wenn der Bettel verloren geht.

Gelegter Bettel

Man legt nach der Ansage alle Karten offen auf den Tisch und erhält, wenn das Spiel gewonnen wird, den doppelten Betteltarif. Die Karten werden natürlich eine nach der anderen gespielt und die Gegner dürfen offen – jedoch ohne Gerede – entscheiden, was sie zugeben.

Schleichmord

Der Schleichmord ist bis zum 4. Stich ein ganz normales Spiel. Hat jedoch ein Spieler alle 4 Stiche gemacht, kann er vor dem Ausspiel der 5. Karte auf den Tisch klopfen und „Schleichmord" ausrufen. Von nun an muss er auch noch die restlichen Stiche machen.
Der Tarif ist meist identisch mit einem Bettel-Tarif, umgekehrt kostet er auch genauso viel.

Wurde in den ersten vier Stichen bereits ein Betrag in den Stock einbezahlt, erhält ihn der Spieler wieder zurück.

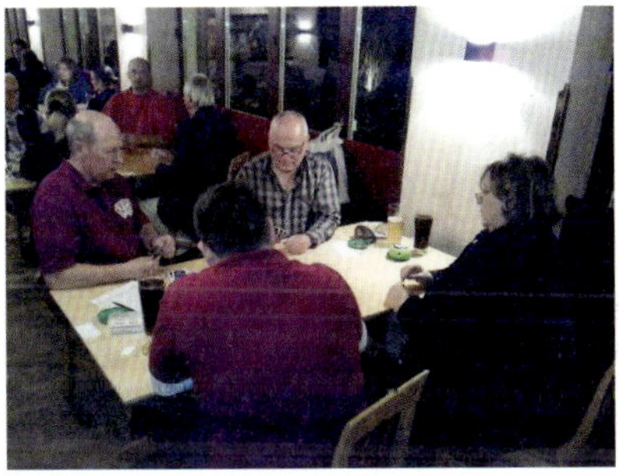

Sind mehrere Spieler an einem Spiel interessiert, so gilt folgende Reihenfolge: gelegter Mord, gelegter Bettel, Mord und dann Bettel. Bei gleichem Spiel zählt die Sitzreihenfolge im Uhrzeigersinn, vom Geber aus gesehen.

Der Stock wird nach Spielende gleichmäßig aufgeteilt.

Turniere

In Bayern werden permanent Schafkopfturniere veranstaltet. Neben den professionellen Veranstaltern findet sich keine Gemeinde, kein Volksfest oder Verein, der nicht mindestens einmal jährlich ein Schafkopfturnier ausrichtet.

Von der Gemütlichkeit ist seit dem 14. April 2010 durch den Volksentscheid „Nichtraucherschutz" in Bayern sehr viel verlorengegangen. Das Rauchverbot gilt in Gaststätten, Bierzelten – eigentlich überall. Am Volksentscheid beteiligten sich etwa 3,5 Millionen Stimmberechtigte (37,7 %), von denen etwa 2,1 Millionen (61,0 %) für den Gesetzesentwurf stimmten.

Sponsoren und Veranstalter von Turnieren sind die Brauereien, wovon allein 624 in Bayern brauen; die Vereine allein zählen nach Angaben des Justizministeriums in München bereits 85.000. Jede freiwillige Feuerwehr, die politischen Ortsvereine der Parteien, die Lion-Clubs und Benefiz-Veranstaltungen, die kirchlichen Organisationen sowie jede Gastwirtschaft haben ihr eigenes Schafkopfturnier.

Wer sich einen kleinen Überblick verschaffen möchte, kann bei Google „Schafkopfturniere" eingeben oder gezielt die Webseiten

- Schafkopfrennen.de
- Schafkopf-Turniere.de
- Sauspiel.de

besuchen. Beim BSC-Sendling, in der Linde in München oder in den Traditionsvereinen wie „Mit der Blauen" finden wöchentlich Turniere statt und es kommen nahezu täglich Schafkopfrunden zusammen, die sich stets über neue Gesichter freuen.

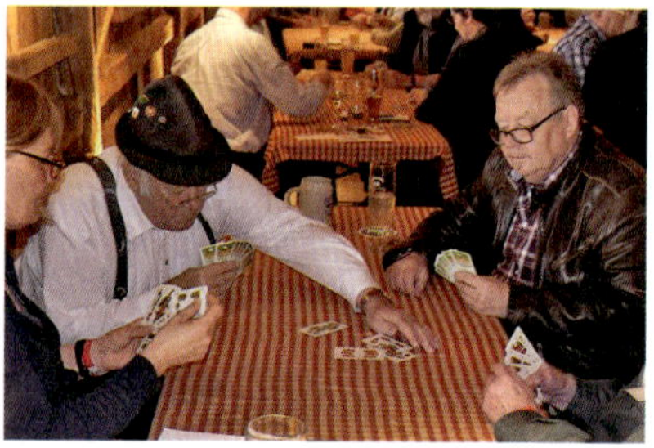

Zu den größten Veranstaltern gehört der Schafkopf-Club Bayern e. V. (Vorstand: Fred Sichert, Tel. 08146 7028 oder 0170 3228725, *fsichert@scb-home.com*)

Der Verein veranstaltet große Turniere, wie

- die Bayerische Schafkopfmeisterschaft
- die Deutsche Schafkopfmeisterschaft
- die Weltmeisterschaft.

Daneben gibt es laufende Turniere, wie z.B. das Reuegeld-Turnier (das „Reuegeld“: Ein verlorenes Rufspiel und eine verlorene Spritze auf ein Rufspiel kosten z.B. 0,50 €. Ein verlorenes Solo/Wenz/Farbwenz und eine verlorene Spritze kosten 1,00 €).

Außerdem gibt es noch die Bayern- und die Landesliga, in der immer Mannschaftspunkte gewertet werden. Die Teams heißen z.B. Ries-Zocker, Jailhouse-Zocker, Weida United, Augsburger Panther und bestehen aus jeweils 5 – 8 Mann.

Die Spielregeln sind etwas abgewandelt. Hier nur die wesentlichen Punkte:

- Es darf gespritzt werden
- Zusätzlich werden nach jeder Serie Tischpunkte vergeben
  Tischsieger: 40 Punkte
  Zweiter: 30 Punkte
  1. + 2. punktgleich: je 35 Punkte
  1., 2. + 3. punktgleich: je 30 Punkte
  Dritter: 20 Punkte
  2. + 3. punktgleich: je 25 Punkte
  2., 3. + 4. punktgleich: je 20 Punkte
  Vierter: 10 Punkte
  3. + 4. punktgleich: je 15 Punkte
  Sind alle punktgleich: je 25 Punkte
- Nachmischen und 4 x 2 Karten geben
- Kommt kein Spiel zustande, gibt der gleiche Spieler so lange weiter, bis ein Spiel zustande kommt

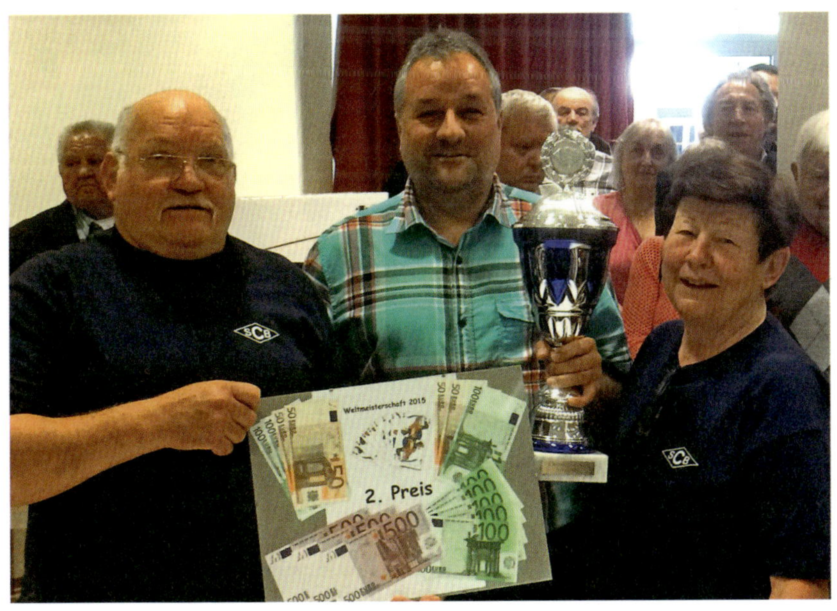

- Spritze ist spätestens nach der 1. Karte, aber vor der 2. gespielten Karte erlaubt
- Re ist nicht erlaubt
- Ohne Trumpf darf eine Spritze nicht gegeben werden. Eine Spritze ist unberechtigt, wenn die kontragebende Partei nicht Schneiderfrei wird und höchstens 1 Stich macht (gilt nicht beim Tout)

Sehr schöne Turniere veranstaltet Josef Hundegger, Jachenauer Str. 61, 83661 Lenggries, Tel. 08042 918322 mit der Isarwinkler Meisterschaft und den Münchner Merkur Turnieren. Letztere finden anlässlich der bayerischen Volksfeste in den Bierzelten statt (meist sonntags).

Der Sepp veranstaltet auch zwei- bis dreimal jährlich Schafkopfreisen über 3 Tage mit 100 – 120 Teilnehmern in

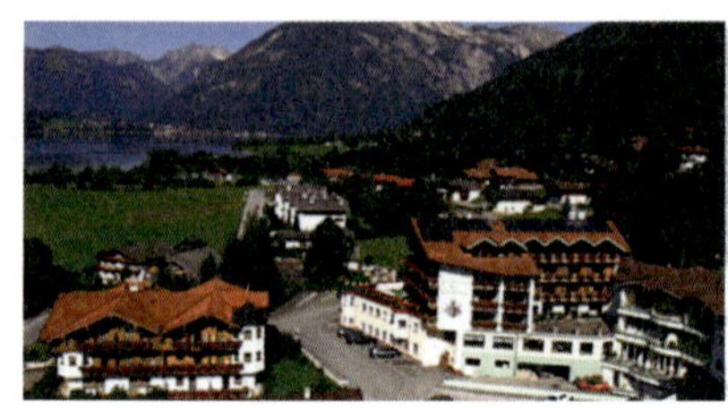

sehr schöne Hotels nach Rimbach (Bayrischer Wald) oder Maurach am Aachensee.

Auf diesen Turnieren werden auch Farb-Wenzen und „der Alte muss“ gespielt.

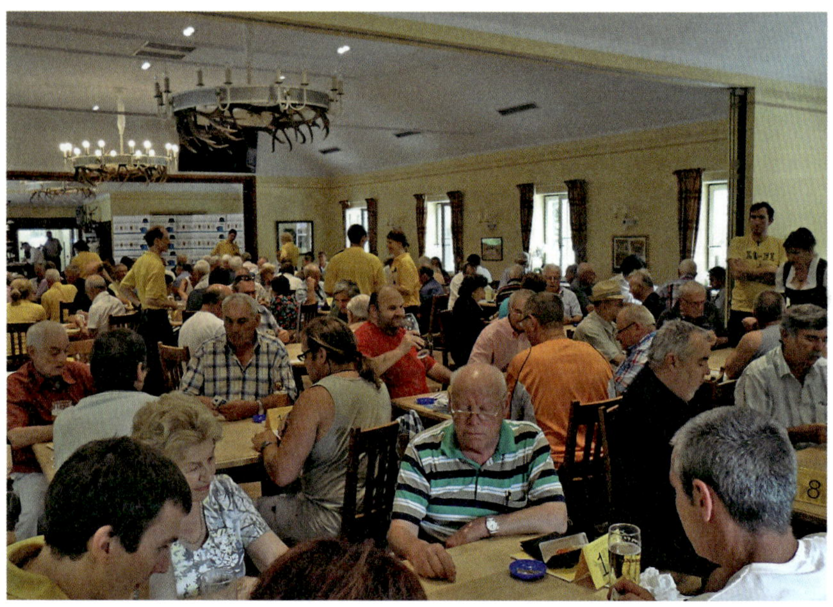

Kommt kein Rufspiel zustande, ruft der Eichel-Ober. Sollte der Eichel-Ober keine Rufkarte besitzen, so muss er Renonce spielen. Dies muss aber den Mitspielern gegenüber ausgesprochen werden. Sollte der Eichel-Ober alle drei Säue in seiner Karte haben, so muss er einen Zehner rufen.

Erwähnenswert ist auch der Erste Schaffkopf-Verein München e.V., der neben dem jährlichen Singleton's Turnier regelmäßige Vereinsturniere abhält. Vorstand: Dr. Stefan Kallweit, Franz-Wolter-Straße 64, 81925 München, Tel. 089 38164128, *info@schaffkopfverein.de*

Weitere Turniere:

- Deutscher Schafkopf Verein e.V. gespielt wird in einer Spielbank in Tschechien

- Tunix-Schafkopfturnier
  Urheber: Laura Schöffel

- Isar-Bowling
  Martin-Luther-Str. 22, 81539 München, Tel.: 089 6924512

- Schafkopfturnier des Bayerischen Sportschützenbundes
  Lions Club München-Blutenburg, Restaurant „Cantina", in der Pasinger Fabrik, August-Exter-Straße 1, 81245 München

- Parlamentarisches Schafkopfen im Landtag, Veranstalter: LBS
  Der 1. Preis ist der Schafkopf-Oskar. Um den Schafkopf-Oskar – eine Bronzefigur, die der Karikaturist Dieter Hanitzsch und die Bildhauerin Angelika-Maria Stiegler gestaltet haben – kämpfen jedes Jahr zwischen 110 und 130 Teilnehmer aus Politik und Medien.

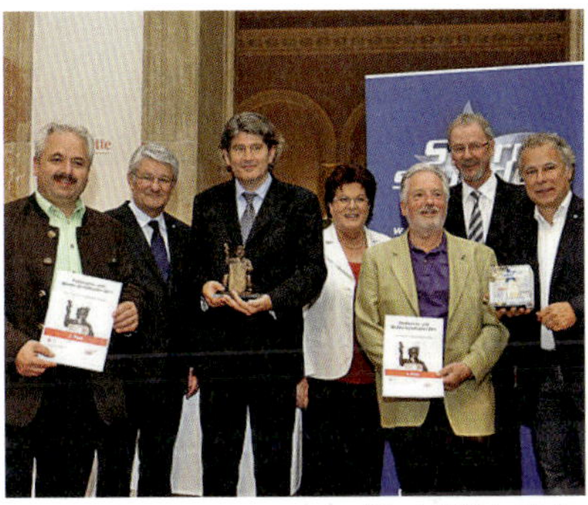

Foto: Astrid Schmidhuber

- Schafkopfschule e.V.
  Vorstand Stefan Aldenhoven, *info@schafkopfschule.de*

- Altbayerisches Schafkopfturnier
  Markus Wasmeier Freilichtmuseum Brunnbichl 5, 83727 Schliersee

- Kartler mit Herz:
  Michael Leopold Charity Schafkopf Turnier mit YoungWings Botschafter Thomas Müller

  Der Ursprung dieses Turniers liegt auf dem Golfplatz. Was haben Gol-

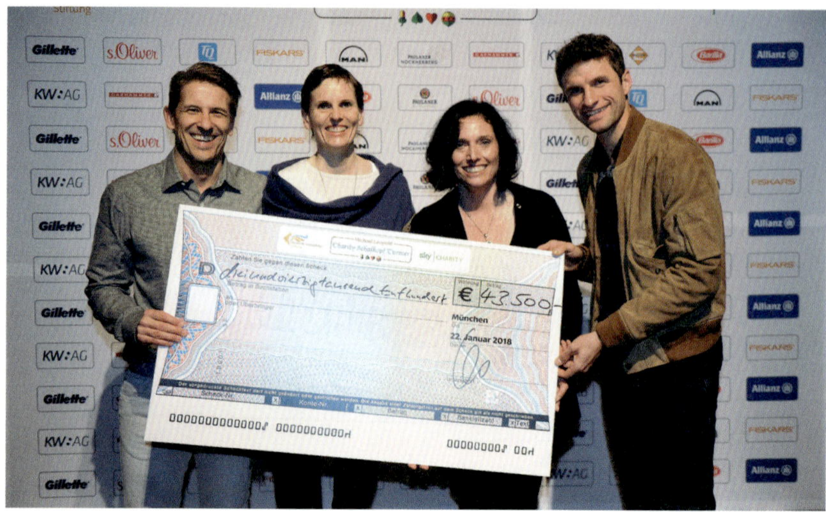

(v.l.n.r.) Initiator Michael Leopold, Martina Münch-Nicolaidis, Vorstandsvorsitzende der Nicolaidis YoungWings Stiftung, Nicole Zubayr, General Manager Sky Stiftung und Fußballprofi und YoungWings Botschafter Thomas Müller beim letzten Schafkopfturnier im Januar 2018 Foto: Thomas Ulbricht, Mammendorf

fen und Schafkopfen gemein? Auf den ersten Blick so gar nichts, hätte Sky Moderator Michael Leopold im Herbst 2014 nicht eine Golf-Wette gegen Thomas Müller verloren. Sein Einsatz war die Organisation eines Schafkopfturniers zugunsten der Nicolaidis YoungWings Stiftung, die Thomas Müller seit 2011 als Botschafter unterstützt. Nach dem großen Erfolg der ersten drei Jahre ging das Turnier 2018 nun bereits in die vierte Runde.

Erstmals gewann mit der Sängerin Claudia Koreck eine Frau das Turnier.

Zu den ältesten Schafkopf-Clubs zählen:

- Schafkopfclub Pfersee 1 aus Augsburg, gegründet 1891
- „Mit der Blauen München“ seit 1925
- „Alle Acht“ aus Au-Haidhausen, seit 1958

Es würde den Rahmen des Buches sprengen, alle Turniere aufzuzählen; die Aufzählung ist daher nur als beispielhaft zu verstehen.

Interessant ist, dass es einen Parkinson-Stammtisch in München gibt, der ebenfalls regelmäßig Turniere veranstaltet: *www.parkinsonstammtischmuenchen.de*

Erfahrung!

Welche Erfahrung kann man schon groß mitbringen, wenn man mit 28 Jahren erst das Schafkopfen von lieben Freunden lernt, die selbst nur einen sehr einfachen Schafkopf spielen.

Mit „sehr einfach“ meine ich, dass die Trümpfe und Augen nicht mitgezählt werden und des Öfteren der Kommentar folgt: *„Ich spiele ja nur zur Gaudi.“*

Mit Familienangehörigen und Freunden spielten wir auf diese Weise meist zu fünft (einer setzte immer aus), wöchentlich, 18 Jahre lang. Jeder hatte so seine Eigenheiten, und so spielten wir völlig ohne Bezug zur Schafkopfwelt vor uns hin. Einige Male fuhren wir in kleine Pensionen und spielten 2 – 3 Tage durch. Es fielen keine allzu harten Worte – alles war gut.

Eines Tages las einer von uns in der TZ (Münchner Stadtzeitung), dass im Löwenbräukeller die Münchner Stadtmeisterschaft im Schafkopf ausgetragen wird. Zu viert gingen wir dorthin und kauften uns Teilnehmerkarten. Bereits in der ersten Runde musste ich mir anhören: *„Warum schmierst Du ned?“* Ich hatte nicht mitgezählt und wusste nicht, dass mein Partner noch einen Trumpf hatte.

Meinen drei Begleitern ging es nicht besser, woraufhin der erste meinte, *„da mach ich nicht mehr mit“*. Es gab insgesamt 10 Turniere, die entweder am Nockherberg oder im Löwenbräukeller stattfanden. Während ich selbst bis zum Endturnier dabeiblieb, fuhr ab dem sechsten Mal niemand von den anderen mehr mit.

Was ich mir in dieser Zeit anhören durfte, würde ein ganzes Buch füllen. Meine jeweiligen Mitspieler waren nicht sehr zartbesaitet in ihren Kommentaren mir gegenüber. Aber ich ließ mich nicht abschrecken. Vereinzelt gewann ich auch mal einen Bierkrug, ein anderes Mal eine Wurst.

Unter den ersten 50 war ich nie. Wie auch? Ich zählte nicht mit, spielte unüberlegt und war meist auch noch selbst schuld, wenn ich wieder ein Spiel „versemmelte“ (verlor).

Im darauffolgenden Jahr lernte ich bei einem dieser TZ-Turniere den Otto kennen, der zusammen mit seiner Frau eine Gaststätte betrieb, in der einmal in der Woche ein Schafkopfturnier stattfand.

Nachdem sich unser Familien-Schafkopf durch Wegzug und Krankheit langsam auflöste, spielte ich nun in der „Linde“ bei Otto. Die dortigen Spieler waren jedoch ein völlig anderes Kaliber. Die zählten mit, spielten überlegt und erkannten sofort jeden Fehler von mir. Das war zwar eine harte Schule, aber effektiv.

Im Laufe mehrerer Jahre lernte ich unzählige Spieler und natürlich auch Turnierveranstalter kennen. Abwechselnd spielte ich auch beim Ritzer Karl, der ebenfalls jede Woche ein Turnier im BSC-Sendling veranstaltete, sowie beim Sepp Hundegger oder im Schafkopf-Club Bayern e. V., dem ältesten Schafkopfverein „Mit der Blauen“, bei Astrid und Robert im „Sakrisch Guat“ oder den vielzähligen anderen Veranstaltungen.

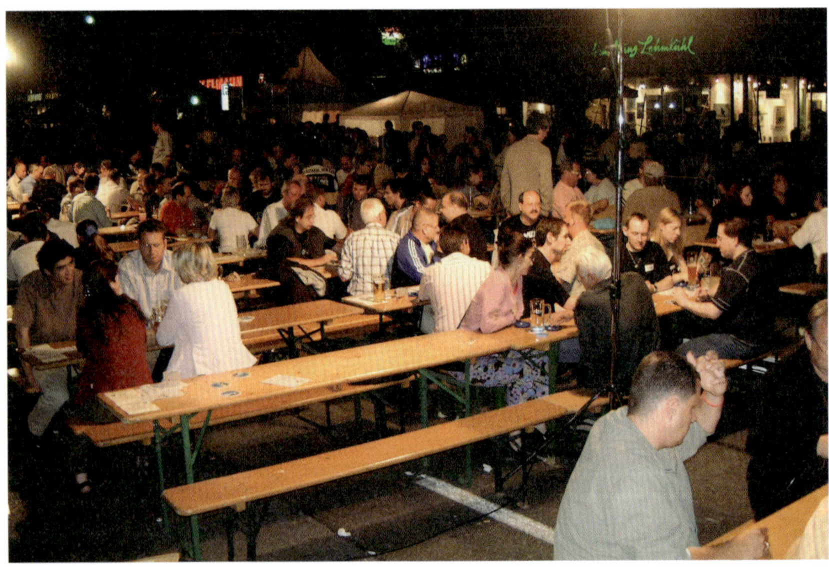

Zwischenzeitlich zählte ich auch meine Augen und meine Trümpfe mit. Was mich aber furchtbar störte war der Umstand, dass jedes Turnier seine eigenen Regeln hatte. Gleichzeitig waren etwa 2003 alle Zeitungen voll mit Berichten, dass das Schafkopfen aussterben würde und die Wirte keine Schafkopfspieler unter ihren Gästen haben wollten.

Über all diese Themen unterhielt ich mich mit Stefan Aldenhoven, der in seinem Leben wohl mehr Schafkopferfahrung gemacht hat als die meisten „Besserwisser“, die man so regelmäßig antrifft.

Fazit war, dass wir den unwürdigen Zustand dieses faszinierenden Spiels in ein vernünftiges Reglement bringen wollten. Zusammen mit sieben weiteren leidenschaftlichen Schafkopfspielern gründeten wir 2004 die Schafkopfschule in Feldmoching.

Hauptziel war es, ein einheitliches Regelwerk zu schaffen, das Ungerechtigkeiten ausschließt und vor allem einheitlich angewendet werden kann. Dies wurde 2004 angegangen und 2007 noch einmal modifiziert.

In dieser Zeit spielte ich sehr viele Turniere und war auch des Öfteren unter den Ersten. Ich gewann unzählige Fahrräder, Fernseher, Videorecorder, CD-Player, einen Motorroller und sogar eine Woche Urlaub auf Rügen mit der ganzen Familie im Hotel Steigenberger.

Als Schafkopfschule wollten wir auch Lehrgänge veranstalten, weshalb wir drei Lehrgänge ins Auge fassten: Den Anfänger-Lehrgang, den Fortgeschrittenen-Lehrgang und den „Wie merke ich mir die gespielten Karten?"-Lehrgang.

Unsere Vorgabe war, dass die Lehrgänge strukturiert sein sollen, in einer Gaststätte an nur einem Tag (10.30 – 17 Uhr) stattfinden und preislich erschwinglich sein müssen. Diese Vorgaben wurden erreicht, die Lehrgänge waren sehr gut besucht und die Schafkopfschule machte sich einen sehr respektablen Namen, zumal wir alles ehrenamtlich leisteten und die Einnahmen für verschiedene Bedarfssituationen spendeten.

Es war zwar niemals beabsichtigt, aber aus verschiedenen Situationen heraus betätigte sich die Schafkopfschule auch als Turnierveranstalter, wie zum Mitternachtsschafkopfen auf der Leopoldstraße, im Turmrestaurant auf dem Fernsehturm oder zur 125-Jahrfeier von König Ludwig II.

Ich merkte, wie im Lauf der Jahre meine Spielstärke immer weiter wuchs und die Leidenschaft immer stärker wurde.

Im Lauf der Zeit habe ich erkannt, was einen guten Schafkopfspieler ausmacht:

- Er kennt zu jedem Spielstand die noch verbleibende Trumpfanzahl, die erreichten und noch machbaren Augen

- Er kennt seine Chancen

- Er weißt, welches Spiel ertragreicher ist, und vor allem:

- Er schimpft und ärgert sich nicht über das Spiel der anderen, sondern macht es sich zunutze.

Trotz alledem habe ich selbst noch keinen „Sie“ gehabt, aber zumindest einen gegeben, der jetzt in der „Linde“ verewigt ist.

Erfahrung kommt nicht durch jahrelanges Spiel mit den gleichen Gegnern zustande, sondern ausschließlich durch häufiges Spielen mit wechselnden Leuten, das Hinnehmen von berechtigter und auch unberechtigter Kritik und konstruktives Umsetzen zugunsten der eigenen Spielverbesserung.

Was mich auch immer sehr belustigt und gleichzeitig nachdenklich stimmt, sind die Kommentare zwischen den Spielen. Sie behandeln in absoluter Kurzform die Weltpolitik, die eigene Einstellung zu allen möglichen Themen und die Weisheit dazu, was unsere Politiker, Prominenten und Großunternehmen in Form von Sprechblasen falsch oder richtig machen.

Zur Lösung des ein oder anderen Problems kann ich Politikern nur wärmstens empfehlen, sich mit an die Karten- oder Stammtische zu setzen und die dort ausgesprochenen Anregungen zur Kenntnis zu nehmen.

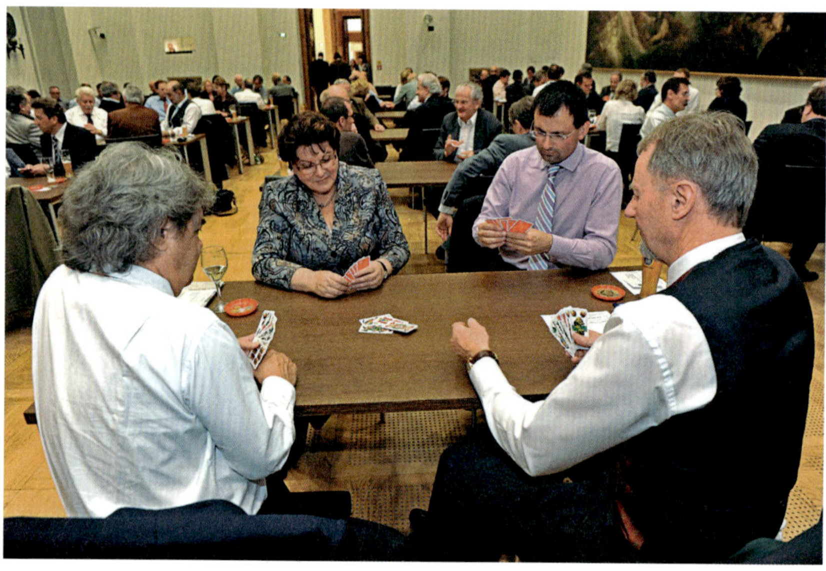

Regelwerk der Schafkopfschule e. V.

Das Regelwerk der Schafkopfschule wurde 2004 zum ersten Mal aufgestellt und dann 2007 modifiziert.

1. Das Schafkopfspiel

1.1 Grundsätzliches

Das Schafkopfen ist ein Kartenspiel, das erstmals im zweiten Drittel des 18. Jahrhunderts und nachweislich in einem Buch von Paul Hammer im Jahre 1803 erwähnt wurde. Davor war es als Societäts-, Denunciations- und Konversationsspiel verbreitet.

1.2 Spielkarten

Ein Kartenspiel besteht aus 32 Schafkopfkarten (im Format 56 x 100 mm). Jede Karte enthält auf einer Seite das „Schafkopf Kartenbild“ als „Bayerisches Kartenbild“. Auf der anderen Seite kann sich ein Motiv befinden, das auf allen Karten völlig identisch sein muss. Sofern sich 6-er im Kartenspiel befinden, sind diese vor Spielbeginn zu entfernen.

1.2.1 Schafkopf wird zu viert gespielt.

1.2.2 Jedes Kartenspiel besteht aus **4 Farben:** Eichel, Gras, Herz, Schellen

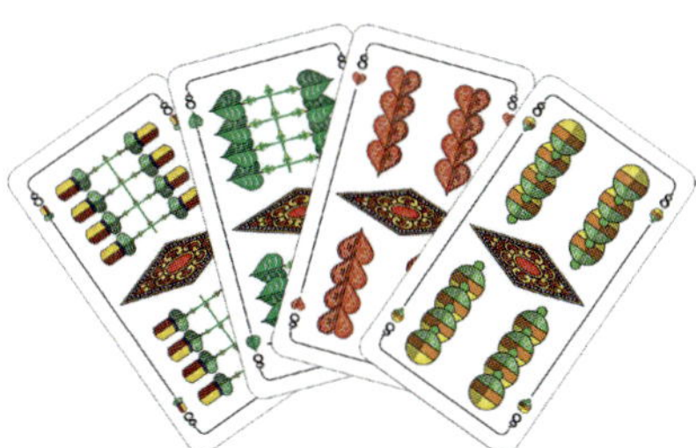

1.2.3 Jede **Farbe** besteht aus 8 Karten mit folgenden **Zählwerten (Augen):**

Sau: 11 Augen

Zehn: 10 Augen

König: 4 Augen

Ober: 3 Augen

Unter: 2 Augen

Neun: 0 Augen

Acht: 0 Augen

Sieben: 0 Augen

1.2.4 Alle **Augen** eines Schafkopfspiels ergeben zusammen 120 Punkte (4 x 30 Punkte).

1.2.5 **Herren** sind die Ober und Unter, in der Rangfolge:

1. Eichel-Ober
2. Gras-Ober
3. Herz-Ober
4. Schellen-Ober
5. Eichel-Unter
6. Gras-Unter
7. Herz-Unter
8. Schellen-Unter

Der jeweils Höhere in der Rangfolge sticht den Unteren. Der Eichel-Ober ist, außer beim Wenz, der Höchste.

1.3 Ziel des Spiels

1.3.1 Ziel des Spiels ist es, so viele Punkte wie möglich durch geschicktes und überlegtes Partner- oder Einzelspiel zu erreichen.

1.3.2 Sieger ist, wer als Spieler mindestens 61 Punkte (Augen) und als Gegenspieler 60 Punkte erreicht.

1.4 Begriffe

Im Schafkopf-Spiel gibt es sehr viele Begriffe, deren Bedeutung den meisten bekannt ist, die aber nicht zu den offiziellen Begriffen zählen. Die offiziellen Begriffe sind:

Abspatzen: Sich in einer Farbe freimachen

Alte: Eichel-Sau

Augen: Punkte

Ausspieler: Derjenige, der in der Reihenfolge die erste Karte herauslegen muss

Bedienen: Zugeben einer Karte in der Farbe, bzw. Trumpf zugeben, wenn diese Farbe oder Trumpf ausgespielt wurde

Blaue: Gras-Sau

Bremser: Ober oder Unter, der in der Kette der Laufenden der Oberste oder Unterste ist

Bumbs: Schellen-Sau

Davonlaufen: Wenn der Gerufene mehr als 4 Karten in der gleichen Farbe besitzt und unter der Sau ausspielt

Der Alte: Eichel-Ober

Einen: Wenz (Abkürzung von „Einen Wenz“)

Fehlfarbe: Die Farbe, die man selbst nicht besitzt

Gegenspieler: Alle Spieler, die nicht zum Spielmacher gehören

Herren: Alle Ober und Unter

Hinterhand: Der letzte, der seine Karte nach dem Ausspieler zugeben muss

Kiebitz: Zuschauer, die nicht selbst mitspielen

Kurzer Weg: Wenn der Spielmacher oder Gegenspieler unmittelbar hinter dem Ausspieler sitzt

Langer Weg: Wenn der Spielmacher oder Gegenspieler an Hinterhand sitzt

Laufende: Ununterbrochene Reihenfolge an Ober und Unter auf der Spielmacher- oder Gegenseite, beginnend beim Eichel-Ober (Rufspiel und Solo) oder Eichel-Unter, beim Wenz

Mittelhand: Der Spieler an zweiter oder dritter Stelle sitzend, nach dem Ausspieler

Mitspieler: Der Partner des Spielmachers oder des Gegenspielers im Rufspiel

Retour: Antwort auf einen Stoß. Kurzform „Re“

Rufspiel: Wenn ein Spieler mit einem Mitspieler, der die gerufene Sau hat, gegen 2 Gegenspieler spielt (Sauspiel)

Sau: Ass

Schmieren: Hohe Augen (Sau oder Zehner) dem Mitspieler zugeben

Schneider: Wenn der oder die Spieler unter 31 Augen oder die Gegenspieler unter 30 Augen erreichen

Schwarz: Wenn der oder die Spieler keinen einzigen Stich erreichen

Sie: Alle 4 Ober und 4 Unter auf einer Hand

Solo: Wenn ein Spieler eine Farbe zu Trumpf erklärt und gegen alle anderen spielt

Solo-Tout: Wenn die Gegenseite keinen einzigen Stich macht und dies vom Spieler vor dem Ausspiel angesagt wird

Spatzen: Alle Siebener, Achter und Neuner, da sie keine Punkte bringen, bzw. Fehlkarte bei einem Solo

Spieler: Alle Spieler des Schafkopfspiels

Spielmacher: Derjenige, der ein Rufspiel oder Solo ansagt; er wird in jedem Spiel neu ermittelt

Stich: Wenn alle 4 Spieler zugegeben haben, wird dieser Kartenstapel (Stich) vom Spieler mit der höchsten Karte im Stich umgedreht (Bild nach unten) und vor sich hingelegt

Stoß: Glaubt ein Gegenspieler, dass er das Spiel gewinnt, so kann er einen Stoß (Kontra) geben

Teilnehmer: Alle an einem Turnier teilnehmenden Spieler

Tout: s. Solo-Tout

Trumpf: Beim Rufspiel alle Ober, Unter und Herzen. Beim Solo alle Ober und Unter und die gewählte Farbe. Beim Wenz alle Unter

Wenz: Spiel, bei dem die Unter alleine Trumpf sind

2. Die Spielansage

2.1 Sitzanordnung

2.1.1 Die vier Spieler sitzen sich im Kreuz gegenüber. Dabei ist der Körper so zu halten, dass kein Spieler dem anderen in die Karten sehen kann.

2.2 Mischen und Abheben der Karten

2.2.1 Nach dem ersten Öffnen des verschlossenen Kartenspiels müssen die Sechser entfernt (sofern vorhanden) und die Karten gut vermischt werden. Dies erfolgt durch Ausbreiten der Karten über dem Tisch mit der Bildseite nach unten und dem **Vermischen** der Karten durch alle Spieler

2.2.2 Das erste Spiel wird vom Spieler mit der Nummer 1 oder einem vorher bestimmten Spieler gemischt, der auch das erste Spiel gibt. Das Nächste gibt im Uhrzeigersinn Spieler Nummer 2, dann Spieler Nummer 3 und am Schluss Spieler Nummer 4. Danach beginnt die Reihenfolge wieder bei Spieler Nr. 1, so dass in einer Runde jeder Spieler einmal die Karten mischt und ausgibt.

2.2.3 Der Kartengeber hat die Karten ordentlich zu mischen. Werden die Karten während des Mischens gestochen (ineinander gesteckt) oder geblättert, so sind sie vor dem Abheben noch einmal durchzumischen. In Turnieren werden die Karten nachgemischt.

2.2.4 Der hinter dem Geber (im Uhrzeigersinn), also rechter Hand sitzende Spieler hebt die gemischten Karten ab. Beim Abheben werden die liegenbleibenden Karten auf den abgehobenen Stapel gelegt.

2.2.5 Es muss abgehoben werden. Dabei müssen mindestens drei Karten liegenbleiben oder abgehoben werden.

2.2.6 Es darf maximal dreimal abgehoben werden.

2.2.7 Weder der Geber noch der Abheber dürfen beim Mischen den Stapel so drehen, dass sie die unterste Karte erkennen können. Wird doch ein Blick riskiert, so muss dies sofort moniert und die Karten neu gemischt werden.

2.3 Ausgeben der Karten

2.3.1 Der Geber verteilt im Uhrzeigersinn die Karten. Dabei beginnt er beim linken Nachbarn und gibt jedem Spieler vier Karten. Nach der ersten Gebefolge werden nochmals an jeden Spieler vier Karten ausgeteilt.

2.3.2 Jeder Spieler entscheidet selbst, ob ein Kiebitz in seine Karten sehen darf.

2.4 Reihenfolge und Spielberechtigung

2.4.1 Nach dem Geben erfolgt die Spielansage. Dabei hat der Spieler nach dem Geber (im Uhrzeigersinn), also linker Hand Sitzende das Vorrecht, als erster seine Spielabsicht zu erklären.

2.4.2 Eine Spielabsicht wird mit den sinngemäßen Worten „ich spiele“ erklärt. An diese Spielabsicht ist der Erklärende unwiderruflich gebunden.

2.4.3 Danach kann im Uhrzeigersinn der nächste Spieler erklären „ich spiele auch“ oder „weiter“, bzw. „ist Recht“ sagen. Der Spieler, der als erster erklärt hat, dass er spielen würde, hat nun das Vorrecht, das er dann aufgibt, wenn er den folgenden Spieler spielen lässt.

2.4.4 Die Reihenfolge bei der Spielberechtigung ergibt sich aus der Reihenfolge des Sitzplatzes (nach dem Geber) und danach durch die Wertigkeit des Spiels. Die Rangfolge ist:

1. Sie
2. Solo-Tout
3. Wenz-Tout
4. Solo
5. Wenz
6. Rufspiel

Würden zwei Spieler ein Spiel in der gleichen Wertigkeit spielen, so entscheidet die Sitzfolge. Die Farbe, mit der ein Solo angesagt wird, spielt für die Reihenfolge keine Rolle (Herz-Solo ist nicht höherwertig als ein Schellen-Solo).

2.4.5 Der nachfolgende Spieler, der ebenfalls spielen möchte, muss seine Spielabsicht ausschließlich mit den Worten „ich spiele auch“ oder „ich würde auch spielen“ erklären. Das gleiche gilt für den dahinter Sitzenden und den danach kommenden Spieler.

2.4.6 Der Spieler, der an zweiter Stelle ein Spiel ansagt, muss mindestens ein höherwertigeres Spiel als ein Rufspiel (z. B. einen Wenz oder ein Solo) haben.

2.4.7 Erklärt ein zweiter Spieler seine Spielabsicht, ist der Spieler, der an erster Stelle wäre, nicht mehr an seine Spielabsicht gebunden, auch wenn er selbst ein höherwertiges Spiel gehabt hätte. Erklärt Spieler 1 „weiter“ oder „ist Recht“, dann ist Spieler 2 an seine Erklärung gebunden.

2.4.8 Hat der Spieler an erster Stelle selbst ein Solo, so sagt er „ich spiele selbst“, woraufhin der folgende Spieler keinen Wenz mehr anmelden kann. Er müsste einen Wenz-Tout oder ein Solo-Tout mit den Worten „ich hätte einen Tout“ ansagen, um selbst zu spielen. Hat der Spieler an 2. Stelle selbst ein Solo, so sagt er nur „ich hätte ein Solo“ oder „aber keinen Wenz“. Das Solo von Spieler 1 ginge dann vor.

2.4.9 Hat der Spieler an erster Stelle einen Wenz, so muss er dies auch mit den Worten „ich spiele selbst“ erklären, was für Spieler 2 bedeutet, dass er mindestens ein Solo spielen muss. Hat der Spieler an 2. Stelle ein Solo, so sagt er nur „ich hätte ein Solo“ oder „aber keinen Wenz“. Das Solo von Spieler 2 ginge dann vor.

2.4.10 Eine Spielansage ist unwiderruflich. Eine ungültige Spielansage beendet das Spiel und wird wie ein verlorenes Spiel für den Ansager mit den Punkten gewertet, die ein verlorenes gültiges Spiel eingebracht hätte (ohne Schneider und Schwarz).

2.4.11 Sobald zwischen Spieler 1 und 2 der Rang geklärt ist, müssen die nachfolgenden Spieler ebenfalls ein „weiter“ oder ihre Spielabsicht kundtun. Hat Spieler 2 noch keine Aussage zu seinem Spiel abgegeben, aber Spieler 1 ihm das Spielrecht gewährt, so muss Spieler 2 gegenüber Spieler 3 nur erklären „ich spiele selbst“. Der weitere Verlauf ist wie in 2.4.8 oder 2.4.9.

2.4.12 Die Spielansage darf erst erfolgen, wenn sich alle Spieler erklärt haben.

2.4.13 Hat kein Spieler Interesse an einem Spiel, haben also alle vier Spieler „weiter“ gesagt, so wird zusammengeworfen und vom nächsten Geber ein neues Spiel gegeben. Die Einzahlung in einen Stock kann vorher frei vereinbart werden.

2.4.14 Liegt eine Karte auf dem Tisch oder hat ein Mitspieler bereits das Kartenbild erkennen können, so darf die Karte nicht mehr zurückgenommen werden.

2.4.15 Vier Spiele hintereinander ergeben ein Runde. Mehrere Runden ergeben bei Turnieren einen Durchgang.

2.5 Rufspiel

2.5.1 Das Rufspiel ist ein Partnerspiel, bei dem derjenige, der spielen möchte, eine Sau „ruft“. Man kann nur eine Sau rufen, die man selbst nicht hat und zu der man selbst mindestens eine Farbkarte besitzt, die nicht Ober oder Unter ist. Der Spielmacher kann nur eine Eichel-, Gras- oder Schellen-Sau rufen. Die Herz-Sau kann nicht gerufen werden, da sie Trumpf ist.

2.5.2 Der Spieler mit der gerufenen Sau ist **Mitspieler** und muss die Sau immer zugeben, sofern die Farbe in der Ruf-Sau angespielt wird. Er darf, ehe er die gerufene Sau zugegeben hat, nicht zu erkennen geben, dass er der Mitspieler ist.

2.5.3 Ein Rufspiel kann nur angesagt werden, wenn man nicht alle Säue selbst hat (gesperrt ist). Es wird angesagt durch die Worte: „mit der Eichel-Sau“ (der Alten) oder „mit der Gras-Sau“ (der Blauen) oder „mit der Schellen-Sau“ (der Bumbs oder der Kugl).

2.5.4 Wenn der Mitspieler mindestens vier Karten mit der Ruf-Sau in der Ruf-Farbe besitzt, kann er davonlaufen (unter der Ruf-Sau ausspielen), solange die Farbe noch nicht gespielt war und er noch alle vier Farbkarten in der Hand hält.

2.5.5 Nachdem die Ruf-Farbe bereits einmal gespielt war (und durch Davonlaufen nicht zugegeben wurde), kann die Ruf-Sau gespielt oder geschmiert werden. Wurde die Ruf-Sau nicht gesucht, so darf sie erst im letzten, dem 8. Stich, zugegeben werden. Der Mitspieler, der die Ruf-Sau hat, kann diese zu jedem Zeitpunkt anspielen, sofern er an der Reihe ist.

2.5.6 Beim Rufspiel sind die Ober, Unter und alle Herzen in ihrer Rangfolge Trümpfe:

1. Eichel-Ober
2. Gras-Ober
3. Herz-Ober
4. Schellen-Ober
5. Eichel-Unter
6. Gras-Unter
7. Herz-Unter
8. Schellen-Unter
9. Herz-Sau

10. Herz-Zehn
11. Herz-König
12. Herz-Neun
13. Herz-Acht
14. Herz-Sieben

Sie stechen alle anderen Farben. Es gibt insgesamt 14 Trümpfe beim Rufspiel. Die anderen Farben sind untereinander gleichwertig.

2.6 Solo

2.6.1 Bei einem Solo wird Herz als Trumpf aufgehoben und zu einer gleichwertigen Farbe wie Eichel, Gras oder Schellen.

2.6.2 Der Spieler, der ein Solo ansagt, spielt alleine gegen die drei anderen Gegenspieler.

2.6.3 Solos werden angesagt mit den Worten „Eichel-Solo“ oder „Gras-Solo“ oder „Herz-Solo“ (jetzt würde Herz wieder Trumpf werden) oder „Schellen-Solo“. Die Farbe, die angesagt wird, ist für dieses Spiel Trumpf - nach den Obern und Untern.

2.6.4 Der Spieler muss in der Farbe, die er zu Trumpf erklärt, mindestens eine Karte besitzen.

2.6.5 Die Gegenspieler dürfen ihre Stiche auf einen gemeinsamen Stichstapel legen.

2.6.6 Die Rangfolge der Trümpfe ist wie im Rufspiel, wobei Herz durch die angesagte Farbe ersetzt wird, die auch Herz sein kann.

2.7 Wenz

2.7.1 Bei einem Wenz sind nur die Unter Trumpf. Es gibt 4 Trümpfe.

2.7.2 Die Ober erhalten eine Wertigkeit zwischen dem König und dem Neuner einer Farbe. Alle vier Farben sind gleichwertig.

2.7.3 Ein Wenz kann auch ohne Unter (Trumpf) gespielt werden.

2.7.4 Die Rangfolge beim Wenz ist:

1. Eichel-Unter
2. Gras-Unter
3. Herz-Unter
4. Schellen-Unter

2.8 Tout

2.8.1 Erwartet der Spielmacher, dass er alle Stiche selbst machen wird, so kann er dies mit den Worten „Solo-Tout“ oder „Wenz-Tout“ ansagen.

2.8.2 Ein Tout muss, vor dem Ausspiel der ersten Karte, angesagt werden. Liegt die erste Karte bereits auf dem Tisch, ist die Ansage nicht mehr gültig. Es wird nur noch ein einfaches Solo oder ein Wenz gewertet.

2.9 Sie

2.9.1 Erhält ein Spieler alle 4 Ober und 4 Unter, so besitzt er einen „Sie“. Im ersten Spiel nach dem Ausgeben wird der Sie nicht gezählt.

2.9.2 Der „Sie“ darf sofort offen auf den Tisch gelegt werden.

2.9.3 Es ist strikt verboten, mit den gleichen Karten weiterzuspielen. Diese Karten sollen vom Spieler mit dem „Sie“ eingerahmt und aufgehängt werden.

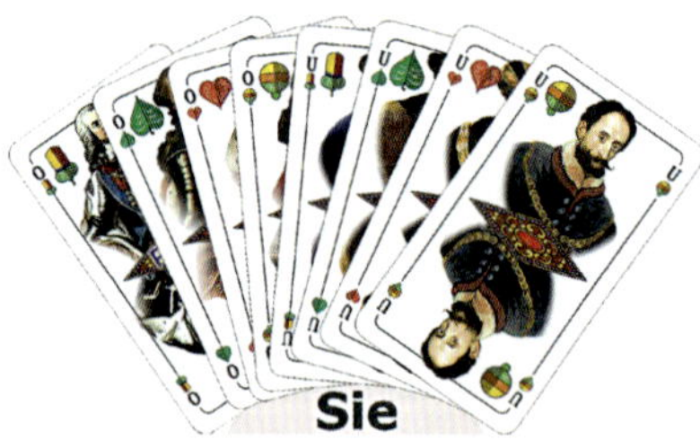

3. Der Spielverlauf

3.1 Ausspiel

3.1.1 Ist die Rangfolge geklärt, so spielt der Spieler nach dem Geber (im Uhrzeigersinn) eine Karte aus. Als nächstes gibt der jeweils im Uhrzeigersinn folgende eine Karte zu, danach der neben ihm Sitzende und am Schluss der Letzte.

3.1.2 Gestochen werden die ausgespielten Karten immer von der Karte mit der höchsten Wertigkeit. Hat ein Spieler die angespielte Farbe nicht, so kann er mit Trumpf stechen. Wird Trumpf angespielt oder eine Farbe von mehreren Spielern mit Trumpf gestochen, so gehört der Stich dem Spieler mit dem höchsten Trumpf.

3.1.3 Derjenige, der die anderen drei Karten sticht, muss den Stich (jeweils vier Karten) vor sich mit dem Bild nach unten hinlegen.

3.1.4 Jeder Stich darf von jedem Spieler noch einmal aufgedeckt werden, solange nicht der nächste Stich umgedreht wurde. Die Stiche sind so aufeinander zu legen, dass zu jedem Zeitpunkt die Reihenfolge der Stiche nachvollzogen werden kann.

3.1.5 Derjenige, der gestochen hat, ist der nächste Ausspieler. Zugegeben wird immer im Uhrzeigersinn und nacheinander.

3.1.6 Jedes Spiel muss bis zum Ende gespielt werden, damit die anderen Spieler jederzeit nachvollziehen können, ob immer richtig zugegeben wurde.

3.1.7 Legt ein Spieler mehrere Karten offen auf den Tisch, so ist das Spiel beendet.

3.1.8 Jeder Spieler hat zu jedem Zeitpunkt einen Anspruch darauf zu erfahren, wer Ausspieler ist, wer welche Karte gerade zugegeben hat und, sofern die Ruf-Sau bereits zugegeben wurde, von wem. Ebenso ist die Frage bei einem Solo erlaubt, welche Farbe Trumpf ist.

3.2 Bedienpflicht

3.2.1 Im Schafkopf herrscht Bedienpflicht. Wird eine Farbe angespielt, so müssen alle Spieler in dieser Farbe – gleichgültig mit welcher Wertigkeit – zugeben.

3.2.2 Wird Trumpf angespielt, so müssen alle Spieler Trumpf – gleichgültig mit welcher Wertigkeit – zugeben.

3.2.3 Es gibt keine Pflicht zu stechen, also eine Karte zuzugeben, die höherwertig ist.

3.2.4 Hat ein Spieler keine passende Farbe, so kann er schmieren (eine hochwertige andere Farbe zugeben), mit Trumpf stechen (z. B. Ober, Unter oder Herz, bzw. Trumpf) oder sich abspatzen (eine wenig Augen zählende Karte einer anderen Farbe zugeben).

3.3 Stoß

3.3.1 Glaubt ein Gegenspieler, dass er eine bessere Karte als der Spielmacher hat bzw. das Spiel gewinnen wird, so kann er einen „Stoß" oder eine „Spritz'n" geben.

3.3.2 Ein Stoß ist möglich, solange nur eine Karte, nämlich die des Ausspielers, herausgelegt wurde.

3.3.3 Der Spieler kann daraufhin mit einem „Retour" antworten. Dies aber ebenfalls nur, solange die erste Karte herausgelegt wurde.

3.3.4 Der Spieler bleibt Spieler und gewinnt erst mit mindestens 61 Punkten.

3.4 Fehlverhalten und Sanktionen

3.4.1 Durch das Abheben sind alle Fehler, Einwände und Beschwerden aus dem Spiel davor verjährt, mit Ausnahme von absichtlichem Falschspiel! Diese Verjährung kann von jedem Spieler, wenn der Abhebende den Kartenstapel abheben möchte, durch ein sinngemäßes „Halt" unterbrochen werden.

3.4.2 Wird während des Gebens eine Karte umgedreht oder befindet sich im Stapel eine Karte, deren Bild nach oben zeigt, so muss neu gegeben werden. Es ist gleichgültig, wer dies verursacht hat, sofern es nicht mutwillig erfolgt ist. Das gleiche gilt, wenn ein Spieler mehr oder weniger Karten als die anderen hat.

3.4.3 Wurde eine Karte durch Biegen oder Markieren so verändert, dass ein Spieler diese von den anderen unterscheiden kann, so ist das Kartenspiel nach dem Ende des Spiels sofort gegen ein neues auszutauschen.

3.4.4 Einwände gegen das Mischen, Abheben und Karten geben sind sofort, noch ehe die eigenen Karten angeschaut wurden, zu beanstanden.

3.4.5 Gibt ein Spieler, der in der Reihenfolge nicht an der Reihe war, so ist das Spiel ungültig. Dies gilt nur für das laufende Spiel, solange noch nicht alle Karten ausgegeben sind. Ist das Spiel bereits begonnen, so ist es gültig.

3.4.6 Werden Fehler beim Geben, Mischen oder Abheben gemacht, so ist das nächste Spiel vom gleichen Geber – sofern er an der Reihe war – zu wiederholen. Ansonsten gibt der Spieler, der an der Reihe ist.

3.4.7 Vorwerfen ist nicht gestattet und führt zum sofortigen Spielabbruch, außer beim letzten Stich.

3.4.8 Alle Äußerungen, die das Spiel aufklären können, sind zu unterlassen und führen zum sofortigen Spielabbruch. Das Spiel wird als verlorenes Spiel gewertet.

3.4.9 Das Blättern im Stichstapel, das über das Ansehen des letzten Stiches hinausgeht, beendet das Spiel.

3.4.10 Wird von einem Spieler ausgespielt, der nicht an der Reihe war, so ist das Spiel, sofern die Bildseite der Karte für einen anderen Spieler sichtbar war, sofort beendet. Es ist jedem Spieler gestattet, einen anderen Spieler am unberechtigten Ausspiel zu hindern.

3.4.11 Deckt ein Spieler absichtlich außerhalb des laufenden Ausspiels eine Karte auf, so wird dies gegen ihn wie ein verlorenes Spiel gewertet. Neben der Sanktion kann dies bei einem Turnier zum Turnierausschluss führen.

3.4.12 Wurden alle Karten ordnungsgemäß ausgegeben, was evident ist, wenn nach der Kartenaufnahme nicht moniert wurde, und hat während des Spiels einer der Spieler mehr oder weniger Karten als die anderen, so gilt das Spiel für ihn als verloren.

3.4.13 Haben zwei Spieler mehr oder weniger Karten als die anderen beiden, so wird das Spiel neu gegeben und nicht gewertet. Es gibt der gleiche Geber nochmal.

3.4.14 Bedient ein Spieler falsch, so gilt das Spiel für ihn als verloren. Dies gilt auch für den Fall, dass der Fehler sofort bemerkt wird und auch der Stich noch nicht umgedreht wurde.

3.4.15 Stellt sich erst nach dem Spiel, jedoch vor dem Mischen heraus, dass falsch zugegeben wurde, dann hat der Spieler, der falsch zugegeben hat, das Spiel verloren.

3.4.16 Alle Strafsanktionen gelten für den jeweiligen Spieler, der den Fehler begangen hat. Beim Rufspiel ist es entweder ein Spieler der Spieler- oder der Gegenspielerpartei. Beim Solo trifft es entweder den Solisten oder einen seiner drei Gegenspieler.

3.4.17 Sanktionen

Wird in einem Turnier ein Fehler begangen, so erhält derjenige, der den Fehler begangen hat, Minuspunkte. Bei einem Solo oder Wenz sind das 9 Minuspunkte.

Hat der Solist den Fehler begangen, so erhalten seine drei Gegenspieler jeweils 3 Pluspunkte. Wurde der Fehler durch einen Gegenspieler begangen, so erhält der Solist 9 Pluspunkte.

Ein Tout wird mit 18 Minuspunkten sanktioniert. Die Mitspieler bekommen 0 Punkte.

Bei einem Rufspiel bekommt der Spieler, der den Fehler begangen hat, 4 Minuspunkte. Die beiden Gegenspieler erhalten je 2 Pluspunkte und der Mitspieler 0 Punkte.

Die Anzahl der Stiche, hypothetische Spielverläufe oder Ausgänge, der Spiel- und Punktestand oder ein Stoß spielen dabei keine Rolle.

Eine Bezahlung erfolgt proportional, je nach Tarif. Laufende werden nicht bezahlt. Es wird faktisch nur Schneider bezahlt.

3.4.18 Deckt ein Spieler nach einem Fehler seines Gegen- oder Mitspielers seine Karten auf oder wirft diese einfach offen auf den Tisch, noch ehe die Aufsicht entschieden hat, so hat er das Spiel verloren und bekommt die Minuspunkte, die eigentlich der Spieler bekommen hätte, der den Fehler begangen hat. Der Spieler, der den Fehler begangen hat, bekommt 0 Punkte. Sanktionen sind nur durch die Aufsicht bei Turnieren möglich.

3.5 Verhaltensregeln

3.5.1 Jede Bemerkung, Äußerung, Gestik oder Regung, die Informationen für andere Spieler enthält oder einen Mitspieler zu einer bestimmten Spielweise auffordert, ist zu unterlassen und führt zum Spielabbruch.

3.5.2 Beleidigende oder diskriminierende Äußerungen sind zu unterlassen. Schafkopfspieler haben sich in jeder Situation fair und sportlich zu verhalten. Sie dürfen kein fadenscheiniges Recht suchen. Es gibt auch keine Alters-, Geschlechts- oder Herkunftsunterschiede.

3.5.3 „Schneider" ist Ehrensache und muss von der Verlierer-Partei ohne Aufforderung bezahlt werden. „Schwarz" muss verlangt werden.

3.5.4 Es ist verboten, einem anderen Spieler in die Karten zu schauen oder sich selbst in die Karten schauen zu lassen bzw. Karten zu verraten.

3.5.5 Lautes Zählen ist nicht erlaubt.

3.5.6 Die Karten sind durchwegs so zu halten, dass kein anderer Spieler das Blatt erkennen kann.

4. Die Spielbewertung

4.1 Ergebnis

4.1.1 Am Ende eines Spiels werden die Stiche der Parteien jeweils ausgezählt. Jede Partei zählt ihre eigenen Karten (Augen).

4.1.2 **Gewonnen** hat die Spielerpartei mit 61 Punkten. Die Gegenspieler haben mit 60 Punkten gewonnen.

4.1.3 Mit 91 Punkten hat die **Spielerpartei** „Schneider" gewonnen (bzw. verliert mit bis zu 30 Punkten „Schneider"). Die **Gegenpartei** hat mit 90 Punkten „Schneider" gewonnen (bzw. verliert mit bis 29 Punkten „Schneider").

4.1.4 Hat eine Partei alle Stiche gemacht, so gewinnt sie „Schwarz".

4.2 Spielabrechnung

4.2.1 Nach jedem Spiel wird, sofern um Geld gespielt wird, ausbezahlt. Dazu werden vorher die Zähleinheit (zum Beispiel: 10 Cent) und der Tarif festgelegt.

4.2.2 Laufende werden beim Rufspiel oder Solo ab 3 Ober (Eichel-, Gras- und Herz-Ober) bezahlt. Beim Wenz wird ab 2 laufenden Unter bezahlt. Laufende sind Trümpfe, von der höchsten Wertigkeit beginnend in ununterbrochener Reihenfolge bis hinunter zur Trumpf- (Herz-) Sieben. Somit sind bei einem Rufspiel oder Solo 14 Laufende möglich. Beim Wenz sind 4 Laufende möglich.

4.2.3 Laufende müssen nur bezahlt werden, wenn sie vor dem Abheben verlangt werden. Werden zu viele Laufende verlangt, so können diese doppelt zurückverlangt werden. Allerdings auch nur, solange nicht abgehoben wurde.

4.2.3 Die Zähleinheiten für eine Bezahlung sind:

Grundtarif

Rufspiel	1 Zähleinheit
Solo	5 Zähleinheiten
Wenz	5 Zähleinheiten

Prämientarif

Laufende	Grundtarif + je 1 Zähleinheit

Leistungstarif

Schneider	1 Zähleinheit + Grundtarif
Schwarz	2 Zähleinheiten + Grundtarif

Exklusivtarif

Solo-Tout	Grundtarif + Prämientarif (ohne Leistungstarif) mal 2
Wenz-Tout	Grundtarif + Prämientarif (ohne Leistungstarif) mal 2

Stoßtarif

Stoß	Grundtarif + Prämientarif + Leistungstarif mal 2 bzw. Exklusivtarif mal 2
Retour	Grundtarif + Prämientarif + Leistungstarif mal 4 bzw. Exklusivtarif mal 4

4.2.4 Diese Tarife sind bei einem Rufspiel von beiden Verlierern an die beiden Sieger zu bezahlen. Bei einem Solo zahlt entweder der Spieler an alle 3 Gegenspieler den gleichen Tarif aus oder er erhält von jedem Gegenspieler den gleichen Tarif.

5. Turnierordnung

5.1 Leitung / Aufsicht

5.1.1 Die Leitung des Turniers entscheidet über den Spielbeginn und den Spielablauf. Ist der Veranstalter mit der Turnierleitung nicht identisch, so muss dies deutlich für jeden Teilnehmer angezeigt werden.

5.1.2 Der Rechtsweg ist ausgeschlossen. Es besteht kein Teilnahmeanspruch für Spieler.

5.1.3 Bei Unstimmigkeiten entscheidet die Aufsicht. Gegen diese Entscheidung besteht Beschwerdemöglichkeit an das Schiedsgericht. Dessen Entscheidung ist unanfechtbar. Jede Beschwerde ist unverzüglich vorzubringen.

5.1.4 Falschspiel oder wiederholt falsches Bedienen führt zum Ausschluss vom Turnier. Bezahlte Startgelder werden in diesen Fällen nicht erstattet.

5.1.5 Lautes Protestieren, absichtliches Falschspiel oder absichtlich falsche Listenführung führen zum Ausschluss vom Turnier.

5.2 Spielregelungen

5.2.1 Es werden Runden mit je 32 Spielen ohne zeitliche Beschränkung gespielt.

5.2.2 Die Tische und Sitzplätze werden vorher ausgelost und dürfen nicht getauscht werden.

5.2.3 Es werden viermal 2 Karten ausgegeben.

5.2.4 Stoß oder Spritz'n ist nicht gestattet.

5.2.5 Kommt kein Spiel zustande, so muss der gleiche Geber solange neu geben, bis ein Spiel zustande kommt.

5.2.6 Es wird nicht abgehoben. Es muss nachgemischt werden. Der im Uhrzeigersinn hinter dem Geber, also rechter Hand sitzende Spieler mischt die bereits gemischten Karten noch einmal nach, indem die untersten Karten mindestens dreimal nach oben gemischt werden.

5.2.7 Die Punktewertung ist:

Spiel	Gewinner	Verlierer
Rufspiel	je 1 +	je 1 –
Rufspiel „Schneider“	je 2 +	je 2 –
Rufspiel „Schwarz“	je 3 +	je 3 –
Solo oder Wenz gewonnen	6 +	je 2 –
Solo oder Wenz verloren	je 2 +	6 –
Solo oder Wenz „Schneider“ gewonnen	9 +	je 3 –
Solo oder Wenz „Schneider“ verloren	je 3 +	9 –
Solo oder Wenz „Schwarz“ gewonnen	12 +	je 4 –
Solo oder Wenz „Schwarz“ verloren	je 4 +	12 –
Solo oder Wenz „Tout“ gewonnen	18 +	je 6 –
Solo oder Wenz „Tout“ verloren	Je 6 +	18 –
„Sie“	24 +	je 8 –

Es werden nur Pluspunkte und nur die Minuspunkte in die jeweilige Spalte geschrieben.

5.2.8 Laufende werden bezahlt, aber nicht in der Punktewertung berücksichtigt.

5.2.9 Jeder Spieler muss selbst spielen. Eine Vertretung ist nicht zulässig.

5.2.10 Es darf nur der ausgegebene Kartensatz des Turnierveranstalters verwendet werden.

5.2.11 Fällt während des Turniers ein Spieler aus, so bestimmt die Turnierleitung einen Ersatzspieler, der dann am Turnier teilnimmt und die bestehenden Punkte übernimmt.

5.2.12 Das Turniermindestalter für Teilnehmer beträgt 16 Jahre.

5.2.13 Kiebitzen ist der Aufenthalt im Veranstaltungsraum des Turniers untersagt. Das gleiche gilt für Spieler, die bereits mit ihrem Spiel fertig sind.

5.2.14 Folgende Spiele sind vor Spielbeginn von der Aufsicht genehmigen zu lassen:

- Solo- oder Wenz-„Tout“
- Sie“

Ein Solo-Tout wird erst ab 3 Laufenden mit einer Sau oder einer Sau mit Zehner in einer Farbe neben den Trümpfen gestattet. Für einen Wenz-Tout sind mindestens 2 laufende Unter oder 3 Unter mit dem Eichel-Unter erforderlich. Die Beikarten müssen mindestens aus Sau-Zehn oder aus Sau-Zehn zusammen mit einer dritten Karte in der gleichen Farbe bestehen.

5.2.15 Im ersten Spiel sind (bei sämtlichen Durchgängen) weder ein Solo-Tout, Solo-Schwarz, Wenz-Tout oder Wenz-Schwarz erlaubt. Lässt sich dies nicht vermeiden, so wird das Spiel als einfaches Solo oder Wenz gewertet.

5.2.16 Ab dem 5. Solo oder Wenz (je Durchgang) ist jedes Solo oder jeder Wenz vor dem Ausspielen der 1. Karte von der Aufsicht genehmigen zu lassen.

5.2.17 Nicht erlaubte Spiele werden in der Punkteliste ersatzlos gestrichen.

5.2.18 Hat ein Spieler den Verdacht, dass ein Spieler einem anderen Spieler unverdient Punkte zukommen lässt, so ist unverzüglich die Aufsicht zu verständigen. Jeder Spieler darf auf einen Regelverstoß hinweisen.

5.3 Liste

5.3.1 Ein Spieler muss die Liste führen und nach Spielende bei der Aufsicht abgeben. Dieser wird vor Spielbeginn von der Leitung bestimmt. Sind sich alle Spieler einig, so kann auch ein anderer Spieler die Liste führen.

5.3.2 Jeder Spieler ist verpflichtet, die Liste zu kontrollieren und vor der Abgabe deren Richtigkeit durch seine Unterschrift zu bestätigen.

5.3.3 Gespielte Solos und Wenzen sind mit einem Kreis um die Punktezahl zu kennzeichnen. Die Quersumme muss nach jeder Runde 0 ergeben. Das gleiche gilt für das Ergebnis eines Durchgangs.

5.3.4 Korrekturen, Streichungen oder nachträgliche Änderungen sind nur gestattet, wenn sie von der Aufsicht abgezeichnet werden.

5.3.5 Die Listen erhalten durch die Unterschriften Urkundencharakter und werden 6 Monate aufbewahrt.

5.3.6 Unleserliche oder falsche Listen können von der Leitung berichtigt oder für ungültig erklärt werden.

5.4 Sieger

5.4.1 Sieger wird der Spieler mit der höchsten Punktzahl, die aus beiden Durchgängen addiert wird. Die nächsten Plätze werden ebenfalls nach der höchsten Punktzahl ermittelt.

5.4.2 Besteht Punktgleichheit, so werden die gespielten Solos nach folgender Rangfolge bewertet:

a) Anzahl der gespielten „Sie“

b) Gewonnene Solo- oder Wenz-Tout

c) Gespielte Solo- oder Wenz-Tout

d) Gewonnene Solos oder Wenzen

e) Gespielte Solos oder Wenzen

Bei noch immer bestehender Punktgleichheit entscheidet das Los.

29.3.2007

(Beschlossen durch den Regelausschuss der Schafkopfschule)

Anhang

Turnierliste

Schafkopf nach den aktuellen Regeln der Schafkopfschule e.V.

Spieler:	1		2		3		4		Tisch
Teilnehmer-Nr:									Runde 1
Name:									
Spiel	gewonnen	verloren	gewonnen	verloren	gewonnen	verloren	gewonnen	verloren	Aufsicht
1									
2									
3									
4									
5									
6									
7									
8									
9									
10									
11									
12									
13									
14									
15									
16									
17									
18									
19									
20									
21									
22									
23									
24									
25									
26									
27									
28									
29									
30									
31									
32									
Addition:									
abzgl./zzgl.									
Gesamtpunkte:	+	-	+	-	+	-	+	-	

Solos einkreisen!

Unterschrift:	....	....	....	....
	Spieler 1	Spieler 2	Spieler 3	Spieler 4

Turnierregeln

1. Gespielt wird ein „reiner" Schafkopf nach den aktuellen Regeln der Schafkopfschule e.V. Erlaubt sind Rufspiel, Wenz (**kein Farbwenz**) und Solo. Spritze ist nicht gestattet.
2. Es werden 2 Runden mit je 32 Spielen ohne zeitliche Beschränkung gespielt.
3. Es werden **vier mal 2 Karten ausgegeben**. Stoss oder Spritz'n ist nicht gestattet.
4. **Kommt kein Spiel zustande, so muss der gleiche Geber neu geben**. Solange, bis ein Spiel zustande kommt. Die Tische und Sitzplätze werden vorher ausgelost und dürfen nicht getauscht werden.
5. Es werden nur Pluspunkte und nur die Minuspunkte in die jeweilige Spalte geschrieben.
   Die Punktewertung ist:

Spiel	**Gewinner**	**Verlierer**
Rufspiel	je 1 +	je 1 -
Rufspiel „Schneider"	je 2 +	je 2 -
Rufspiel „Schwarz"	je 3 +	je 3 -
Solo oder Wenz gewonnen	6 +	je 2 -
Solo oder Wenz verloren	je 2 +	6 -
Solo oder Wenz „Schneider" gewonnen	9 +	je 3 -
Solo oder Wenz „Schneider" verloren	je 3 +	9 -
Solo oder Wenz „Schwarz" gewonnen	12 +	je 4 -
Solo oder Wenz „Schwarz" verloren	je 4 +	12 -
Solo oder Wenz „Tout" gewonnen	18 +	je 6 -
Solo oder Wenz „Tout" verloren	Je 6 +	18 -
„Sie"	24 +	je 8 -

6. Gespielt wird folgender Tarif: 10 Cent. (Beispiel: Rufspiel 10 C, Solo 50 C, Wenz 50 C, Laufende je 10 C, Schneider zusätzlich 10 C, Schwarz zusätzlich 10 C). Laufende werden bezahlt, aber nicht in der Punktewertung berücksichtigt.
7. Jeder Spieler muss selbst spielen. Eine Vertretung ist nicht zulässig. Es darf nur der ausgegebene Kartensatz des Turnierveranstalters verwendet werden. Fällt während des Turniers ein Spieler aus, so bestimmt die Turnierleitung einen Ersatzspieler, der dann am Turnier teilnimmt und die bestehenden Punkte übernimmt. Das für Teilnehmer Turniermindestalter beträgt 16 Jahre. Kiebitzen ist der Aufenthalt im Veranstaltungsraum des Turniers untersagt. Das gleiche gilt für Spieler, die bereits mit ihrem Spiel fertig sind
8. **Folgende Spiele sind vor Spielbeginn von der Aufsicht genehmigen zu lassen: Solo- oder Wenz- „Tout", „Sie"**. Ein Solo-Tout wird erst ab 3 Laufenden mit einer Sau oder einer Sau mit Zehner in einer Farbe gestattet. Für einen Wenz-Tout sind mindestens 2 laufende Unter oder 3 Unter mit dem Eichel-Unter erforderlich. Die Beikarten müssen mindestens aus Sau – Zehner oder aus Sau, Zehn und einer dritten Karte in der gleichen Farbe bestehen. Im ersten Spiel sind (bei beiden Durchgängen) weder ein Solo-Tout, Solo-Schwarz, Wenz-Tout oder Wenz-Schwarz erlaubt. Lässt sich dies nicht vermeiden, so wird das Spiel als einfaches Solo oder Wenz gewertet.
9. **Ab dem 5. Solo oder Wenz** (je Durchgang, 4 sind frei) ist jedes Solo oder jeder Wenz vor dem Ausspielen der 1. Karte **von der Aufsicht genehmigen zu lassen**. Nicht erlaubte Spiele werden in der Punkteliste ersatzlos gestrichen. Hat ein Spieler den Verdacht, dass ein Spieler einem anderen Spieler unverdient Punkte zukommen lässt, so ist unverzüglich die Aufsicht zu verständigen. Jeder Spieler darf auf einen Regelverstoß hinweisen.
10. Ein Spieler muss die Liste führen und nach Spielende bei der Aufsicht abgeben. Dieser wird vor Spielbeginn von der Leitung bestimmt. Sind sich alle Spieler einig, so kann auch ein anderer Spieler die Liste führen. Jeder Spieler ist verpflichtet, die Liste zu kontrollieren und vor der Abgabe deren Richtigkeit durch seine Unterschrift zu bestätigen.
11. Gespielte Solos und Wenzen sind mit einem Kreis um die Punktezahl zu kennzeichnen. Die Quersumme muss nach jeder Runde 0 ergeben. Das gleiche gilt für das Ergebnis eines Durchgangs. Korrekturen, **Streichungen oder nachträgliche Änderungen** sind nur gestattet, wenn sie von der Aufsicht abgezeichnet werden. Die Listen erhalten durch die Unterschriften Urkundencharakter und werden 6 Monate aufbewahrt
12. Die Leitung des Turniers entscheidet über den Spielbeginn und den Spielablauf. Der Rechtsweg ist ausgeschlossen. Es besteht kein Teilnahmeanspruch für Spieler. Bei Unstimmigkeiten entscheidet die Aufsicht. Gegen diese Entscheidung besteht die Beschwerdemöglichkeit an die Turnierleitung. Deren Entscheidung ist unanfechtbar. Jede Beschwerde ist unverzüglich vorzubringen.
13. Falschspiel oder wiederholt falsches Bedienen führt zum Ausschluss vom Turnier. Bezahlte Startgelder werden in diesen Fällen nicht erstattet. Lautes Protestieren, absichtliches Falschspiel oder absichtlich falsche Listenführung führen zum Ausschluss aus dem Turnier. Unleserliche oder falsche Listen können von der Leitung berichtigt oder für ungültig erklärt werden.
14. Sieger wird der Spieler mit der höchsten Punktzahl, die aus beiden Durchgängen addiert wird. Die nächsten Plätze werden ebenfalls nach der höchsten Punktzahl ermittelt. Besteht Punktgleichheit so werden die gespielten Solos nach folgender Rangfolge bewertet: Anzahl der gespielten „Sie", gewonnene Solo- oder Wenz-Tout, gespielte Solo- oder Wenz-Tout, gewonnene Solos oder Wenzen, gespielte Solos oder Wenzen. Bei noch immer bestehender Punktgleichheit entscheidet das Los.

Außerdem erschienen:

Schafkopf

Das anspruchsvolle Kartenspiel

von Adam Merschbacher

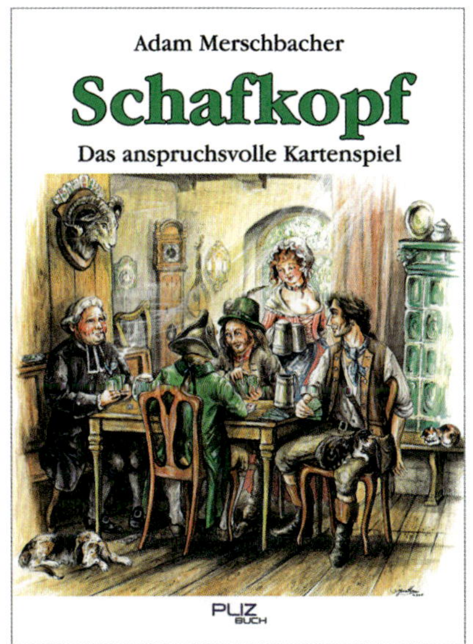

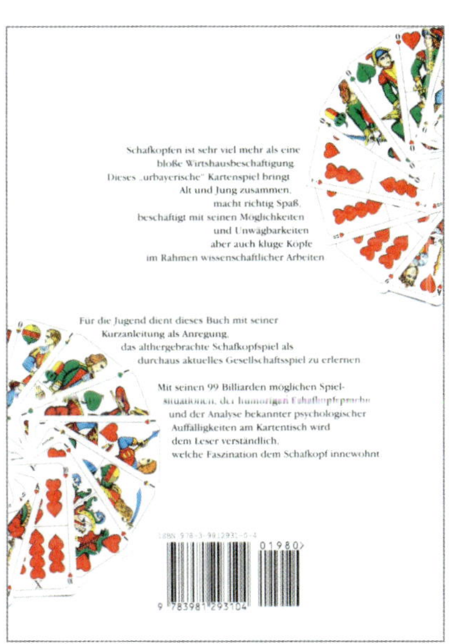

Hardcover, cellophaniert, 127 Seiten
2. Auflage 2009
ISBN 378-3-9812931-0-4
Preis: 19,80 €, inkl. 19 % MwSt., inkl. Lieferung
zu beziehen über den Verlag Kastner, www.kastner.de

Schafkopfkarten mit dem „Feldmochinger Kartenbild“

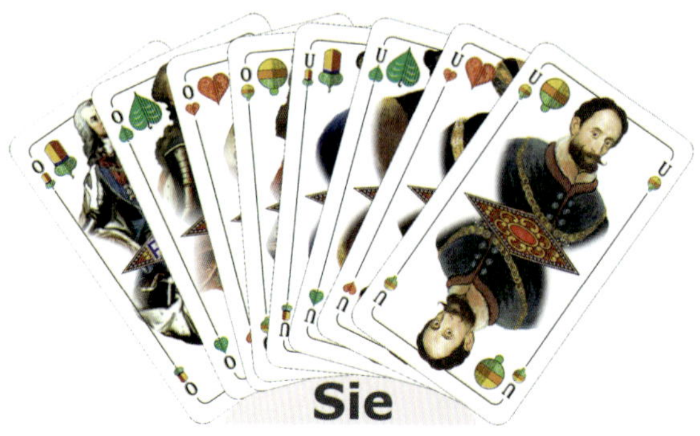

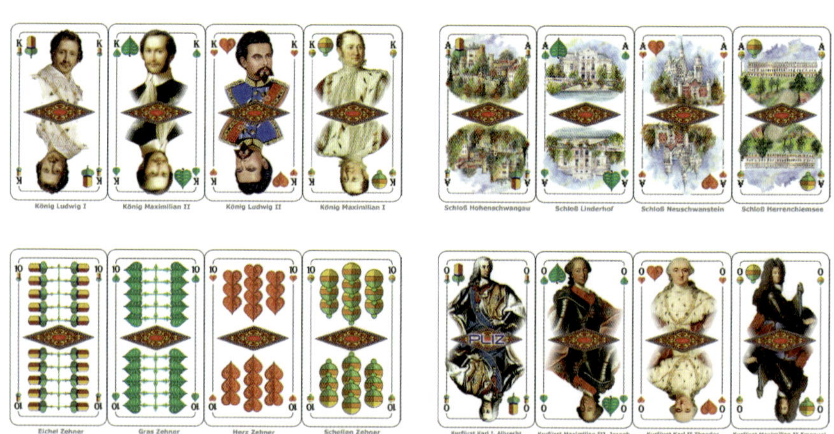

Qualität: Premium Leinen oder glatt (bitte bei Bestellung angeben)
Kartenformat: 56 x 100 mm, Druckfläche: 46 x 90 mm
Material: 410 g Spielkartenkarton, lackiert, verpackt in Cello-Volleinschlag mit goldenem Aufreißband und Klarsichtetui

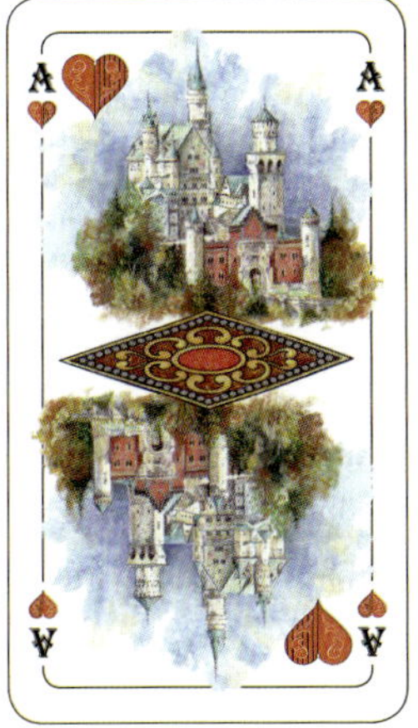

Schloß Neuschwanstein

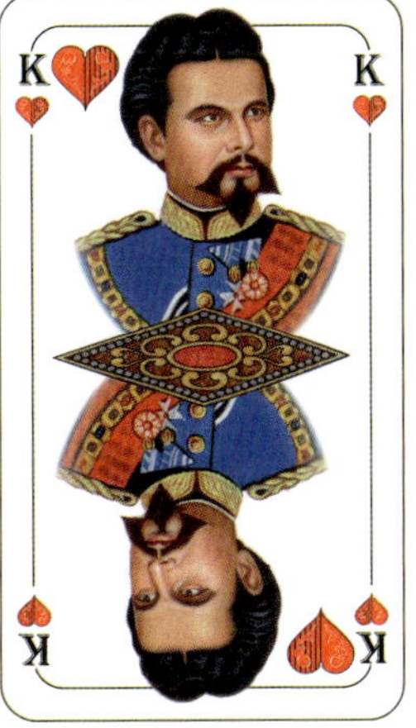

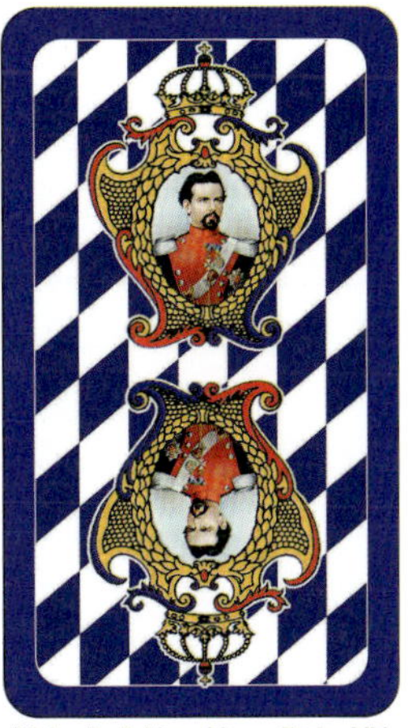

Rückseite Feldmochinger Kartenbild

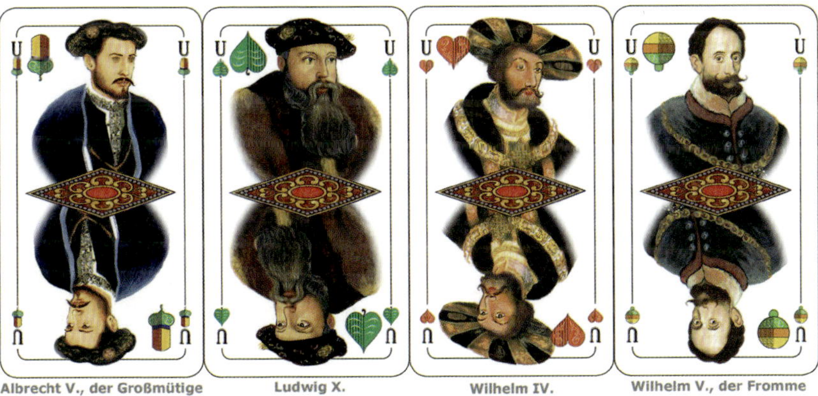

Albrecht V., der Großmütige — Ludwig X. — Wilhelm IV. — Wilhelm V., der Fromme

Preise pro Spiel:
1 – 9 Spiele à 5,50 €, 10 – 49 Spiele à 5,00 €, ab 50 Spiele à 4,50 €
inkl. 19 % MwSt., inkl. Lieferung (ab 10 Spielen)
zu beziehen über den Verlag Kastner, www.kastner.de

Mia Bayern

von Adam Merschbacher

Wer ist ein echter Bayer? Etwa der, welcher in eine Lederhose schlupft? Oder die, welche ein Dirndl erstanden hat?

„Gwiß ned …“

Da gehört schon mehr dazu!

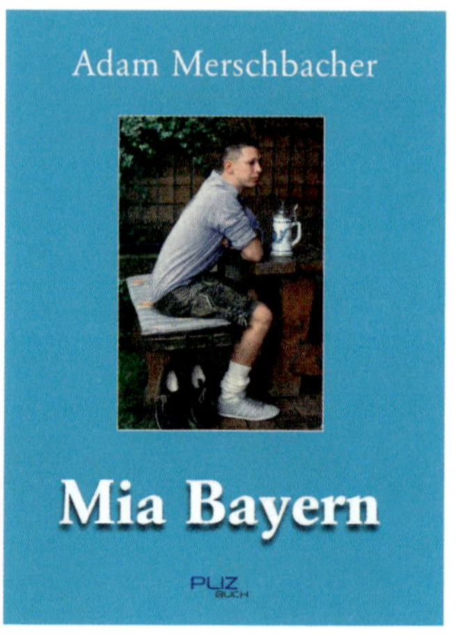

Angefangen bei der Abstammung der Baiern bis hin zu deren Veredelung durch ein vornehmes „y“ zeichnet der Autor nicht nur die Herkunft der gerne ein wenig herabwürdigend betrachteten Bayern nach, sondern wirft kritische Blicke in die Gegenwart und ermutigt uns, gemeinsam mit bayerischem Nationalstolz in die Zukunft zu marschieren – aller Globalisierung zum Trotz.

Für den Nichtbayern eröffnet sich zwischen diesen Buchdeckeln ein kleines Panoptikum von Brauch, Sitte und seelischer Verfassung von unverfälschten Vertretern des Volks unter dem weißblauen Himmel. Bitte nicht missverstehen: Kennenlernen ja, aber bitte nicht nachmachen!

Der Krauderer Hausl tät sagen: *„Mia san zwar nix Bsonders, aber was Eigns“*

Gebundene Erstausgabe 2005
ISBN 978-3-481020-54-5
Preis: 14,90 €, inkl. 19 % MwSt., inkl. Lieferung
zu beziehen über den Verlag Kastner, www.kastner.de